公路水运工程试验检测考试高频考点精编

桥梁隧道工程

（2025 年版）

主　编　张　弦
副主编　孙璐艳

人民交通出版社
北　京

内 容 提 要

本书根据 2025 年《桥梁隧道工程》科目考试大纲及考试用书的相关要求，精心梳理了重要考点，按考查频次做了汇总提炼并辅以大量金题汇编成册。全书共分两部分，第一部分为考点精编，包括绪论和 19 章内容，各章节与考试用书保持一致；第二部分为金题汇编，按章节顺序汇编整理，供考前巩固练习使用。

本书可作为公路水运工程试验检测人员考前复习参考资料。

图书在版编目（CIP）数据

公路水运工程试验检测考试高频考点精编 ：2025 年版. 桥梁隧道工程 / 张弦主编. — 北京 ：人民交通出版社股份有限公司，2025. 6. — ISBN 978-7-114-20472-2

Ⅰ. U41；U61

中国国家版本馆 CIP 数据核字第 2025EU0340 号

Gonglu Shuiyun Gongcheng Shiyan Jiance Kaoshi Gaopin Kaodian Jingbian Qiaoliang Suidao Gongcheng

书　　名：公路水运工程试验检测考试高频考点精编　桥梁隧道工程（2025 年版）
著 作 者：张　弦
责任编辑：李　沛　侯蓓蓓
责任校对：龙　雪
责任印制：张　凯
出版发行：人民交通出版社
地　　址：（100011）北京市朝阳区安定门外外馆斜街 3 号
网　　址：http://www.ccpcl.com.cn
销售电话：（010）85285857
总 经 销：人民交通出版社发行部
经　　销：各地新华书店
印　　刷：北京市密东印刷有限公司
开　　本：787 × 1092　1/16
印　　张：15.75
字　　数：384 千
版　　次：2025 年 6 月　第 1 版
印　　次：2025 年 6 月　第 1 次印刷
书　　号：ISBN 978-7-114-20472-2
定　　价：86.00 元
（有印刷、装订质量问题的图书，由本社负责调换）

PREFACE 前言

《桥梁隧道工程》考试科目具有考查内容多、标准规范多、重点难点多的特征，且历年考试均有部分超出考试用书的内容。应试考生需掌握桥隧工程基础知识，具备较强的理解分析能力和一定的实践经验，考试难度较大。

为了帮助广大考生梳理知识体系、突破重点难点、提高复习效率，本书以考试大纲和官方教材为依据，结合行业现行标准规范，总结分析历年考情和考生反馈，将《桥梁隧道工程》考试科目的高频考点进行了整理，并辅以优质金题编辑成书。

本书主要由考点精编与金题汇编两部分构成。在考点精编部分，各知识点依照教材章节顺序依次呈现。依据知识点的考查频率以及重要程度，对文字进行了不同颜色的标记区分：**红色**标记的知识点，是高频考点，属于重中之重的内容；**蓝色**标记的知识点，是考试中的重要组成部分；其余的则为一般性知识点，其中黑体标记的是为方便阅读，并非突出考试重点。在金题汇编部分，作者按照章节对优质金题进行细致分类，以章或节为单位有序编排于后，方便考生巩固高频考点，精准检验自身复习效果。金题答案配有详细解析，请考生微信扫描本书封面二维码（刮开涂层），在电子题库中查看。

为力求考点精炼，减轻备考负担，少量零星知识点因考查频率低或掌握难度大，在编辑过程中进行了舍弃。

本书难免有疏漏和不妥之处，望各位考生、同行不吝赐教，提出宝贵的意见和建议。

祝大家学有所获，考试必过！

作　者

2025 年 5 月

CONTENTS 目录

第一部分 考点精编

第二部分　金题汇编

第一部分　考点精编

绪　　论

考点一：试验检测和质量评定的依据

试验检测的依据	有关公路工程的法规、技术标准、设计施工规范和材料试验规程的内容。 公路工程标准的体系结构分为三层：板块层、模块层、标准层
质量评定的依据	《公路工程质量检验评定标准　第一册　土建工程》（JTG F80/1—2017）包含检验标准和评定准则两部分内容。 检验标准部分规定了检查项目、方法、数量及检查项目合格应满足的要求，评定准则部分规定了质量等级制度和利用检验结果进行评判的方法

考点二：质量等级评定的工程划分

工程划分	单位工程	具有独立施工条件和结构功能的工程
	分部工程	按结构部位及施工特点划分
	分项工程	根据施工工序、工艺或材料等划分
	特殊情形	小桥和涵洞划分到路基单位工程
		特大斜拉桥和悬索桥可划分为多个单位工程

单位工程	分部工程	分项工程
桥梁工程[①]（每座或每合同段）	基础及下部构造（1～3墩台）[②]	钢筋加工及安装，预应力筋加工和张拉，预应力管道压浆，混凝土扩大基础，钻孔灌注桩，挖孔桩，沉入桩，灌注桩桩底压浆，地下连续墙，沉井，沉井、钢围堰的混凝土封底，承台等大体积混凝土结构，砌体，混凝土墩、台，墩台身安装，支座垫石和挡块，拱桥组合桥台，台背填土等
	上部构造预制和安装（1～3跨）[②]	钢筋加工及安装，预应力筋加工和张拉，预应力管道压浆，预制安装梁、板，悬臂施工梁，顶推施工梁，转体施工梁，拱圈节段预制，拱的安装，转体施工拱，中下承式拱吊杆和柔性系杆，刚性系杆，钢梁制作，钢梁安装，钢梁防护等

续上表

单位工程	分部工程	分项工程
桥梁工程[①] (每座或每合同段)	上部构造现场浇筑 (1～3跨)[②]	钢筋加工及安装,预应力筋加工和张拉,预应力管道压浆.就地浇筑梁、板,悬臂施工梁,就地浇筑拱圈,劲性骨架混凝土拱,钢管混凝土拱,中下承式拱吊杆和柔性系杆,刚性系杆等
	桥面系、附属工程及桥梁总体	钢筋加工及安装、混凝土桥面板桥面防水层、钢桥面板上防水黏结层、混凝土桥面板桥面铺装、钢桥面板沥青混凝土铺装、支座安装、伸缩装置安装、人行道铺设、栏杆安装、混凝土护栏、钢桥上钢护栏安装、桥头搭板、混凝土小型构件预制、砌体坡面护坡、混凝土构件表面防护、桥梁总体等
	防护工程	砌体坡面护坡、护岸、导流工程等
	引道工程	见路基工程、路面工程的分项工程
隧道工程[③] (每座或每合同段)	总体及装饰装修 (每座或每合同段)	隧道总体、装饰装修工程
	洞口工程(每个洞口)	洞口边仰坡防护、洞门和翼墙的浇(砌)筑、截水沟、洞口排水沟、明洞浇筑、明洞防水层、明洞回填
	洞身开挖(200延米)	洞身开挖
	洞身衬砌(200延米)	喷射混凝土、锚杆、钢筋网、钢架、仰拱、仰拱回填、衬砌钢筋、混凝土衬砌、超前锚杆、超前小导管、管棚
	防排水(200延米)	防水层、止水带、排水
	路面(1～3km路段)	基层、面层
	辅助通道 (200延米)	洞身开挖、喷射混凝土、锚杆、钢筋网、钢架、仰拱、仰拱回填、衬砌钢筋、混凝土衬砌、超前锚杆、超前小导管、管棚、防水层、止水带、排水

注:①分幅桥梁按照单幅划分。
②按单孔跨径确定的特大桥取1,其余根据规模取2或3。
③双洞隧道每单洞作为一个单位工程。

考点三:工程质量检验与评定

检验方法		合格率法
基本单元		分项工程
检验内容	基本要求	各种原材料的品种、规格、质量及混合料配合比和半成品、成品符合有关技术标准规定并满足设计要求

续上表

基本单元		分项工程
检验内容	实测项目	对规定检查项目采用现场随机抽样方法。检查项目分为一般项目和关键项目。涉及结构安全和使用功能的重要实测项目为关键项目，其他项目均为一般项目。 关键项目合格率不低于95%（机电工程为100%），一般项目合格率应不低于80%。有规定极值的实测项目，任何一个检测值都不能突破规定极值
	外观质量	外观质量应进行全面检查，并满足规定要求
	质量保证资料	工程应有真实、准确、齐全、完整的施工原始记录、试验检测数据、质量检验结果等质量保证资料
评定方法	两级制度	合格、不合格
	逐级评定	按分项工程、分部工程、单位工程、合同段和建设项目逐级评定
	合规定质	分项工程：检验记录完整，实测项目合格，外观质量满足要求，评定为合格。 分部工程：评定资料完整、所含分项工程及实测项目合格、外观质量满足要求，评定为合格。 单位工程：评定资料完整、所含分部工程合格、外观质量满足要求，评定为合格。 评定为不合格的分项工程、分部工程，经返工、加固、补强或调测，满足设计要求后，可重新进行检验评定

考点四：工程安全风险评估

评估范围	可由各地根据工程建设条件、技术复杂程度和施工管理模式，以及当地工程建设经验，并参考以下标准确定	
	桥梁	1. 多跨或跨径 >40m 的石拱桥，跨径 ≥150m 的钢筋混凝土拱桥，跨径 ≥350m 的钢箱、钢桁架、钢管混凝土拱桥。 2. 跨径 ≥140m 的梁式桥，跨径 >400m 的斜拉桥，跨径 >1000m 悬索桥。 3. 墩高或净空 >100m 的桥梁工程。 4. 新材料、新结构、新工艺、新技术的特大桥、大桥工程。 5. 特殊桥型或特殊结构桥梁的拆除或加固工程。 6. 施工环境复杂、施工工艺复杂的其他桥梁工程

续上表

评估范围	隧道	1. 穿越高地应力、岩溶发育区、区域地质构造、煤系地层、采空区等工程地质或水文地质条件复杂的隧道，黄土地区、水下或海底隧道工程。 2. 浅埋、偏压、大跨度、变化断面等结构受力复杂的隧道。 3. 长度 3000m 及以上工程，Ⅵ、Ⅴ级围岩连续长度超过 50m 或合计长度占隧道全长的 30% 及以上隧道。 4. 连拱隧道和小净距隧道工程。 5. 采用新技术、新材料、新设备、新工艺的隧道工程。 6. 隧道改扩建工程。 7. 施工环境复杂、施工工艺复杂的其他隧道工程	
总体风险评估	评估对象	工程项目或具有独立使用功能的主体结构、作业单元	
	评估方法	专家调查法、指标体系法	
	控制措施	低风险Ⅰ	可忽略，不需采取附加的风险防控措施
		一般风险Ⅱ	可接受，需采取风险防控措施
		较大风险Ⅲ	不期望，应采取措施降低风险
		重大风险Ⅳ	不可接受，应采取一整套的措施降低风险
专项风险评估	评估对象	作业活动或施工区段	
	评估方法	安全检查表法、作业条件危险性评价法、专家调查法、指标体系法、风险矩阵法等	
	评估环节	施工前专业风险评估、施工过程专项风险评估、风险控制预期效果评价	
	基本程序	风险辨识与风险分析、风险估测、风险控制	
	控制措施	低风险Ⅰ	可忽略，不需采取特别的风险防控措施
		一般风险Ⅱ	可接受，需采取风险防控措施
		较大风险Ⅲ	不期望，应采取措施降低风险
		重大风险Ⅳ	不可接受，应暂停开工或施工

考点五：养护工程质量检验评定

评定方法	分养护单元、养护工程两级评定	
养护单元划分	桥梁	每一座桥梁的构件、部件均应按维修、加固的工艺或方法，分别作为一个养护单元
	隧道	每 10m 衬砌背面压(注)浆，喷射混凝土加固，套(嵌)拱，增设仰拱；每 200m 渗、漏水处治；每 6m 混凝土衬砌更换；每 50m 排水设施维修，冻害处治；每 100m 人行道(检修道)维修，分别作为一个养护单元

续上表

质量检验评定	检验内容	按基本要求、实测项目、外观质量和质量保证资料等检验项目分别检查。 养护工程不适合采用抽样检查,除特殊情况外,每个结构或构件均应进行检验。 关键项目合格率不低于95%,属于工厂加工制造的桥梁金属构件的合格率应为100%,一般项目的合格率应不低于80%
	评定方法	质量等级评定分为合格与不合格,评定按养护单元、养护工程逐级进行。 合格条件与分部分项工程相似

第一章　原材料试验检测

第一节　石　　料

考点一：石料的抗压强度

石料分类	按地质形成条件可分为岩浆岩、沉积岩和变质岩三大类	
	石料制品有片石、块石、粗料石	
基本要求	物理性能	抗冻性、耐风化和抗侵蚀性，用于浸水或气候潮湿地区的受力结构的石材软化系数不应低于0.8
	力学性能	强度符合设计要求
试件要求	尺寸：立方体试件，边长70mm ± 2mm。 数量：每组6个，有显著层理的石料，分别沿平行和垂直层理方向各取试件6个。 含水状态：可根据需要选择烘干状态、天然状态、饱和状态、冻融循环后状态、干湿循环后状态	
结果计算	抗压强度按下式计算（精确至0.1MPa）： $R=\frac{P}{A}$　　$\frac{\text{荷载}}{\text{面积}}$ 式中：R——石料的抗压强度（MPa）； P——试件破坏时的荷载（N）； A——试件的截面面积（mm^2）。 结果取算术平均值，并取三位有效数字；有显著层理的，分别报告垂直与平行层理方向的试验结果	
	软化系数按下式计算（精确至0.01）： $K_p=\frac{R_e}{R_d}$　　$\frac{\text{饱和强度}}{\text{烘干强度}}$ 式中：K_p——软化系数； R_e——石料饱和状态下的单轴抗压强度平均值（MPa）； R_d——石料烘干状态下的单轴抗压强度平均值（MPa）。 结果取算术平均值；3个值中最大与最小之差不超过平均值的30%，否则应另取第4个试件，取4个试件中最接近的3个值的平均值，同时在报告中将4个值全部给出	

考点二：石料的抗冻性

抗冻性要求	抗冻性：评估石料在饱和状态下，经受规定次数的冻融循环后抵抗破坏的能力。 判断指标：冻融循环后强度变化、质量损失、外形变化。 评定标准：抗冻系数大于75%，质量损失率小于2%，为抗冻性好的岩石；吸水率小于0.5%，软化系数大于0.75以及饱水系数小于0.8的岩石，具有足够的抗冻能力
冻融要求	冻融温度：在-20℃±2℃温度下，冻结4h后取出试件，放入20℃±2℃的恒温水中融解4h，如此反复冻融至规定次数为止。 循环次数：在严寒地区（最冷月的月平均气温低于-15℃）25次，在寒冷地区（最冷月的月平均气温处于-15～-5℃）15次；大、中桥50次，小桥及涵洞25次
试件要求	尺寸：边长70mm±2mm的立方体。 数量：6个（3个做饱水抗压强度试验，3个做冻融试验）
结果计算	冻融系数按下式计算（精确至0.01）： $$K_f=\frac{R_f}{R_c}\qquad\frac{冻融强度}{未冻融强度}$$ 式中：K_f——冻融系数； R_f——经若干次冻融试验后的试件平均饱和单轴抗压强度（MPa）； R_c——未经冻融试验的试件平均饱和单轴抗压强度（MPa）

第二节　混　凝　土

考点三：混凝土试件及换算系数

混凝土的原材料	水泥：品种和强度等级应通过混凝土配合比试验选定，采用碱活性集料时，含碱量≤0.6%。 细集料：级配良好、质地坚硬、颗粒洁净，不得采用海砂。 粗集料：质地坚硬、洁净、级配合理、粒形良好、吸水率小。 水：符合国家标准的饮用水。 外加剂：与水泥、矿物掺合料之间应有良好相容性，使用前进行复验。 掺合料：掺入量在使用前通过试验确定

续上表

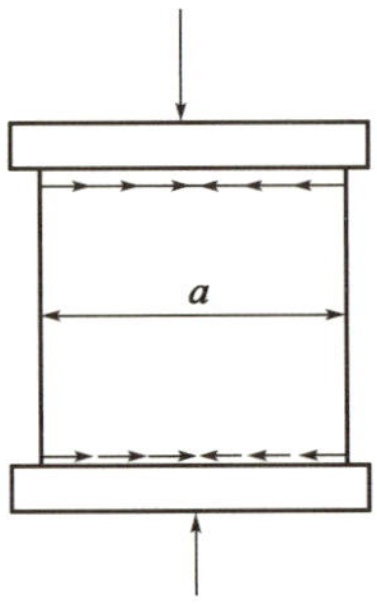

压力机压板对试件的约束作用

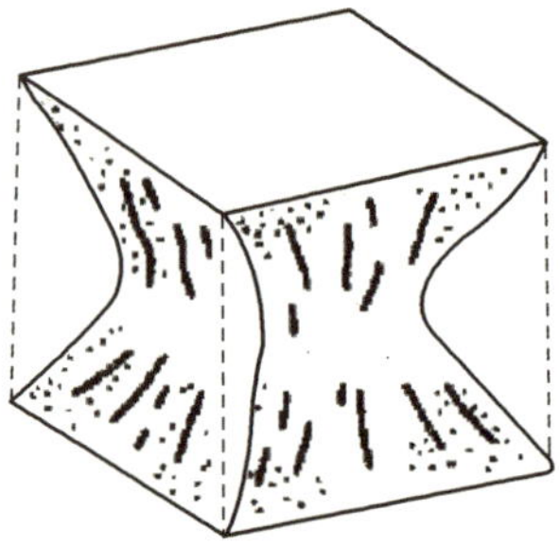
受压板约束试件破坏残存的棱锥体

不受压板约束时试件破坏情况

混凝土试件**尺寸越小**,环箍效应的作用越大,测得的**抗压强度值越大**。采用非标准试件时应用尺寸修正系数换算

试件尺寸及修正系数

试件名称	试件形状	试件尺寸(mm)	尺寸修正系数	每组试件数量
立方体抗压强度试件	立方体	200×20×20(53)	1.05	3 个
	立方体	150×150×150(31.5)	标准试件	3 个
	立方体	100×100×100(26.5)	0.95	3 个
圆柱体轴心抗压强度试件	圆柱体	ϕ200×400(53)	1.05	3 个
	圆柱体	ϕ150×300(31.5)	标准试件	3 个
	圆柱体	ϕ100×200(26.5)	0.95	3 个
棱柱体轴心抗压强度试件	棱柱体	200×200×400(53)	1.05	3 个
	棱柱体	150×150×300(31.5)	标准试件	3 个
	棱柱体	100×100×300(26.5)	0.95	3 个
棱柱体抗压弹性模量试件	棱柱体	200×200×400(53)	—	3 个
	棱柱体	150×150×300(31.5)	标准试件	3 个
	棱柱体	100×100×300(26.5)	—	3 个
弯拉强度试件	棱柱体	150×150×550(31.5)	标准试件	3 个
	棱柱体	100×100×400(26.5)	0.85	3 个
立方体劈裂抗拉强度试件	立方体	150×150×150(31.5)	标准试件	3 个
	立方体	100×100×100(26.5)	—	3 个

当混凝土强度等级大于或等于 C60 时,宜用标准试件,使用非标准试件时,换算系数由试验确定

考点四：混凝土抗渗性能试验

防水混凝土概念	抗渗等级大于0.6MPa的不透水性混凝土	
防水混凝土的一般要求	1. 隧道模筑混凝土衬砌应满足抗渗要求，抗渗等级一般不小于P8。 2. 防水混凝土结构应满足下列要求： (1)裂缝宽度应不大于0.2mm，并不贯通； (2)迎水面主钢筋保护层厚度不应小于50mm； (3)衬砌厚度不应小于30cm。 3. 试件的抗渗等级应比设计要求提高0.2MPa	
抗渗等级	设计抗渗等级、试验抗渗等级、检验抗渗等级三种抗渗等级。 试验抗渗等级在设计抗渗等级的基础上提高0.2MPa，检验抗渗等级不得低于设计抗渗等级	
抗渗性能试验	试件制备	对于采用防水混凝土的衬砌，每200m需要做1组(6个)抗渗试件。 试件形状为圆台体：上底直径为175mm，下底直径为185mm，高为150mm
	试验过程	水压从0.1MPa开始，每隔8h增加水压0.1MPa，并随时注意观察试件端面渗水情况。当6个试件中有3个试件表面发现渗水，记下此时的水压力，即可停止试验。 当加压至设计抗渗等级规定压力，经8h后第三个试件仍不渗水，表明混凝土已满足设计要求，也可停止试验
	结果计算	混凝土的抗渗等级以每组6个试件中有4个未发现有渗水现象时的最大水压力表示： $P=10H-1$ 式中：P——混凝土抗渗等级； H——6个试件中有3个试件渗水时的水压力(MPa)

第三节　钢　　材

考点五：钢材的力学性能和加工性能

力学性能	屈服强度、 抗拉强度、 规定塑性 延伸强度、 断后伸长率、 最大力总延伸率	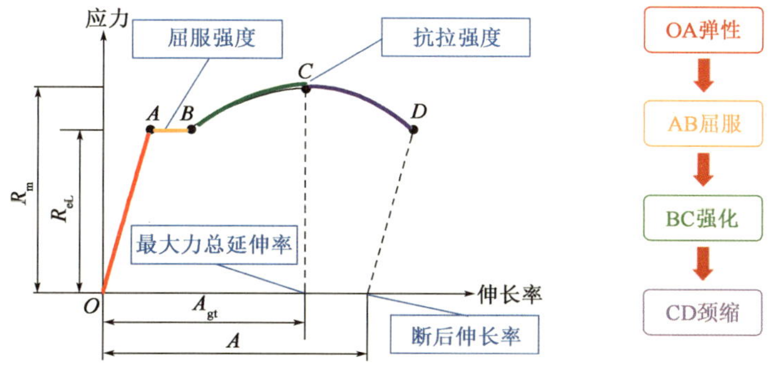

续上表

力学性能	屈服强度、抗拉强度、规定塑性延伸强度、断后伸长率、最大力总延伸率	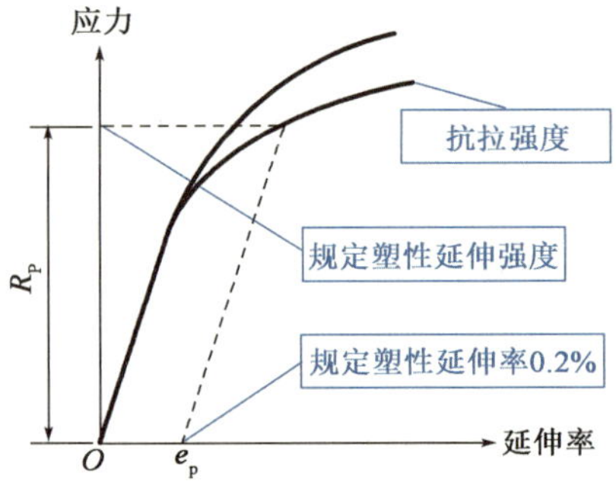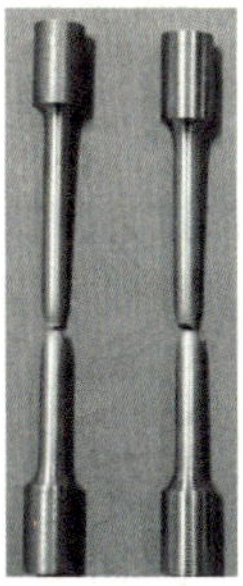
	应力松弛性能	应力随时间而减少的现象。松弛率为松弛应力与初始应力之比,用松弛率评价钢材的应力松弛性能
	疲劳性能	在一定次数的交变应力作用下,往往会在最大应力远小于其抗拉强度的情况下,发生突然破坏
	冲击性能	在冲击荷载作用下断裂时吸收能量的能力,是衡量钢材抵抗脆性破坏的力学性能指标
加工性能	弯曲性能	弯曲到规定的角度后,弯曲部位不得发生裂纹等损坏现象
	钢筋连接	焊接和机械连接

考点六:钢材的性能试验

拉伸试验	试验设备	拉力和压力试验机:1 级或优于 1 级。 引伸计:测定屈服强度、规定塑性延伸强度等不劣于 1 级,测定具有较大延伸率的性能,如抗拉强度、最大力总延伸率、断后伸长率等不劣于 2 级。 应使用分辨力优于 0.1mm 的量具或测量装置测量断后标距,准确到 ±0.25mm
	试验温度	一般在室温 10~35℃进行。对温度要求严格的试验,为 23℃ ±5℃
	试验方法	应变速率控制(方法 A):引伸计测量、试验机横梁位移速率
		应力速率控制(方法 B):拉伸力速率,拉伸力除以试样原始截面面积
	屈服强度	试验速率方法 A:应变速率 $0.00025s^{-1}$,相对误差 ±20%。 试验速率方法 B:按弹性模量的大小取值

续上表

拉伸试验	屈服强度	材料弹性模量 E（MPa）	应力速率（MPa/s）	
			最小	最大
		<150000	2	20
		≥150000	6	60
		取下屈服强度为屈服强度特征值		
	抗拉强度	试验速率方法 A：应变速率 $0.0067s^{-1}$，相对误差 ±20%。 试验速率方法 B：测定屈服强度或塑性延伸强度后不大于 $0.008s^{-1}$；仅仅需要测定抗拉强度，不超过 $0.008s^{-1}$ 的单一试验速率。 取拉伸试验中的最大应力		
	断后伸长率	断裂后的残余伸长量与原始标距之比。 直接量测：断裂处与最接近的标距标记的距离不小于原始标距的 1/3 方为有效，但断后伸长率大于或等于规定值时，无论断裂位置处于何处，测量均为有效。 移位法：断裂发生在离最接近的标距标记的距离小于原始标距的 1/3		
弯曲试验	弯曲装置	支辊式、V 形模具式、虎钳式、翻板式		
	合格判定	不使用放大仪器观察，试样弯曲外表面无可见裂纹为合格		
反复弯曲试验	试验对象	直径或厚度为 0.3～10mm（包括 10mm）金属线材		
	合格判定	直至达到规定的弯曲次数或出现肉眼可见裂纹，或试样完全断裂为止		

考点七：钢材产品检验

热轧带肋钢筋	种类	普通热轧带肋钢筋：HRB400、HRB500、HRB600。 细晶粒热轧带肋钢筋：HRBF400、HRBF500
	力学性能	测定屈服强度、抗拉强度、断后伸长率、最大力总延伸率等。试样数量 2 根，从任选 2 根钢筋上切取。 计算强度用横截面面积采用公称横截面面积

续上表

<table>
<tr><td rowspan="15">热轧带肋钢筋</td><td rowspan="12">力学性能</td><td rowspan="2">牌号</td><td>下屈服强度R_{eL}(MPa)</td><td>抗拉强度R_m(MPa)</td><td>断后伸长率 A(%)</td><td>最大力总延伸率A_{gt}(%)</td><td>R_m^0/R_{eL}^0</td><td>R_{eL}^0/R_{eL}</td></tr>
<tr><td colspan="5">不小于</td><td>不大于</td></tr>
<tr><td>HRB400</td><td rowspan="4">400</td><td rowspan="4">500</td><td rowspan="2">16</td><td rowspan="2">7.5</td><td rowspan="2">—</td><td rowspan="2">—</td></tr>
<tr><td>HRBF400</td></tr>
<tr><td>HRB400E</td><td rowspan="2">—</td><td rowspan="2">9.0</td><td rowspan="2">1.25</td><td rowspan="2">1.30</td></tr>
<tr><td>HBRF400E</td></tr>
<tr><td>HRB500</td><td rowspan="4">500</td><td rowspan="4">630</td><td rowspan="2">15</td><td rowspan="2">7.5</td><td rowspan="2">—</td><td rowspan="2">—</td></tr>
<tr><td>HRBF500</td></tr>
<tr><td>HRB500E</td><td rowspan="2">—</td><td rowspan="2">9.0</td><td rowspan="2">1.25</td><td rowspan="2">1.30</td></tr>
<tr><td>HBRF500E</td></tr>
<tr><td>HBR600</td><td>600</td><td>730</td><td>14</td><td>7.5</td><td>—</td><td>—</td></tr>
<tr><td colspan="7">注:R_m^0为钢筋实测抗拉强度;R_{eL}^0为钢筋实测下屈服强度</td></tr>
<tr><td>弯曲性能</td><td colspan="7">按规定的弯芯直径弯曲 180°后,钢筋受弯曲部位表面不应产生裂纹,试样数量 2 根,从任选 2 根钢筋上切取</td></tr>
<tr><td>反向弯曲性能</td><td colspan="7">牌号带“E”的钢筋应进行反向弯曲试验。
在 10 ~ 35℃室温下将试样弯曲 90°,将试样在 100℃ ± 10℃温度下保温不少于 30min,经自然冷却至 10 ~ 35℃,在弯曲原点将试样反向弯曲 20°,试样受弯曲部位不应产生裂纹</td></tr>
<tr><td>检验规则</td><td colspan="7">每批由同一牌号、同一炉号、同一规格不大于 60t 的钢筋组成,每批质量大于 60t 时,每增加 40t,应增加 1 个拉伸试验试样和 1 个弯曲试验试样,对牌号带“E”的钢筋还应增加 1 个反向弯曲试验试样</td></tr>
<tr><td rowspan="5">热轧光圆钢筋</td><td rowspan="3">力学性能</td><td colspan="7">试样数量为 2 根,从任选 2 根钢筋上切取</td></tr>
<tr><td>牌号</td><td colspan="2">R_{eL}(MPa)</td><td colspan="2">R_m(MPa)</td><td>A(%)</td><td>A_{gt}(%)</td></tr>
<tr><td>HPB300</td><td colspan="2">≥300</td><td colspan="2">≥420</td><td>≥25.0</td><td>≥10.0</td></tr>
<tr><td>弯曲性能</td><td colspan="7">弯芯直径为钢筋的公称直径,弯曲 180°后,钢筋受弯部位表面不得产生裂纹,试样数量 2 根,从任选 2 根钢筋上切取</td></tr>
<tr><td>检验规则</td><td colspan="7">每批由同一牌号、同一炉号、同一规格不大于 60t 的钢筋组成,每批质量大于 60t 时,每增加 40t,应增加 1 个拉伸试验试样和 1 个弯曲试验试样</td></tr>
</table>

续上表

<table>
<tr><td rowspan="3">钢筋焊接网</td><td>拉伸试验</td><td colspan="2">试样:沿焊接网两个方向各截取一个试样,每个试验至少有一个交叉点,试样长度应保证夹具之间的距离不小于 20 倍公称直径或 180mm(取二者中的较大者)。对于并筋,非受拉钢筋应在离交叉焊点约 20mm 处切断</td></tr>
<tr><td>弯曲试验</td><td colspan="2">试样:沿焊接网两个方向各截取一个试样,应保证试验时受弯曲部位离开交叉焊点至少 25mm。对于并筋,取其中一根进行弯曲试验</td></tr>
<tr><td>抗剪力试验</td><td colspan="2">试样:沿同一横向钢筋随机截取 3 个试样。焊接网两个方向均为单根钢筋时,较粗钢筋为受拉钢筋;对于并筋,其中之一为受拉钢筋,另一支非受拉钢筋应在交叉焊点处切断,但不应损失受拉钢筋焊点。试样上的横向钢筋应距交叉点不少于 25mm 处切断</td></tr>
<tr><td rowspan="6">预应力混凝土用钢绞线</td><td>力学性能</td><td colspan="2">试样数量:3 根/批。
特殊情况:GB/T 21839:当试样在距夹具 3mm 之内发生断裂,试验应判为无效,应允许重新试验。然而,如果所有试验数据大于或等于相应的规定值,其试验结果有效。
GB/T 5224:如试样在夹头内和距钳口 2 倍钢绞线公称直径内断裂,达不到本标准性能要求时,试验无效</td></tr>
<tr><td rowspan="4">应力松弛性能</td><td colspan="2">试样数量:1 根/合同批。
环境温度:20℃ ±2℃。
标距长度:GB/T 21839:不小于 200mm;GB/T 5224:不小于公称直径的 60 倍。
试验时间:允许用至少 120h 的测试数据推算 1000h 的松弛率,推算松弛率的相关系数应不小于 0.98,当相关系数小于 0.98 时,允许用 240h 测试数据推算;当相关系数仍小于 0.98 时,应将试验持续到 1000h</td></tr>
<tr><td>初始负荷相当于实际最大力的百分数(%)</td><td>1000h 应力松弛率 r(%)　≤</td></tr>
<tr><td>70</td><td>2.5</td></tr>
<tr><td>80</td><td>4.5</td></tr>
<tr><td colspan="3">在试验前,应至少在松弛试验室内放置 24h,试验制备后不得进行任何热处理和冷加工</td></tr>
<tr><td>检验规则</td><td colspan="2">每批钢绞线由同一牌号、同一直径、同一生产工艺捻制的钢绞线组成,每批质量不大于 100t</td></tr>
<tr><td>钢筋焊接连接</td><td colspan="3">焊接方法:电阻点焊、闪光对焊、电弧焊、窄间隙电弧焊、电渣压力焊、气压焊和预埋件钢筋埋弧压力焊等。
质量检验:外观检查、力学性能检验(拉伸、弯曲、剪切、冲击、疲劳试验)</td></tr>
</table>

续上表

<table>
<tr><td rowspan="5">钢筋机械连接</td><td colspan="4">连接方法:滚轧直螺纹钢筋连接、镦粗直螺纹钢筋连接、带肋钢筋套筒挤压连接、钢筋锥螺纹连接。
同钢筋生产厂、同强度等级、同规格、同类型和同型式接头以 500 个为一个验收批,不足 500 个也应作为一个验收批。对每一验收批,必须在工程结构中随机截取 3 个接头做抗拉强度试验</td></tr>
<tr><td>性能等级</td><td>抗拉强度</td><td>残余变形</td><td>延性</td></tr>
<tr><td>Ⅰ级</td><td>≥抗拉强度
(钢筋拉断)
或≥1.1 抗拉强度
(连接件破坏)</td><td>小</td><td>高</td></tr>
<tr><td>Ⅱ级</td><td>≥抗拉强度</td><td>较小</td><td>高</td></tr>
<tr><td>Ⅲ级</td><td>≥1.25 屈服强度</td><td>较小</td><td>一定的</td></tr>
<tr><td rowspan="3">硬度检测</td><td>洛氏硬度</td><td colspan="3">相邻两压痕中心间距离至少应为压痕平均直径的 3 倍,任一压痕中心距试样边缘距离至少应为压痕直径的 2.5 倍。
每个试样检测 3 点</td></tr>
<tr><td>布氏硬度</td><td colspan="3">相邻两压痕中心间距离至少应为压痕平均直径的 3 倍,任一压痕中心距试样边缘距离至少应为压痕直径的 2.5 倍。
每个试样检测 3 点</td></tr>
<tr><td colspan="4">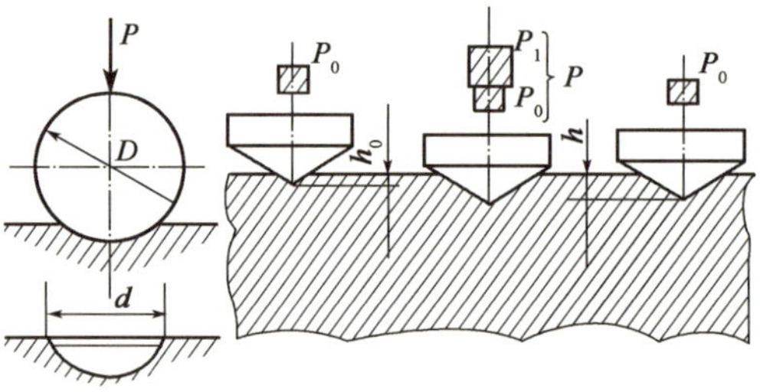a)布氏硬度　b)洛氏硬度
</td></tr>
</table>

第二章　工程制品试验检测

第一节　预应力筋用锚具、夹具、连接器试验检测

考点一：锚具、夹具、连接器的力学性能要求

产品分类	结构形式	张拉端锚具、固定端锚具
	锚固方式	夹片式、支承式、握裹式、组合式 
力学性能要求	静载锚固性能	锚具、连接器：效率系数≥0.95，且实测极限拉力时的总应变≥2.0%。 夹具：效率系数≥0.92
	疲劳荷载性能	疲劳荷载性能经200万次循环后，锚具零件不应发生疲劳损坏，钢绞线因锚具夹持作用发生疲劳破坏的面积不应大于原试样总面积的5%
	周期荷载性能	周期荷载性能试样经50次周期荷载试验后，钢绞线在锚具夹持区不应发生破断、滑移和夹片松脱现象
	钢绞线内缩量	不大于5mm
	锚口摩阻损失率	不大于6%
组批抽样	同一规格产品、同一批原材料、用同一种工艺一次投料生产的为一组批，每个抽检组批不得超过2000套。 外观检查抽取5%且不少于10套，硬度检验按热处理每炉装炉量的3%抽样。 静载试验、疲劳试验、周期荷载试验及辅助性试验，每批取3个组装件	

考点二:静载锚固性能试验

<table>
<tr><td>试验准备</td><td>试验之前必须进行单根钢绞线(母材,不应少于 6 根)进行力学性能试验</td></tr>
<tr><td>试验设备</td><td>由加载千斤顶、荷载传感器、承力台座、液压油泵源及控制系统组成
</td></tr>
<tr><td>试样准备</td><td>组装件 3 个(6 个锚环及相应配套的夹片、钢绞线)。
各根钢绞线初应力调试均匀,初应力可取钢绞线抗拉强度标准值的 10%,测量总应变的量具,其标距 L_1 不宜小于 1m
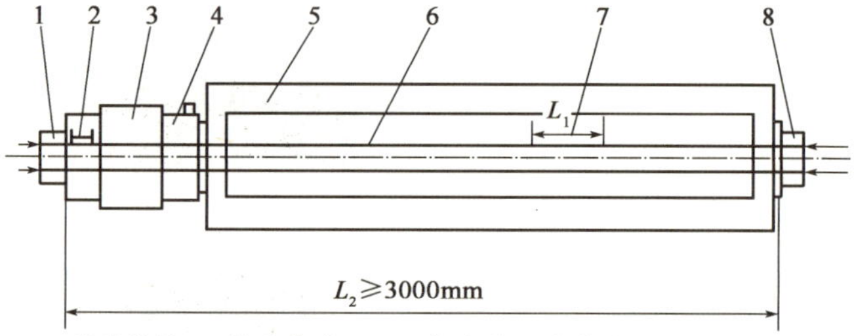

1-试验锚具;2-位移传感器2;3-加荷载用千斤顶;4-荷载传感器;
5-承力台座;6-钢绞线;7-位移传感器1;8-试验锚具</td></tr>
<tr><td>试验加载</td><td>按钢绞线抗拉强度标准值的 20%、40%、60%、80% 分四级等速加载,加载速率为 100MPa/min,达到 80% 后,持荷 1h。
随后逐步缓慢加载至破坏,加载速度每分钟不宜超过钢绞线抗拉强度标准值的 1%</td></tr>
<tr><td>测量项目</td><td>初应力时的标距 L_1、相对位移 Δa 和 Δb、实测极限拉力 F_{apu}、总应变 ε_{apu},应力达到 80% 后,在持荷的 1h 期间每 20min 测量一次 Δa 和 Δb
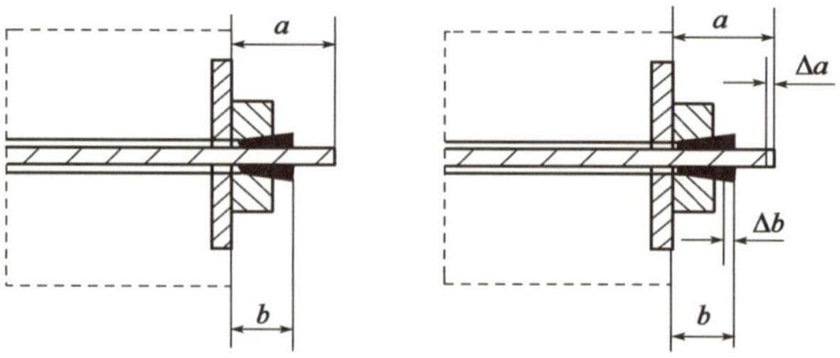

a)锚固前　　b)锚固后</td></tr>
</table>

续上表

<table>
<tr><td>结果计算</td><td>效率系数：
$$\eta_a = \frac{F_{apu}}{F_{pm}} \qquad \frac{组装件实测极限拉力}{各根钢绞线计算极限拉力之和}$$
其中，$F_{pm} = nf_{pm}A_{pk}$
式中：F_{apu}——钢绞线锚具组装件的实测极限拉力(kN)；
F_{pm}——钢绞线锚具组装件中各根钢绞线计算极限拉力之和(kN)；
f_{pm}——由钢绞线中抽取的试样的极限抗拉强度平均值(MPa)；
A_{pk}——钢绞线单根试样的特征(公称)截面面积(mm^2)；
n——钢绞线锚具组装件中钢绞线根数。
总应变：
采用直接测量标距时：
$$\varepsilon_{apu} = \frac{\Delta L_1 + \Delta L_2}{L_1} \times 100 \qquad \frac{实测伸长量(0.1\sim1)+理论伸长量(0\sim0.1)}{标距(0.1)}$$
采用测量加荷载用的千斤顶活塞伸长量时：
$$\varepsilon_{apu} = \frac{\Delta L_1 + \Delta L_2 - \Delta a}{L_2} \times 100$$
式中：ΔL_1——从张拉至钢绞线抗拉强度标准值f_{ptk}的10%加载到极限应力时的位移增量或活塞伸长量(mm)；
ΔL_2——从0张拉至钢绞线抗拉强度标准值f_{ptk}的10%标距内或夹持长度内的伸长量理论计算值(mm)；
L_1——张拉至钢绞线抗拉强度标准值f_{ptk}的10%时位移传感器的标距(mm)；
L_2——钢绞线夹持计算长度，即两端锚具的端头起夹点之间的距离(mm)；
Δa——钢绞线相对试验锚具的实测位移量(mm)</td></tr>
<tr><td>结果判定</td><td>应力达到$0.8f_{ptk}$后的持荷期间，Δa和Δb均应无明显变化，保持稳定。如持续增加，不能保持稳定，则表明已失去可靠的锚固能力。
应力达到$0.8f_{ptk}$时，夹片不应出现裂纹和破断。
在锚具效率系数η_a和组装件受力长度的总应变ε_{apu}满足要求后，夹片允许出现微裂和纵向断裂，不允许出现横向、斜向断裂及碎断。
受钢绞线多根或整束破断的剧烈冲击引起的夹片破坏或断裂属正常情况。
静载试验连续进行3个组装件的试验结果均应满足要求，不得以平均值作为试验结果。
若屈强比过高(大于0.92)的钢绞线与锚具组成的组装件，在静载试验中出现锚固系数达到95%而伸长率不足2%的情况，不宜判断为锚具不合格，应更换钢绞线重新试验。
组装件的破坏形式应是预应力筋的破坏，而不应由锚具的失效导致试验终止，若在钢绞线自由伸长段(非夹片夹持区)内出现断丝，应判定为钢绞线不合格导致试验结果不合格。
3个组装件中有1个不合格，应双倍取样重做试验，如仍有一个不合格，则该批不合格；有2个不符合要求，则该批不合格</td></tr>
</table>

考点三:锚具、夹具、连接器的其他试验

疲劳荷载试验	应力幅度取 80MPa,试验应力上限值为钢材抗拉强度标准值的 65%;试验频率 300～500 次/min;循环次数 200 万次。 以 100MPa/min 的速度加载至试验应力上限值,调节应力幅度到规定值,记录循环次数。 钢绞线出现颈缩断口时,应判为非疲劳破坏,应重新取样重做试验
周期荷载试验	以 100～200MPa/min 的速率加载至钢绞线抗拉强度标准值的 80%(为试验应力上限值),再卸荷至 40%(为试验应力下限值),为一周期,重复加卸载 50 个周期
辅助性试验	钢绞线的内缩量试验、锚具摩阻损失试验和张拉锚固工艺试验
外观、尺寸检测	外观质量用目测法检测;外观尺寸用直尺和游标卡尺检测;裂纹采用磁粉探伤检测。 如有一件不合格,应双倍取样重做检验,如仍有一件不合格,应逐件检验。如有一件有裂纹,应逐件检验
硬度检测	如有一个不合格,应取双倍重新试验,如仍有一个不合格,应逐个检验

第二节　桥梁支座试验检测

考点四:板式支座试验检测

试验设备 (各类支座通用)	压力试验机:示值相对误差最大允许值为 ±1.0%,使用负荷可在其满负荷的 20%～80% 内  
试样准备	应采用实体支座,试验设备能力受到限制时,经与用户协商可选用小型支座或特制试样。 试验室标准温度为 23℃ ±5℃。两个不同试验室的检测结果有争议时,应将标准温度设置为 23℃ ±2℃重新试验。试验在试验室标准温度下,调节时间不应小于 24h

续上表

	项目		指标	
			JT/T 4—2019	GB/T 20688.4—2023
力学性能要求	实测抗压刚度K_c(kN/mm)		—	$K_{c,m} \pm K_{c,m} \times 20\%$
	压缩变形量R_u(mm)		—	设计荷载下，平均压缩变形量不大于橡胶层总厚度的7%
	极限抗压强度R_u(MPa)		≥70	压应力≥90MPa时，支座侧面橡胶凸起均匀，无橡胶开裂、脱胶、钢板断裂现象
	实测抗压弹性模量E_1(MPa)		$E \pm E \times 20\%$	—
	实测抗剪弹性模量G_1(MPa)		$G \pm G \times 15\%$	
	实测老化后抗剪弹性模量G_2(MPa)		$G_1 \pm G \times 15\%$	$G_1 \pm G_1 \times 15\%$
	抗剪黏性性能($\tau = 2$MPa时)		无橡胶开裂和脱胶现象	
	实测转角正切值$\tan\theta$	混凝土桥	≥1/300	
		钢桥	≥1/500	
	实测四氟板与不锈钢板表面摩擦系数μ_f(加硅脂时)		≤0.03	

抗压弹性模量：

$$E = 5.4G \cdot S^2$$

矩形支座形状系数：

$$S = \frac{a' \cdot b'}{2t_1(a' + b')}$$

圆形支座形状系数：

$$S = \frac{d'}{4t_1}$$

式中：a'——矩形板式橡胶支座加劲钢板短边尺寸(mm)；

b'——矩形板式橡胶支座加劲钢板长边尺寸(mm)；

t_1——板式支座中间单层橡胶片厚度(mm)；

d'——圆形板式橡胶支座加劲钢板直径(mm)

续上表

<table>
<tr><td>试样放置</td><td colspan="2">
所有试验均要求试样对准中心,偏差应小于 1% 的试样短边尺寸或直径。
施加水平力的试验均按双剪组合配置,当试样为矩形支座,应使支座顺其短边方向受剪。为防止出现打滑现象,应在上下承载板和中间钢拉板上粘贴高摩擦板(摩擦系数试验中间钢拉板不加摩擦板)
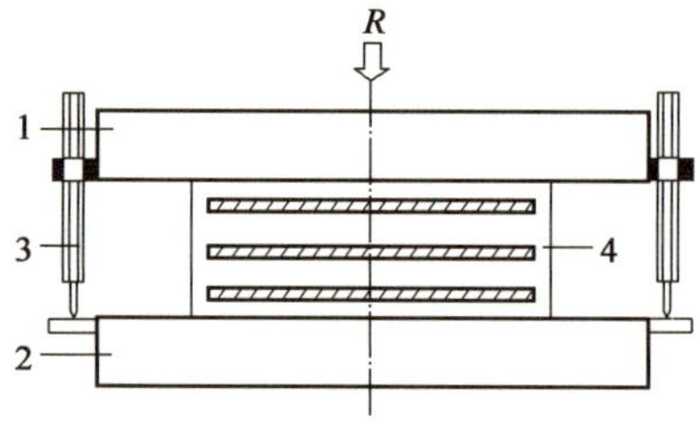

抗压弹性模量试验装置示意图
1-上承载板;2-下承载板;3-位移传感器;4-支座试样
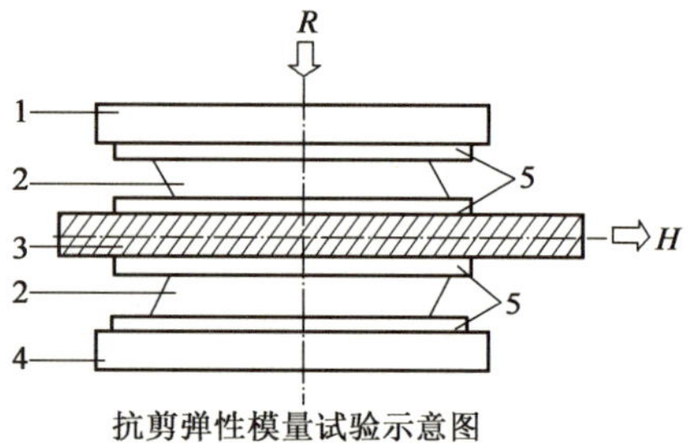

抗剪弹性模量试验示意图
1-上承载板;2-板式支座试件;3-中间钢拉板;4-下承载板;5-防滑摩擦板
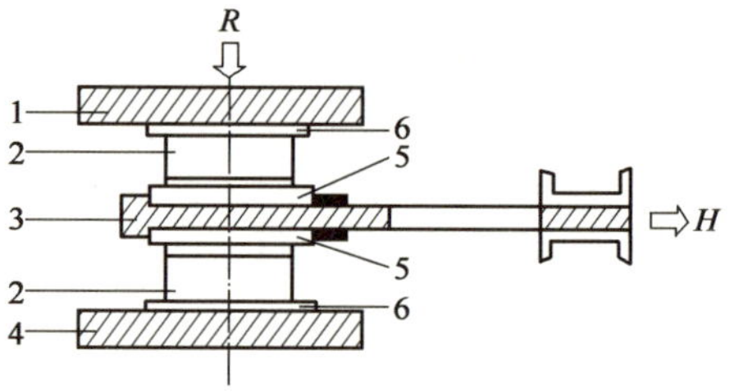

摩擦系数试验示意图
1-试验机上承载板;2-四氟滑板式橡胶支座试件;3-中间钢拉板;4-试验机下承载板;5-不锈钢板试件;6-防滑摩擦板
</td></tr>
<tr><td rowspan="3">抗压弹性模量试验</td><td>预压</td><td>加载速率:0.03～0.04MPa/s。
荷载区间:10MPa(2min)⟷1MPa(5min)。
循环次数:3 次</td></tr>
<tr><td>正式加载</td><td>加载速率:0.03～0.04MPa/s。
荷载分级:1MPa(10min)→4MPa(2min)→6MPa(2min)→8MPa(2min)→10MPa(2min)。
循环次数:3 次</td></tr>
<tr><td>结果计算</td><td>累计竖向压缩变形取 4 只百分表平均值,计算压缩应变:
$$E_1 = \frac{\sigma_{10} - \sigma_4}{\varepsilon_{10} - \varepsilon_4}$$
取三个实测结果的平均值。
单项结果和平均值之间的偏差不应大于平均值的 3%,否则该试样应重新复核试验一次</td></tr>
</table>

续上表

<table>
<tr><td rowspan="4">抗剪弹性
模量试验</td><td>竖向荷载</td><td>加载速率:0.03～0.04MPa/s。
荷载值:10MPa,保持不变</td></tr>
<tr><td>预加载</td><td>加载速率:0.002～0.003MPa/s。
荷载区间:0.1MPa(5min)⟷1MPa(5min)。
循环次数:3 次</td></tr>
<tr><td>正式加载</td><td>加载速率:0.002～0.003MPa/s。
荷载分级:0.1MPa(10min)→0.2MPa(1min)→0.3MPa(1min)→……→1MPa(1min)。
循环次数:3 次</td></tr>
<tr><td>结果计算</td><td>测取累积水平剪切变形,计算剪切应变:
$$G_1 = \frac{\tau_{1.0} - \tau_{0.3}}{\gamma_{1.0} - \gamma_{0.3}}$$
计算承载力 R 时,按支座有效承压面积(钢板面积)A_0 计算;计算水平拉力时,按支座平面毛面积(公称面积)A 计算。
数据有效判定与抗压弹性模量试验相同</td></tr>
<tr><td>抗剪老化试验</td><td colspan="2">老化处理:老化箱,70℃,72h;23℃ ±5℃,停放 48h。
与抗剪弹性模量试验方法步骤相同</td></tr>
<tr><td>抗剪黏结试验</td><td colspan="2">与抗剪弹性模量试验方法步骤大致相同,无预加载,施加剪应力为 2MPa,破坏性试验不重复。
试验结果:试验过程中随时观察试样受力状态及变化情况,水平力卸载后检查试样是否完好无损</td></tr>
<tr><td>摩擦系数试验</td><td colspan="2">与抗剪弹性模量试验方法步骤大致相同,预压 1h,施加水平力直至不锈钢板与滑板试样接触面间发生滑动为止。
试验结果:摩擦系数 μ = 最大水平力 H/最大承压力 R,取 3 次试验结果的平均值</td></tr>
<tr><td>转角试验</td><td colspan="2">与抗压弹性模量试验方法步骤大致相同,增加了加载横梁、千斤顶加载系统,两个支座试件组合试验。
试验结果:$\Delta_{min} \geq 0$ 时,支座不脱空;$\Delta_{min} < 0$ 时,支座脱空</td></tr>
<tr><td>极限抗压
强度试验</td><td colspan="2">以 0.1MPa/s 的速率连续地加载,至试样极限抗压强度不小于 70MPa 为止。
试验结果:观察试样受力状态及变化情况,试样是否完好无损</td></tr>
<tr><td>结果判定</td><td colspan="2">若有 2 块(或 2 对)不能满足,该批不合格。
若有 1 块(或 1 对)不能满足,抽取双倍对不合格项目复检</td></tr>
</table>

考点五:盆式、球型支座试验检测

<table>
<tr><td>试验条件</td><td></td><td colspan="6">盆式支座:GB/T 20688.4—2023 规定,试验室标准温度为 23℃ ±5℃。JT/T 391—2019 规定,试验室标准温度为 23℃ ±2℃,试验前将试样直接暴露在标准温度下,停放 24h</td></tr>
<tr><td rowspan="9">盆式支座力学性能要求</td><td>项目</td><td colspan="6">指标</td></tr>
<tr><td rowspan="2">竖向承载力</td><td colspan="2">压缩变形</td><td colspan="2">径向变形</td><td colspan="2">残余变形</td></tr>
<tr><td colspan="2">在竖向设计承载力作用下支座压缩变形不大于支座总高度的 2%(和 3mm 中的较大者*)</td><td colspan="2">在竖向设计承载力作用下盆环上口径向变形不得大于盆环外径的 0.05%</td><td colspan="2">卸载后,支座残余变形小于设计荷载下相应变形的 5%</td></tr>
<tr><td rowspan="2">水平承载力</td><td colspan="3">固定支座、纵向活动支座和横向活动支座</td><td colspan="3">减震型固定支座、减震型纵向活动支座和减震型横向活动支座</td></tr>
<tr><td colspan="3">不小于支座竖向承载力的 10%或 15%</td><td colspan="3">不小于支座竖向承载力的 20%</td></tr>
<tr><td>转角</td><td colspan="6">支座设计竖向转动角度不小于 0.02rad(且不大于 0.03rad*)</td></tr>
<tr><td rowspan="2">摩擦系数(加 5201 硅脂润滑后)</td><td colspan="3">常温型活动支座</td><td colspan="3">耐寒型活动支座</td></tr>
<tr><td colspan="3">不大于 0.03</td><td colspan="3">不大于 0.05**</td></tr>
<tr><td colspan="7">注:* 表示 GB/T 20688.4—2023 新增要求;** 表示 GB/T 20688.4—2023 不再要求</td></tr>
<tr><td rowspan="3">盆式支座竖向承载力试验</td><td>预压</td><td colspan="6">荷载区间:1% 竖向承载力⟷竖向承载力(2min)。
循环次数:3 次</td></tr>
<tr><td>正式加载</td><td colspan="6">荷载分级:分 10 级加载,1% 竖向承载力⟷1.5 竖向承载力(3min)。
循环次数:3 次</td></tr>
<tr><td>数据处理</td><td colspan="6">压缩变形:取每级加载 4 只百分表的算术平均值为该次该级加载测试结果。
径向变形:取每级加载同一直径方向 2 只千分表的绝对值之和为该直径方向变形,两个直径方向变形的平均值作为该次该级加载测试结果。
取 3 次测试结果的平均值</td></tr>
</table>

续上表

<table>
<tr><td rowspan="3">盆式支座水平承载力试验</td><td>预压</td><td colspan="2">竖向荷载:0.5 竖向承载力。
荷载区间:0.5% 水平承载力←→0.2 水平承载力。
循环次数:3 次</td></tr>
<tr><td>正式加载</td><td colspan="2">荷载分级:分 10 级加载。
0.5 竖向承载力,0.5% 水平承载力→0.9 水平承载力;
1.0 竖向承载力,0.9 水平承载力→1.2 水平承载力。
循环次数:3 次</td></tr>
<tr><td>数据处理</td><td colspan="2">水平变形取 2 个百分表的平均值</td></tr>
<tr><td>盆式支座摩擦系数试验</td><td colspan="3">预压:与竖向承载力试验相同。
正式加载:加载到竖向设计承载力后,施加水平力至发生滑动为止。循环 4 次,取后 3 次试验结果的平均值</td></tr>
<tr><td>盆式支座转动试验</td><td colspan="3">预压:与竖向承载力试验相同。
正式加载:使支座分别产生 0.010rad、0.015rad、0.020rad 设计转角值,持荷 30min。
结果:聚四氟乙烯板和钢件无损伤,橡胶承压板没有被挤出,黄铜密封圈也没有明显损伤</td></tr>
<tr><td>盆式支座结果判定</td><td colspan="3">竖向压缩变形、盆环径向变形、卸载后残余变形、转动角度、摩擦系数满足盆式支座力学性能要求的规定,实测的荷载-竖向压缩变形曲线和荷载-盆环径向变形曲线呈线性关系。
试验合格的支座,试验后可以继续使用。
试验支座在加载中出现损坏,则该支座为不合格</td></tr>
<tr><td rowspan="9">球型支座力学性能要求</td><td>项目</td><td colspan="2">指标</td></tr>
<tr><td rowspan="2">竖向承载力</td><td>压缩变形</td><td>径向变形</td></tr>
<tr><td>在竖向设计承载力作用下支座的竖向压缩变形不应大于支座总高度的 1%</td><td>在竖向设计承载力作用下盆环径向变形不应大于盆环外径的 0.05%</td></tr>
<tr><td rowspan="2">水平承载力</td><td>固定支座</td><td>单向活动支座</td></tr>
<tr><td colspan="2">不小于支座竖向承载力的 10%</td></tr>
<tr><td>支座实测转动力矩</td><td colspan="2">应小于支座设计转动力矩</td></tr>
<tr><td rowspan="2">摩擦系数(加 5201 硅脂润滑后)</td><td>温度适用范围在 −25 ~ 60℃时</td><td>温度适用范围在 −40 ~ −25℃时</td></tr>
<tr><td>不大于 0.03</td><td>不大于 0.05</td></tr>
<tr style="display:none"></tr>
<tr><td>球型支座竖向承载力试验</td><td colspan="3">与盆式支座试验相同,预压初始荷载为 0.5% 竖向承载力</td></tr>
</table>

续上表

球型支座水平承载力试验	与盆式支座试验相同
球型支座摩擦系数试验	与盆式支座试验相同,试验循环5次,取后4次试验结果的平均值
球型支座转动试验	与盆式支座试验相似,以5kN/min的速率施加转动力矩,直至支座发生转动为止,转动力矩取3次试验的平均值
球型支座结果判定	竖向压缩变形、盆环径向变形、水平力、摩擦系数、实测转动力矩应满足球型支座力学性能要求的规定。 支座水平承载力试验,在拆除装置后,支座变形不能恢复的产品为不合格。 若有2个支座各有1项不合格,或有1个支座2项不合格时,应取双倍试样复检。若有1个支座3项不合格,该批不合格

第三节　桥梁伸缩装置试验检测

考点六:桥梁伸缩装置试验检测

试验检测项目	类型	模数式 	梳齿式 	无缝式 
	代号	M	S	W
	分类	单缝 MA 多缝 MB	悬臂 SC 简支 SS	—
	变形性能试验	最大竖向变形、 最大水平摩阻力 变形均匀性、错位性能	最大竖向变形、 最大水平摩阻力	最大竖向变形
	防水性能试验	√	√	√
	承载性能试验	√	×	×

续上表

使用年限	《公路桥涵设计通用规范》(JTG D60—2015)表1.0.4 桥涵设计使用年限(年)					
	公路等级	主体结构			可更换部件	
		特大桥大桥	中桥	小桥涵洞	斜拉索吊索系杆等	栏杆伸缩装置支座等
	高速公路 一级公路	100	100	50	20	15
	二级公路 三级公路	100	50	30		
	四级公路	100	50	30		
试件准备	试验前,要将试件直接置于标准温度23℃ ±5℃下,静置24h					
最大水平摩阻力试验	预加载:分级往返预加载1次。 正式加载:拉伸到最大伸缩量的位置,按位移控制(±80mm、±160mm、…)分级加载,直至加载到最大伸缩量位置为1个循环。重复试验3次。 测定摩阻力,取3次循环的平均值					
变位均匀性试验	加载方法同上,测定伸缩装置两端总宽和每条缝隙宽度变化值					
最大竖向偏差试验	加载方法同上,测定边梁与中梁间的竖向偏差					
纵向错位试验	加载方法同上,使伸缩装置产生支承横梁倾斜角度≥2.5°的纵向位移,测定摩阻力与变位均匀性					
竖向错位试验	加载方法同上,使伸缩装置产生沿顺桥向5%的坡度,测定摩阻力与变位均匀性					
横向错位试验	加载方法同上,使伸缩装置在两支承横梁3.6m间距两端总宽度产生80mm(≥20 × n)的差值,形成扇形张开,测定摩阻力与变位均匀性					
承载性能试验	在最大开口状态下固定,加载后测量应力和竖向挠度,并观察伸缩装置是否开裂					
防水性能试验	在最大开口状态下固定,缝内注水,水面超过伸缩装置顶面10mm,24h后检查有无渗水、漏水现象					

第四节　波纹管试验检测

考点七:波纹管试验检测

产品分类	塑料波纹管 SBG	管材类别:圆形 Y、扁形 B。 示例:内径50mm的圆形塑料波纹管标记为SBG-50Y
	金属波纹管 JBG	刚度类型:标准 B、增强 Z。 示例:长轴65mm、短轴20mm的标准型金属波纹管标记为JBG-65 × 20B

续上表

塑料波纹管试验	环刚度	5 根管材上各截取长 300mm ± 10mm 试样，沿试样圆周方向等分测量 3 个长度值，取其算术平均值；分别测量 5 个试样的内直径，应通过横断面中点每隔 45°依次测量 4 次，取算术平均值，每次测量结果精确到内直径的 0.5%。 加载至垂直方向的内径变形量为原内径的 3% 时，记录所受负荷，计算试样刚度，取 5 根试样的平均值。 圆形塑料波纹管不应小于 $6kN/m^2$，扁形塑料波纹管不应小于 $4kN/m^2$
	局部横向荷载	在试样中部位置波谷处取一点，用端部为 $R = 6mm$ 的圆柱顶压头施加横向荷载。在规定荷载(800N)作用下，管材表面不应破裂，管材残余变形量不得超过管材外径的 10%
	柔韧性	将一根 1100mm 的试样，按规定的弯曲方法反复弯曲 5 次后，用专用塞规能顺利地从塑料波纹管中通过
	抗冲击性	低温落锤冲击试验的真实冲击率 TIR 最大允许值为 10%
	结果判定	外观检测：5 根中 3 根不符合规定时，不合格；2 根不合格，再抽取 5 根检测，若仍有 2 根不合格，该批不合格。 其他指标：有 1 项不合格，双倍取样复检
金属波纹管试验	径向刚度	抗局部横向荷载性能试验：试样长度取 $5d$，且不应小于 300mm。在试样中部位置波谷处取一点，用端部直径 10mm，横向长度 150mm 的圆柱顶压头对试件施加局部横向荷载。测量试件变形量，并计算变形比 δ
		抗均布荷载性能试验：试样长度取 $5d$，且不应小于 300mm。在上下加载板与试样之间放置 10mm 厚度的海绵垫。测量试件变形量，并计算变形比 δ
	抗渗漏性	承受局部横向荷载后抗渗漏性能试验：试样长度取 $5d$，且不应小于 300mm。用水灰比 0.50 由普通硅酸盐水泥配制的纯水泥浆灌满试样，观察表面渗漏情况 30min。 也可用清水灌满试样，如果试样不渗水，可不再用水泥浆进行试验
		弯曲后抗渗漏性能试验：试件长度取 1500mm，将试件弯成圆弧形。试验方法同上
	结果判定	径向刚度：内径变形比 δ 符合要求。 抗渗漏性要求：允许水泥浆泌水渗出，但不得渗出水泥浆。 有不合格项目时，双倍取样复检

第五节　隧道用防水卷材性能检测

考点八：防水卷材性能检测

<table>
<tr><td>卷材种类</td><td colspan="2">常用的高分子防水卷材有 ECB(乙烯-醋酸乙烯与沥青共聚物)、EVA(乙烯-醋酸乙烯共聚物)和 PE(聚乙烯)等。
氯化聚乙烯防水卷材按有无复合层分类：无复合层 N 类、纤维单面复合 L 类、织物内增强 W 类</td></tr>
<tr><td>取样方法</td><td colspan="2">以同类同型的 10000m^2 卷材为一批，不满 10000m^2 也可作为一批。在该批产品中随机抽取 3 卷进行尺寸偏差和外观检查，在上述检查合格的样品中任取一卷，在距外层端部 500mm 处裁取 3m(出厂检验为 1.5m)进行理化性能检验</td></tr>
<tr><td>状态调整</td><td colspan="2">试样截取前，在温度 23℃ ±2℃、相对湿度 60% ±15% 的标准环境下进行状态调整，时间不少于 24h</td></tr>
<tr><td>外观质量检查</td><td colspan="2">卷材表面应平整、边缘整齐，无裂纹、孔洞和黏结，不应有明显气泡、疤痕</td></tr>
<tr><td>长度宽度量测</td><td colspan="2">卷尺测量，量测卷材两端和中部 3 处，取平均值</td></tr>
<tr><td>厚度量测</td><td colspan="2">厚度计测量，压力为 22kPa ±5kPa，量取 5 点，取平均值</td></tr>
<tr><td rowspan="3">拉伸试验</td><td>试验设备</td><td>拉力试验机，拉力测试值在量程的 20% ~80%，精度 1%，测长精度 1mm</td></tr>
<tr><td>试验程序</td><td>拉伸速度 250mm/min ±50mm/min，拉伸试样至破坏，读取断裂时荷载和标距长度。若试样在标距外断裂，则该试样作废，另取试样重做</td></tr>
<tr><td>结果计算</td><td>拉伸强度：
$$TS = \frac{P}{B \times d}$$
式中：TS——试样的拉伸强度(MPa)；
P——试样断裂时的荷载(N)；
B——试样标距段的宽度(mm)；
d——试样标距段的厚度(mm)。
断裂伸长率：
$$E = \frac{L_1 - L_0}{L_0} \times 100\%$$
式中：E——试样的断裂伸长率(%)；
L_0——试样标距间初始有效长度(mm)；
L_1——试样断裂瞬间标距线间的长度(mm)</td></tr>
</table>

续上表

热处理尺寸变化率试验	在 80℃ ±2℃的温度下恒温 24h,然后取出置于标准环境中调节 24h,再测量纵向或横向长度,计算纵向和横向尺寸变化率
低温弯折性试验	试样耐候面朝外弯曲 180°,将弯折仪的上下平板间距调到卷材厚度的 3 倍,连同 2 块试样放入低温箱内保持 1h,取出压下上平板,试样恢复到室温后,观察 2 块试样是否未断裂
抗渗透性试验	在规定压力下保压 24h,3 块试样有无渗水现象
抗穿孔性试验	穿孔仪的重锤在高度 300mm 自由下落,撞击位于试样表面的冲头,检查试样是否穿孔
剪切状态下的黏合性试验	采用与卷材配套的胶黏剂将试样进行黏合,进行拉伸试验,计算剪切强度
热老化处理试验	在 80℃ ±2℃的温度下保持 168h,取出在标准环境下调节 24h,再进行外观检查、拉伸强度试验和低温弯折性试验,计算拉伸强度和断裂伸长率相对变化率
结果评判	外观、尺寸不合格,另抽 3 卷检验。 低温弯折性、抗穿孔性、不透水性若有一个试件不符合要求,即不合格。其他指标若仅有一项不合格,另取一卷单项复测

第六节　隧道用止水带性能检测

考点九:止水带性能检测

止水带分类	按用途分	变形缝 B、施工缝 S、沉管隧道接头缝 J(可卸式 JX、压缩式 JY)
	按结构分	普通 P、复合 F(与钢边 FG、与遇水膨胀橡胶 FP、与帘布 FL)
	按材质分	乙烯醋酸乙烯 EVA、乙烯醋酸乙烯与沥青共聚物 ECB、聚氯乙烯 PVC
	按位置分	中埋式 Z、背贴式 T
试样制备	在合格制品上裁取试验所需长度试样,并在标准状态下静置 24h	
外观检查	表面应平整,无裂纹、机械操作、折痕、孔洞、气泡、异常黏着部分等影响使用的缺陷	
长度宽度量测	卷尺测量,量测卷材两端和中部 3 处,取平均值	
尺寸偏差	试样表面对称部位取 4 点进行测量宽度、厚度、半径,取平均值	
拉伸试验	试验设备	拉力试验机,拉力测试值在量程的 20% ~80% ,具有 2 级测力精度,测长精度为 D 级

续上表

拉伸试验	试验程序	试样数量不少于3个，初始标距25mm，夹持器的移动速度为250mm/min±50mm/min，拉伸试样至破坏，若试样在狭窄部分以外断裂则舍弃该试验结果，另取试样重做
撕裂强度试验	使用无割口直角形试样，每个样品不少于5个试样，夹持器的移动速度为250mm/min±50mm/min，直至试样断裂	
低温弯折性试验	试样数量为2个，将试样弯曲180°，将弯折板的两平板间距调节为试样厚度的3倍，在规定温度下将弯折板与试件一起放入低温箱中保持1h，取出迅速压下上平板，待恢复到室温后观察试样弯折处是否断裂	
热空气老化试验	在80℃老化箱中168h，取出后调节不少于16h，不超过6d	
检验规则	以同一产品规格、同一生产批号的产品每5000m为一批进行检验。 从每批产品中随机抽取4件进行外观及尺寸偏差检查，在上述检查合格的样品中再随机抽取1件裁取1m长的试样，进行物理性能测试	

第七节　隧道用止水条性能检测

考点十：止水条性能检测

止水条分类	按工艺分	制品型PZ、腻子型PN
	按膨胀倍率分	制品型：≥150%、≥250%、≥400%、≥600%等。 腻子型：≥150%、≥220%、≥300%等
	按截面形状分	圆形Y、矩形J、椭圆形T、其他形状Q
试样制备	制品型试样，在合格制品上裁取试验所需长度试样，经70℃±2℃恒温8h后，在标准状态下停放24h	
硬度	采用邵氏硬度计法，选择合适的标尺，根据压针压入深度换算硬度	
体积膨胀倍率	试验方法1：先用天平称出空气中的质量，再称出悬挂在蒸馏水中的质量，将试验浸泡72h，再用天平称出悬挂在蒸馏水中的质量，再称出空气中的质量，计算体积膨胀倍率。 试验方法2：先用天平称出空气中的质量，再称出悬挂在蒸馏水中的质量，将试样放入量筒中注水保持120h，读取试样高度，计算体积膨胀倍率	
反复浸水试验	反复浸水、烘干4个循环周期，测拉伸强度、拉断伸长率和体积膨胀倍率	
低温弯折性试验	试样数量为2个，将试样弯曲180°，将弯折板的两平板间距调节为试样厚度的3倍，在规定温度下保持2h，之后迅速压下上平板，待恢复到室温后观察试样弯折处是否断裂	

续上表

低温试验	试样在 -20℃ ±2℃低温箱中停放2h,取出后立即在 ϕ10mm 的棒上缠绕一圈,观察其是否脆裂
检验规则	以1000m或5t同标记的遇水膨胀橡胶为一批,抽取1%进行外观质量检验,并在任意1m处随机取3点进行规格尺寸检验(腻子型除外),在上述检查合格的样品中再随机抽取足够的试样,进行物理性能测试

第八节　隧道用土工布性能检测

考点十一:土工布性能检测

土工布的基础知识	作用	过滤、排水、隔离、加筋、防渗、防护等
	分类	无纺:聚丙烯短纤、聚酯短纤、聚丙烯长丝、聚酯长丝。 有纺:聚丙烯长丝、聚酯长丝、聚丙烯裂膜(扁丝)编织、聚酯扁丝编织
	力学性能	抗拉强度及延伸率、握持强度及延伸率、抗撕裂强度、顶破强度、刺破强度、抗压缩性能
试样制备	每项试验的试样应从样品长度与宽度方向上随机抽取,但距样品边缘至少100mm。 为同一试验剪取2个以上试样时,不应在同一纵向或横向位置上剪取。 土工织物,应置于温度为20℃ ±2℃,相对湿度为65% ±5%和标准大气压的环境中调湿24h。 塑料土工合成材料,在温度为23℃ ±2℃的环境下,状态调节不得少于4h	
数据整理方法	算术平均值$\bar{x}$: $$\bar{x}=\frac{\sum_{i=1}^{n}x_i}{n}$$ 标准差σ: $$\sigma=\sqrt{\sum_{i=1}^{n}(x_i-\bar{x})^2/(n-1)}$$ 变异系数: $$C_v(\%)=\frac{\sigma}{\bar{x}}\times100$$ 式中:n——试样个数; x_i——第i块试验的试样值; $\bar{x}$——n块试样测试数值的算术平均值。 可疑数据舍弃:以k倍标准差作为舍弃标准,舍弃在范围以外的测定值	

续上表

<table>
<tr><td>单位面积质量测定</td><td colspan="2">试样数量不得少于 10 块，试样面积为 10cm × 10cm，精确到 0.01g</td></tr>
<tr><td>厚度测定</td><td colspan="2">常规厚度：指在 2kPa 压力下的试样厚度。
试样数量：不得少于 10 块</td></tr>
<tr><td rowspan="5">宽条拉伸试验</td><td>试样数量</td><td>分别以土工材料的纵向和横向作试验长边，剪取试验各至少 5 块</td></tr>
<tr><td>试样尺寸</td><td>无纺：试样宽度为 200mm ± 1mm（不包括边缘）。
有纺：在两边拆去大约相同数量的纤维，使试样宽度达到 200mm ± 1mm 的名义试样宽度</td></tr>
<tr><td>试验步骤</td><td>设备参数：试样的最大断裂力在满量程的 30% ~ 90% 范围内，设定拉伸速率为名义夹持长度的（20% ± 1%）/min。夹具的初始间距为 100mm ± 3mm，引伸计标距为 60mm。
预张拉：预张拉力相对于最大负荷的 1%。
开动试验机进行拉伸，连续运转直到试样破坏时停机。记录最大负荷和最大负荷下的伸长量</td></tr>
<tr><td>夹具改进</td><td>如果试样在距钳口 5mm 范围内断裂，则该试验结果应剔除，可采取下列改进措施：
（1）钳口内加衬垫；
（2）钳口内的试样加以涂层；
（3）改进夹具钳口表面</td></tr>
<tr><td>结果计算</td><td>拉伸强度：
$$\alpha_f = F_f C$$
式中：C——对于非织造、高密织物或类似产品，$C = 1/B$，B 为试样的名义宽度</td></tr>
<tr><td>撕破强力试验</td><td colspan="2">试样在撕裂过程中抵抗扩大破损裂口的最大拉力。
测定经向撕裂强度：长边应与织物经向平行，使切缝垂直于经向。
测定纬向撕裂强度：长边应与织物纬向平行，使切缝垂直于纬向。
试样数量：经向和纬向（纵、横）各 10 块
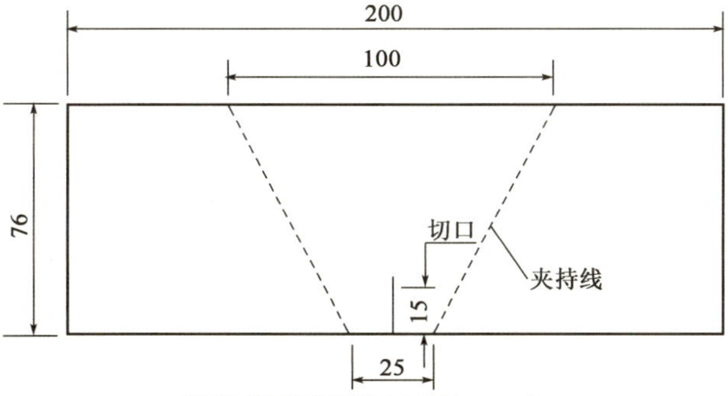

梯形试样平面图（尺寸单位：mm）</td></tr>
</table>

续上表

CBR 顶破强力试验	反映土工织物抵抗垂直织物平面的法向压力的能力。与刺破强力试验相比,顶破强力试验试样压力作用面积相对较大,材料呈双向受力状态。 常用方法有 CBR 顶破试验和圆球顶破试验。两者的差异主要在于:前者用圆柱形顶压杆顶压,后者用圆球顶压;两者的夹具环直径不同。 试样数量:直径 300mm 的圆形试样 5 块。 夹具:内径 150mm。 顶杆:直径 50mm、高度 100mm
刺破强力试验	反映土工织物抵抗如有棱角的石子、支护用钢构件端头等小面积集中荷载的能力。试验方法与圆球顶破试验相似,只是以金属杆代替圆球。 试样数量:直径 100mm 的圆形试样 10 块。 夹具:内径 44.5mm。 顶杆:直径 8mm
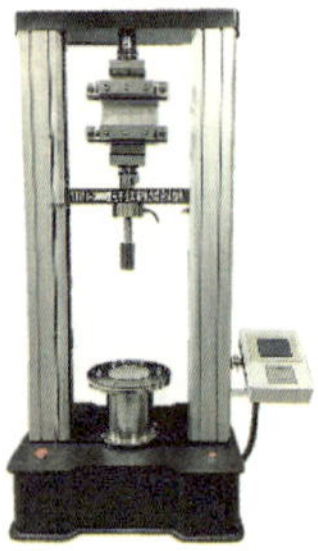 综合试验机	 宽条拉伸  撕破强力  顶破强力 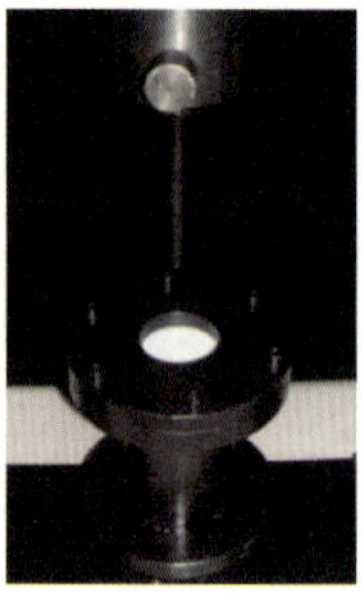 刺破强力
筛分法试验	土工布的有效孔径或表观孔径表示能有效通过的最大颗粒直径。 当某一粒径的筛余率等于总量的 90% 或 95% 时,该粒径即为该土工布的表观孔径或有效孔径,分别用 O_{90} 或 O_{95} 表示,如 O_{95} 表示土工织物中 95% 的孔径低于该值。 试样数量:5n 块,n 为粒径组数
垂直渗透性能试验	采用恒水头法测定土工织物的垂直渗透特性参数,包括流速指数、垂直渗透系数、透水率等。 试样数量:不少于 5 块

第三章　构件材质状况无损检测

第一节　结构混凝土强度

考点一：回弹法检测混凝土强度

混凝土强度检测方法	检测方法可分为无损检测、半破损检测和破损检测。 混凝土强度检测评定分为结构或构件的强度检测评定与承重构件的主要受力部位的强度检测评定。 原则上对结构不采取破损检测，但在其他方法不能准确评定结构（构件）或承重构件主要受力部位的混凝土强度时，应采用取芯法或取芯法结合其他方法综合评定。 在结构上钻、截取试件时，应尽量选择承重构件的次要部位或次要承重构件，并应采取有效措施，确保结构安全
回弹法的基本原理	混凝土强度↓→表面硬度↓→塑性变形↑→回弹值↓。 回弹法属于表面硬度法的一种，可通过回弹仪对混凝土表面弹击后的回弹值来推算混凝土的强度值
回弹仪的技术要求	类型：重型、中型、轻型和特轻型，使用最多的是中型回弹仪。 中型回弹仪的标称能量为 2.207J，在洛氏硬度 HRC 为 60±2 的钢砧上率定值为 80±2。数字显示的回弹值与指针直读示值相差应不超过 1
回弹仪的率定	回弹仪在工程检测前后，应在钢砧上做率定试验。测定回弹值时，取连续向下弹击 3 次稳定回弹值的平均值。弹击杆应分 4 次旋转，每次旋转宜为 90°。弹击杆每旋转一次的率定平均值应为 80±2，率定回弹仪的钢砧应每 2 年校准一次
回弹仪的检定	1. 新回弹仪启用前。 2. 超过检定有效期限。 3. 数字式回弹仪显示的回弹值与指针直读示值相差大于 1。 4. 经保养后，在钢砧上率定值不合格。 5. 遭受严重撞击或其他损害
回弹仪的保养	弹击次数超过 2000 次，或对检测值有怀疑及率定不合格时

续上表

抽检数量	单个检测:适用于单个结构或构件的检测。 批量检测:抽检数量不得小于同批构件的30%,且不得少于10件。当检验批构件数量大于30个时,抽样构件数量可适当调整,并不得少于国家现行有关标准规定的最少抽样数量
测区布置	1. 对一般构件,测区数不宜少于10个,当受检构件数量大于30个且不需提供单个构件推定强度,或构件某一方向尺寸不大于4.5m且另一方向尺寸不大于0.3m时,其测区数量可适当减少,但不应少于5个。 2. 相邻两测区的间距不应大于2m,测区离构件端部或施工缝边缘的距离不宜大于0.5m,且不宜小于0.2m。 3. 测区宜选在使回弹仪处于水平方向检测的混凝土浇筑侧面。 4. 测区宜选在构件的两个对称可测面上,当不能布置在对称可测面上时,也可布置在一个可测面上,且应均匀分布。在构件的重要部位及薄弱部位应布置测区,并应避开预埋件。 5. 测区的面积不宜大于0.04m^2。 6. 检测面应为原状混凝土表面,并应清洁、平整,不应有疏松层、浮浆、油垢、涂层以及蜂窝、麻面。 7. 对弹击时产生颤动的薄壁、小型构件应进行固定,使之有足够的约束力。否则会使检测结果偏小
测点布置	测点宜在测区范围内均匀分布,相邻两测点的净距不宜小于20mm;测点距外露钢筋、预埋件的距离不宜小于30mm。测点不应在气孔或外露石子上,同一测点只应弹击一次。 每一测区应记取16个回弹值,每一测点的回弹值读数应精确至1
碳化深度值测量	应在有代表性的位置上测量碳化深度值,测点数不应少于构件测区数的30%,取其平均值为该构件每测区的碳化深度值。当碳化深度值极差大于2.0mm时,应在每一测区测量碳化深度值。测量已碳化与未碳化混凝土交界面到混凝土表面的垂直距离,测量3次,读数精确至0.25mm,取其平均值作为检测结果,精确至0.5mm。 混凝土表面碳化后会增加表面硬度,使回弹测值偏大
回弹值计算及修正	计算测区平均回弹值,应从该测区的16个回弹值中剔除3个最大值和3个最小值。 由于重力的影响,向上弹击测值偏大,向下弹击测值偏小。混凝土顶面灰浆更多,硬度偏小,而底面石子更多,硬度偏大。 当检测时回弹仪为非水平方向且非浇筑侧面时,应先对回弹值进行角度修正,再对修正后的值进行浇筑面修正
强度换算	根据每一测区的回弹平均值及碳化深度值,查阅测强曲线得出混凝土强度的换算值。 测强曲线分为统一测强曲线、地区测强曲线、专用测强曲线,宜按专用测强曲线、地区测强曲线、统一测强曲线的顺序选用测强曲线

续上表

强度推定	混凝土强度推定值是指相应于强度换算值,总体分布中保证率不低于95%的构件混凝土抗压强度值。 (1)当该结构或构件测区数少于10个时,取最小的强度换算值: $f_{cu,e}=f^{c}_{cu,min}$ (2)当该结构或构件测区强度值中出现小于10.0MPa的值时: $f_{cu,e}<10.0\text{MPa}$ (3)当该结构或构件测区数不少于10个或批量检测时: $f_{cu,e}=m_{f^{c}_{cu}}-1.645s_{f^{c}_{cu}}$　(平均值-1.645标准差)
误差修正	影响因素:水泥品种、粗集料品种、成型方法、模板种类、养护方法、湿度、保护层厚度、混凝土龄期、测试时的大气温度、测试技术等
适用范围	1.回弹法测强的误差比较大,因此对比较重要的构件或结构物必须慎重使用。 2.符合下列条件的非泵送混凝土才能采用全国统一测强曲线进行测区混凝土强度换算: (1)混凝土采用的水泥、砂石、外加剂、掺合料、拌和用水符合现行国家有关标准; (2)采用普通成型工艺; (3)采用符合国家标准规定的模板; (4)蒸汽养护出池后经自然养护7d以上,且混凝土表层为干燥状态; (5)自然养护且龄期为14~1000d; (6)抗压强度为10~60MPa。 3.当有下列情况之一时,测区混凝土强度值不得按全国统一测强曲线进行测区混凝土强度换算,但可制定专用测强曲线或通过试验进行修正: (1)粗集料最大粒径大于60mm; (2)特种成型工艺制作的混凝土; (3)检测部位曲率半径小于250mm; (4)潮湿或浸水混凝土。 4.当构件混凝土抗压强度大于60MPa时,可采用标准能量大于2.207J的混凝土回弹仪,并应另行制订检测方法及专用测强曲线进行检测

考点二:超声回弹综合法检测混凝土强度

基本原理	混凝土强度↑→混凝土密实度↑→超声波传播速度↑→声时值↓。 超声回弹综合法是指采用超声仪和回弹仪,在结构混凝土同一测区分别测量声时值和回弹值,然后利用已建立起来的测强公式推算该测区混凝土强度
优点	受混凝土龄期和含水率影响小、测试精度高、适用范围广、能够较全面反映结构混凝土
超声波检测仪	工作频率:50~100kHz。 校准条件与回弹仪检定相似。 校准方法:空气中声速实测值与理论计算值相对误差范围应为±0.5%内

续上表

抽检数量	与回弹法相同	
测区布置	与回弹法相同	
测点布置	超声测点应布置在回弹测试的同一测区内,每一测区布置 3 个测点	
测试规定	每一测区,应先进行回弹测试,后进行超声测试。 计算混凝土抗压强度换算值时,非同一测区的回弹值和声速值不得混用: (1)应在混凝土超声波检测仪上配置满足要求的换能器和高频电缆。 (2)换能器辐射面应与混凝土测试面耦合。 (3)应先测定声时初读数(t_0),再进行声时测量,读数应精确至 0.1μs。 (4)超声测距测量应精确至 1mm,且测量允许误差应为 ±1%。 (5)检测过程中若更换换能器或高频电缆,应重新测定声时初读数(t_0)。 (6)声速计算值应精确至 0.01km/s	
测试方法	对测	侧面对测时,声速代表值按式计算: $$v_d = \frac{1}{3}\sum_{i=1}^{3}\frac{l_i}{t_i - t_0}$$ 式中:v_d——对测测区混凝土中声速代表值(km/s); l_i——第 i 个测点的超声测距(mm); t_i——第 i 个测点的声时读数(μs); t_0——声时初读数(μs)。 当在表面或底面测试时,声速代表值应按式修正: $$v_a = \beta \cdot v_d$$ 式中:β——超声测试面的声速修正系数,取 1.034
	角测	构件只有两个相邻表面可供检测时采用。 布置超声角测点时,换能器中心与构件边缘的距离 l_1、l_2不宜小于 300mm;且两者相差不宜大于 1.5 倍。 角测时超声测距应按式计算: $$l_i = \sqrt{l_{1i}^2 + l_{2i}^2}$$ 声速代表值计算与对测相同
	平测	当构件只有一个表面可供检测时采用。 每个测区应布置一排超声测点,发射和接收换能器的连线与附近钢筋轴线成 40°~50°,应以两个换能器内边距分别为 200mm、250mm、300mm、350mm、400mm、450mm、500mm 进行平测,逐点测读相应声时值(t),并用回归分析方法求出测区混凝土中声速代表值。 平测声速代表值(v_p)需要修正为对测声速(v_a): $$v_a = \lambda \cdot v_p$$ 式中:λ——平测声速修正系数,$\lambda = v_d / v_{pp}$(同一构件的对测声速v_d与平测声速v_{pp}之比)

续上表

强度换算	与回弹法相似,根据每一测区的回弹代表值和声速代表值,查阅测强曲线得出混凝土强度的换算值
强度推定	与回弹法相同
修正方法	当构件所采用的材料及其龄期与制定测强曲线所采用的材料及其龄期有较大差异时,可采用在构件上钻取混凝土芯样或同条件立方体试件对测区混凝土抗压强度换算值进行修正: (1)芯样修正,试件数量不应少于 4 个; (2)同条件立方体试件修正,试件数量不应少于 4 个
适用范围	1. 混凝土采用的水泥、砂石、外加剂、掺合料、拌和用水应符合国家现行标准的有关规定。 2. 自然养护或蒸汽养护后经自然养护 7d 以上,且混凝土表层为干燥状态。 3. 龄期 7 ~ 2000d。 4. 混凝土抗压强度 10 ~ 70MPa

考点三:钻芯法检测混凝土强度

适用情况	1. 对试块抗压强度的测试结果有怀疑时。 2. 因材料、施工或养护不良而发生混凝土质量问题时。 3. 混凝土遭受冻害、火灾、化学侵蚀或其他损害时。 4. 需检测经多年使用的建筑结构或建筑物中混凝土强度时
钻取芯样部位	1. 结构或构件受力较小的部位。 2. 混凝土强度质量具有代表性的部位。 3. 便于钻芯机安放与操作的部位。 4. 避开主筋、预埋件和管线的位置,并尽量避开其他钢筋
芯样数量	直径 100mm 的芯样试件的最小样本量不宜少于 15 个,小直径芯样试件的最小样本量不宜少于 20 个
芯样直径	宜使用直径为 100mm 的芯样,其公称直径不宜小于集料最大粒径的 3 倍。 也可采用小直径芯样试件,但其公称直径不应小于 70mm 且不得小于集料最大粒径的 2 倍
芯样高度	高度和直径之比(H/d)宜为 1
芯样端面处理	可采取在磨平机上磨平端面的处理方法,也可采用硫黄胶泥或环氧胶泥补平,补平层厚度不宜大于 2mm

续上表

<table>
<tr><td>芯样内含钢筋的规定</td><td colspan="4">芯样试件内不宜含有钢筋,当不能满足此项要求时,抗压试件应符合下列要求:
(1)标准芯样试件,每个试件内最多只允许有 2 根直径小于 10mm 的钢筋;
(2)公称直径小于 100mm 的芯样试件,每个试件内最多只允许有一根直径小于 10mm 的钢筋;
(3)芯样内的钢筋应与芯样试件的轴线基本垂直并离开端面 10mm 以上</td></tr>
<tr><td>尺寸偏差与外观质量限制</td><td colspan="4">尺寸偏差及外观质量超过下列数值时,相应的芯样试件不宜进行试验:
(1)芯样试件的实际高径比(H/d)小于要求高径比的 0.95 或大于 1.05;
(2)芯样试件端面与轴线的不垂直度超过 1°;
(3)芯样试件端面的不平整度在 100mm 长度内超过 0.1mm;
(4)沿芯样试件高度的任一直径与平均直径相差超过 1.5mm;
(5)芯样有较大缺陷</td></tr>
<tr><td>强度推定</td><td colspan="4">批量检测:
(1)计算芯样试件的平均值、标准差、推定区间上限值和下限值;
(2)$f_{cu,e1}$上限值和$f_{cu,e2}$下限值所构成推定区间的置信度宜为 0.85,$f_{cu,e1}$上限值和$f_{cu,e2}$下限值之间的差值不宜大于 5.0MPa 和 0.10 $f_{cu,cor,m}$平均值芯样抗压强度平均值两者的较大值;
(3)宜以上限值作为检测批混凝土强度的推定值。
单个构件:
(1)有效芯样试件的数量不应少于 3 个;对于较小构件,有效芯样试件的数量不得少于 2 个;
(2)单个构件的混凝土强度推定值不再进行数据的舍弃,而应按有效芯样试件混凝土抗压强度值中的最小值确定</td></tr>
<tr><td>钻芯修正方法</td><td colspan="4">1. 宜采用修正量的方法修正,标准芯样的数量不应少于 6 个,小直径芯样的试件数量宜适当增加。
2. 当采用间接检测方法为无损检测方法时,钻芯位置应与间接检测方法相应的测区重合。
3. 当采用的间接检测方法对结构构件有损伤时,钻芯位置应布置在相应测区的附近</td></tr>
<tr><td rowspan="7">混凝土强度检测的评定</td><td colspan="4">计算推定强度匀质系数K_{bt}或平均强度匀质系数K_{bm},确定混凝土强度评定标度。
匀质系数 = 实测强度推定值(或平均换算强度值)/抗压强度设计值</td></tr>
<tr><td>K_{bt}</td><td>K_{bm}</td><td>强度状况</td><td>评定标度</td></tr>
<tr><td>≥0.95</td><td>≥1.00</td><td>良好</td><td>1</td></tr>
<tr><td>(0.95,0.90]</td><td>(1.00,0.95]</td><td>较好</td><td>2</td></tr>
<tr><td>(0.90,0.80]</td><td>(0.95,0.90]</td><td>较差</td><td>3</td></tr>
<tr><td>(0.80,0.70]</td><td>(0.90,0.85]</td><td>差</td><td>4</td></tr>
<tr><td><0.7</td><td><0.85</td><td>危险</td><td>5</td></tr>
</table>

第二节　钢筋锈蚀电位

考点四：钢筋锈蚀电位的检测与评定

<table>
<tr><td rowspan="3">钢筋钝化膜的破坏</td><td>混凝土碳化</td><td>酸性气体与混凝土中的碱性成分反应，使得混凝土的 pH 值降低，钢筋表面的致密钝化膜被破坏</td></tr>
<tr><td>硫酸盐侵蚀破坏</td><td>碳化生成物与水泥水化产物反应，体积增大，使混凝土胀裂</td></tr>
<tr><td>碱性集料反应</td><td>活性矿料与混凝土中的碱性成分反应，生成凝胶吸水膨胀，导致混凝土胀裂</td></tr>
<tr><td>检测原理</td><td colspan="2">强碱环境中的钢筋，表面生成致密氧化膜，使钢筋处于钝化状态。一旦条件改变，钢筋便由钝化状态向活化状态转变。
宏观上混凝土和钢筋形成半电池，通过测定钢筋/混凝土半电池电极与在混凝土表面的铜/硫酸铜参考电极之间电位差的大小，评定混凝土中钢筋的锈蚀活化程度</td></tr>
<tr><td>适用范围</td><td colspan="2">适用：测试与钢筋的尺寸和埋在混凝土中的深度无关，可以在混凝土构件使用寿命中的任何时期使用。
不适用：干燥到绝缘、脱空层离、不能提供稳定的电回路、特殊环境（如海水浪溅区、盐雾）的混凝土不适用。在使用接触液后仍然无法得到稳定的电位差，应分析是否为电回路的电阻过大或是附近存在与桥梁连通的大地波动电流，不应使用半电池电位法</td></tr>
<tr><td>测点布置</td><td colspan="2">测区不应有明显的锈蚀胀裂、脱空或层离现象。
测点位置距构件边缘应大于 5cm，一般不宜少于 20 个测点。当一个测区内存在相邻测点的读数超过 150mV 时，通常应减小测点的间距</td></tr>
<tr><td>仪器连接</td><td colspan="2">局部打开混凝土或选择裸露的钢筋，确保测量仪与钢筋有良好的电连接。
测量前应预先将电极前端多孔塞充分浸湿，以保证良好的导电性，正式测读前应再次用喷雾器将混凝土表面润湿
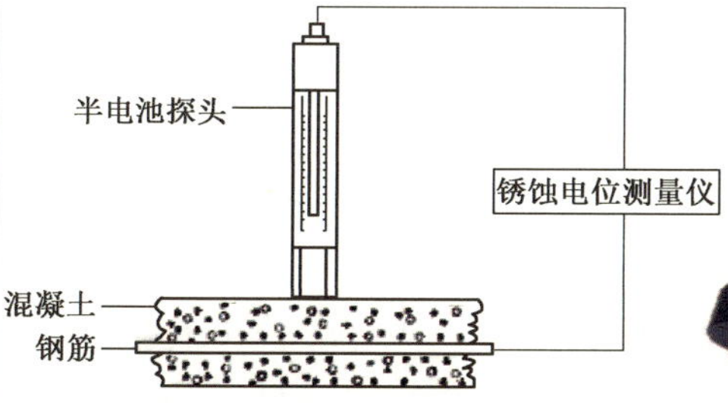

测试系统连接方法
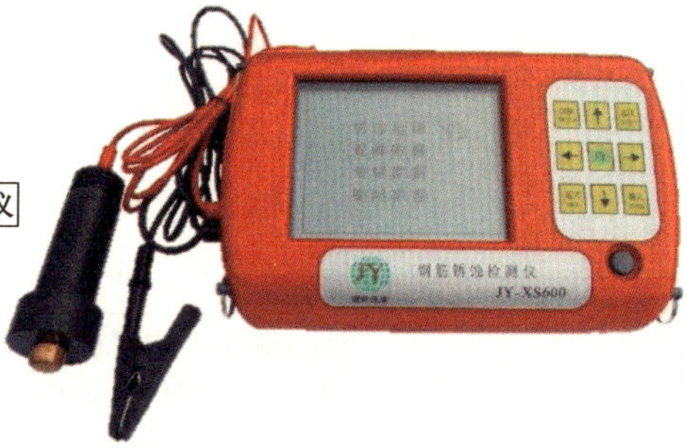</td></tr>
</table>

续上表

<table>
<tr><td>测值采集</td><td colspan="3">测点读数变动不超过2mV,可视为稳定。
在同一测点,同一支参考电极,重复测读的差异不超过10mV;不同的参考电极重复测读的差异不超过20mV</td></tr>
<tr><td>影响因素</td><td colspan="3">含水率、环境温度、电流干扰、保护层电阻。
测量时构件应处在自然干燥状态。若温度在22℃ ±5℃范围之外,应对铜/硫酸铜电极做温度修正</td></tr>
<tr><td rowspan="7">评定标度</td><td colspan="3">电位水平越大,电位差越小,钢筋发生锈蚀的概率越小,或钢筋正在发生锈蚀的锈蚀活化程度越低</td></tr>
<tr><td>电位水平(mV)</td><td>钢筋状态</td><td>评定标度</td></tr>
<tr><td>≥ -200</td><td>无锈蚀活动性或锈蚀活动性不确定</td><td>1</td></tr>
<tr><td>(-200,-300]</td><td>有锈蚀活动性,但锈蚀状态不确定,可能坑蚀</td><td>2</td></tr>
<tr><td>(-300,-400]</td><td>锈蚀活动性较强,发生锈蚀概率大于90%</td><td>3</td></tr>
<tr><td>(-400,-500]</td><td>锈蚀活动性强,严重锈蚀可能性极大</td><td>4</td></tr>
<tr><td>< -500</td><td>构件存在锈蚀开裂区域</td><td>5</td></tr>
</table>

第三节　结构混凝土中氯离子含量

考点五:氯离子含量的测定与评定

检测方法	对钢筋锈蚀电位评定标度值为3、4、5的主要构件或主要受力部位,应进行混凝土中氯离子含量的测定: (1)以铬酸钾为指示剂的硝酸银滴定法,主要用于水溶性氯离子含量的检测; (2)以硫氰酸钾滴定的佞尔哈德法,主要用于氯离子总量(酸溶性氯离子含量)的检测; (3)硝酸银电位滴定法,适用于水溶性氯离子和酸溶性氯离子含量的检测
取样方法	每一测区取粉的钻孔数量不宜少于3个,取粉孔可与碳化深度测量孔合并使用。 同一测区不同孔相同深度的粉末可收集在一个塑料袋内,不同测区测孔相同深度的粉末不应混合在一起

续上表

<table>
<tr><td rowspan="7">评定标准</td><td colspan="3">混凝土中氯离子可引起并加速钢筋的锈蚀，氯离子含量越小，引起钢筋锈蚀的可能性越小</td></tr>
<tr><td>氯离子含量
（占水泥含量的百分比，%）</td><td>诱发钢筋锈蚀的可能性</td><td>评定标度</td></tr>
<tr><td><0.15</td><td>很小</td><td>1</td></tr>
<tr><td>[0.15,0.40)</td><td>不确定</td><td>2</td></tr>
<tr><td>[0.40,0.70)</td><td>有可能诱发钢筋锈蚀</td><td>3</td></tr>
<tr><td>[0.70,1.00)</td><td>会诱发钢筋锈蚀</td><td>4</td></tr>
<tr><td>≥1.00</td><td>钢筋锈蚀活化</td><td>5</td></tr>
</table>

第四节　混凝土中钢筋分布及保护层厚度

考点六：保护层厚度的检测与评定

<table>
<tr><td>检测原理</td><td>基于电磁感应原理，钢筋距探头越近，钢筋越粗，磁感应强度越大，信号越强
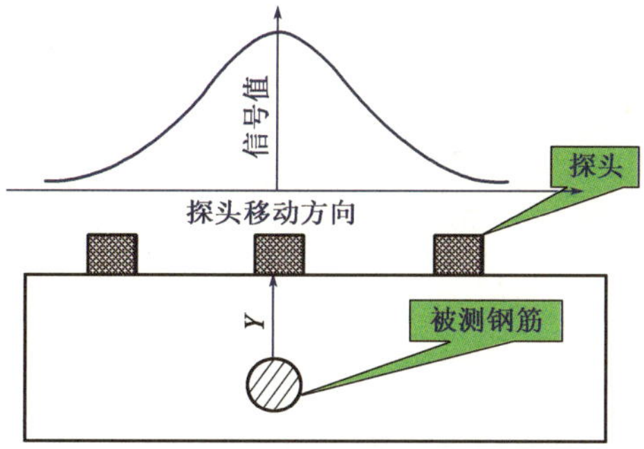
</td></tr>
<tr><td>应用范围</td><td>主要承重构件或承重构件的主要受力部位，或钢筋锈蚀电位测试结果表明钢筋可能锈蚀活化的部位，以及根据结构检算及其他检测需要确定的部位。在下列情况下需进行检测：
（1）用于估测混凝土中钢筋的位置、深度和尺寸；
（2）在无资料或其他原因需要对结构进行调查的情况下；
（3）进行其他测试之前需要避开钢筋进行的测试</td></tr>
<tr><td>仪器标定</td><td>每次试验检测前均应对仪器进行标定。标定块为无磁性的塑料块，内有钢筋，标定应在无外界磁场干扰的环境中进行</td></tr>
</table>

续上表

<table>
<tr><td>检测部位</td><td colspan="3">JTG/T J21—2011 第 5.8.2 条规定,混凝土桥梁钢筋保护层厚度检测部位应包括:
(1)主要构件或主要受力部位;
(2)钢筋锈蚀电位测试结果表明钢筋可能锈蚀活化的部位;
(3)发生钢筋锈蚀胀裂的部位;
(4)布置混凝土碳化测区的部位</td></tr>
<tr><td>测点布置</td><td colspan="3">批量检测:抽样数不少于同类构件的 30%,且不少于 3 件。
测区数不应少于 3 个;相邻测区的间距不宜小于 2m;测区表面应清洁、平整,避开接缝、蜂窝、麻面、预埋件等部位,避免在钢筋交叉位置进行测量。每个测区应不少于 10 个测点</td></tr>
<tr><td>检测方法</td><td colspan="3">先确定钢筋的位置与走向;当仪器显示值为最小时,传感器正下方即筋的位置;将传感器在原处左右转动,当仪器显示值最小时,传感器长轴线的方向即为钢筋的走向。
将传感器置于钢筋所在位置正上方并左右移动,读取仪器显示的最小值,即为该处保护层厚度。每一测点宜读取 2 次稳定读数,2 次测值相差不大于 1mm 时,取其平均值作为保护层厚度值,精确至 1mm</td></tr>
<tr><td>测值修正</td><td colspan="3">标准垫块、校准孔</td></tr>
<tr><td>影响因素</td><td colspan="3">外加磁场、磁性混凝土、高强钢筋、布筋状况、钢筋间距。
当钢筋净间距/保护层厚度 <3 时需修正测量值</td></tr>
<tr><td rowspan="7">评定标准</td><td colspan="3">实测保护层厚度特征值D_{ne}与其设计值D_{nd}的比值越大,对结构钢筋耐久性的影响越小</td></tr>
<tr><td>D_{ne}/D_{nd}</td><td>对结构钢筋耐久性的影响</td><td>评定标度</td></tr>
<tr><td>>0.95</td><td>影响不显著</td><td>1</td></tr>
<tr><td>(0.85,0.95]</td><td>有轻度影响</td><td>2</td></tr>
<tr><td>(0.70,0.85]</td><td>有影响</td><td>3</td></tr>
<tr><td>(0.55,0.70]</td><td>有较大影响</td><td>4</td></tr>
<tr><td>≤0.55</td><td>钢筋易失去碱性保护,发生锈蚀</td><td>5</td></tr>
</table>

第五节　混凝土碳化深度

考点七:碳化深度检测与评定

适用范围	对钢筋锈蚀电位评定标度值为 3、4、5 的主要构件或主要受力部位,应进行混凝土碳化状况的测定
测孔布置	测区数不应少于 3 个;每一测区布置 3 个测孔,测孔成品字形排列,孔距应大于 2 位孔径,距边角应大于 2.5 倍的保护层厚度

续上表

<table>
<tr><td>检测方法</td><td colspan="2">在同一测区,应先进行保护层厚度、锈蚀电位、电阻率的测量,再进行碳化深度及氯离子含量的测量。
75%酒精与白色酚酞粉末配置成酚酞浓度为1%～3%的酚酞溶剂。
在混凝土新鲜断面喷洒酸碱指示剂,指示剂从无色变为紫色时,混凝土未碳化。
通过颜色变化确定已碳化与未碳化的交界线,测量交界线与混凝土表面的垂直距离,精确至1mm
</td></tr>
<tr><td rowspan="7">评定标准</td><td colspan="2">构件的碳化深度平均值与该类构件保护层厚度平均值的比值 K_c 越大,表示碳化深度越大,对钢筋锈蚀的影响越大</td></tr>
<tr><td>K_c</td><td>评定标度</td></tr>
<tr><td><0.5</td><td>1</td></tr>
<tr><td>[0.5,1.0)</td><td>2</td></tr>
<tr><td>[1.0,1.5)</td><td>3</td></tr>
<tr><td>[1.5,2.0)</td><td>4</td></tr>
<tr><td>≥2.0</td><td>5</td></tr>
</table>

第六节　混凝土电阻率

考点八:混凝土电阻率的检测与评定

<table>
<tr><td>检测方法</td><td>混凝土的电阻率反映其导电性。电阻率大,若钢筋锈蚀发展速度慢,扩散能力弱;电阻率小,锈蚀发展速度快,扩散能力强。
采用四电极阻抗测量法测定,通过检测两电压电极间的混凝土阻抗获得混凝土电阻率
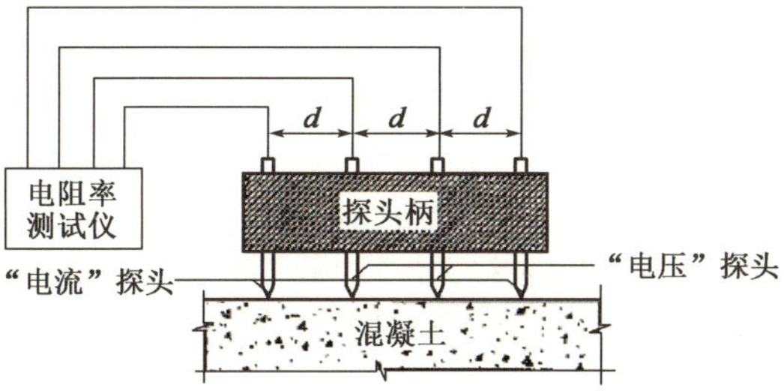

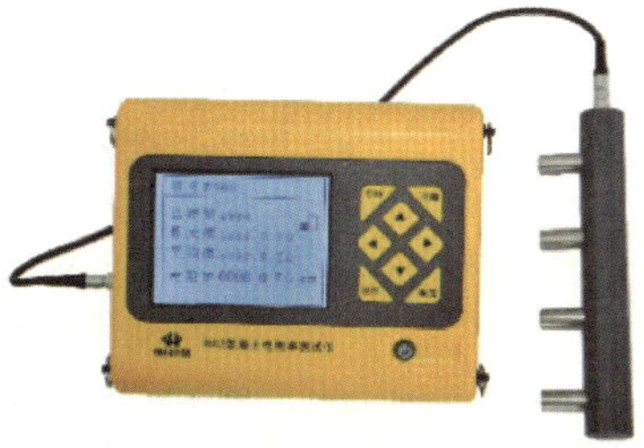</td></tr>
</table>

续上表

评定标准	混凝土电阻率越小,钢筋锈蚀的速率越快		
	电阻率(Ω·cm)	可能的锈蚀速率	评定标度
	≥20000	很慢	1
	[15000,20000)	慢	2
	[10000,15000)	一般	3
	[5000,10000)	快	4
	<5000	很快	5

第七节　超声法检测混凝土结构内部缺陷与表层损伤

考点九:超声法检测混凝土缺陷的依据与方法

检测内容	混凝土内部空洞和不密实区的位置与范围、裂缝深度、表层损伤厚度,以及不同时间浇筑的混凝土结合面的质量和钢管混凝土中的缺陷等	
基本依据	声时声程	根据超声波在混凝土中传播时遇到缺陷的绕射现象,声时和声程有变化
	波幅	依据超声波在缺陷界面上的反射,及抵达接收探头时能量显著衰减的现象
	频率	超声波脉冲各频率成分在遇到缺陷时不同程度地衰减,从而造成接收频率明显降低,或接收波频谱与反射波频谱产生差异
	波形	超声波在缺陷处波形转换和叠加,造成波形畸变的现象
检测方法	平面测试	厚度振动式换能器。 对测法、斜测法、单面平测法
	钻孔测试	径向振动式换能器。 孔中对测、孔中斜测、孔中平测
一般规定	测位混凝土表面应清洁、平整,必要时可用砂轮磨平或用高强度的快凝砂浆抹平,抹平砂浆必须与混凝土黏结良好。 在满足首波幅度测读精度的条件下,应选用较高频率的换能器。换能器应通过耦合剂与混凝土测试表面应具备良好的耦合状态。 应避免超声传播路径与附近钢筋轴线平行,如无法避免,应使两个换能器连线必须离开钢筋一定距离(最短距离不小于超声测距的 1/6)或与钢筋轴线形成一定夹角,并力求混凝土处于自然干燥状态	

考点十：各类混凝土缺陷的超声检测方法

<table>
<tr><td>混凝土不密实和空洞</td><td>当结构被测部位具有两对平行表面时，采用对测。
当结构被测部位只有一对平行表面时，采用对测、斜测、交叉斜测。
大体积混凝土结构，为了缩短测试距离，提高检测灵敏度，采用孔中对测、孔中斜测
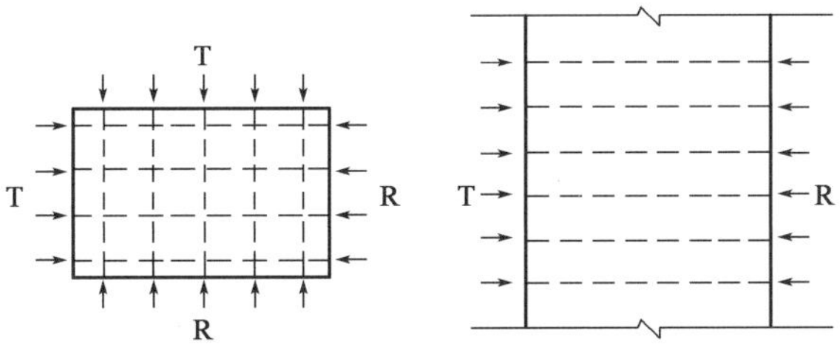a)平面图　b)立面图
对测法换能器布置
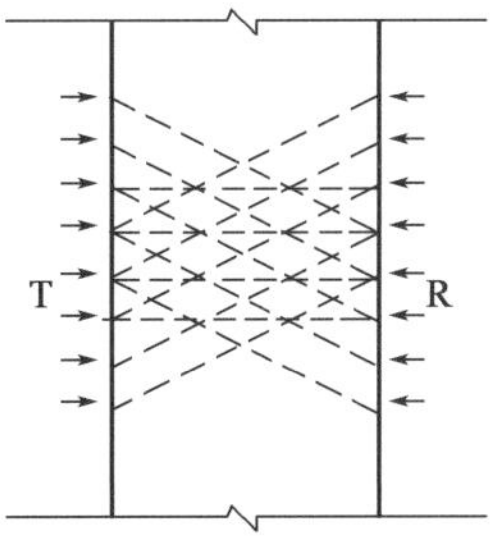斜测法测缺陷</td></tr>
<tr><td>混凝土结合面</td><td>若构件的被测部位具有声波垂直或斜穿结合面的测试条件，可采用对测法与斜测法进行检测
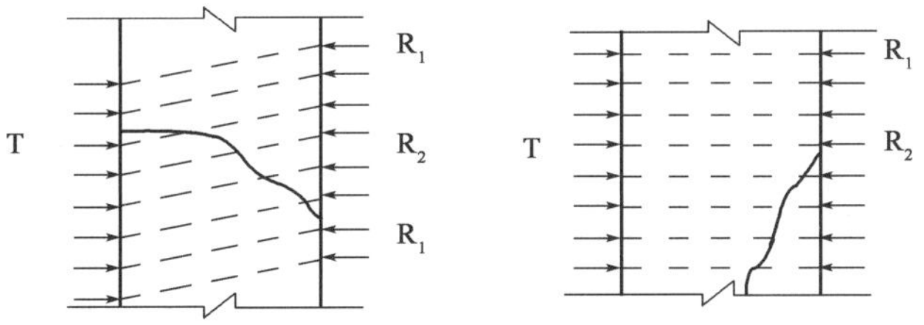a)斜测法　b)对测法
混凝土结合面质量检测示意图</td></tr>
<tr><td>混凝土表面损伤层</td><td>构件被测部位表面应平整并处于自然干燥状态，且无接缝和饰面层。
单面平测法：求得声速改变所形成的转折点，用回归分析方法计算。
逐层穿透法：当声速趋于基本稳定的测孔深度，便是损伤层的厚度
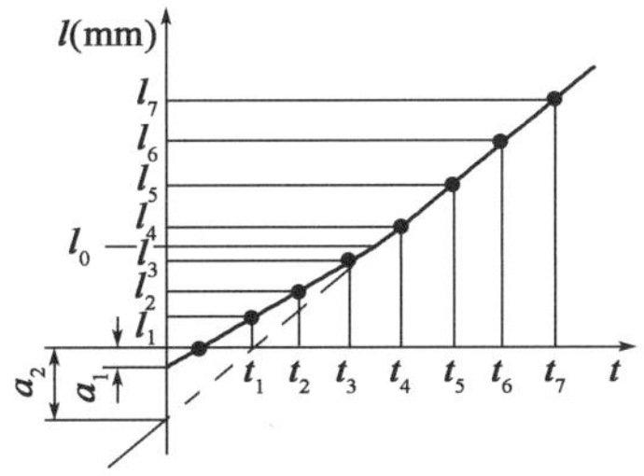采用平测法检测损伤层厚度示意图
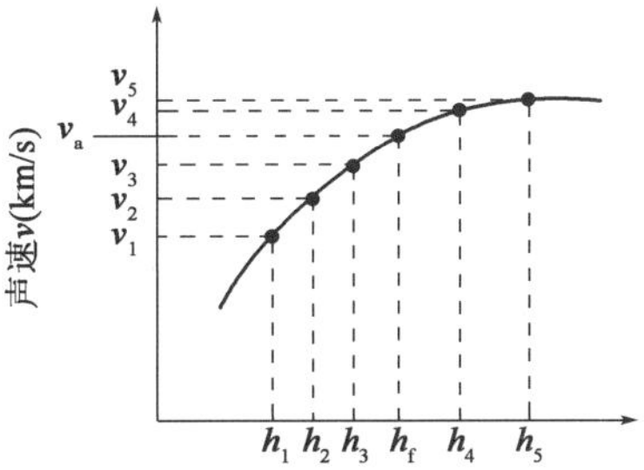采用逐层穿透法检测损伤厚度的v-h曲线</td></tr>
</table>

续上表

混凝土裂缝深度	裂缝中应没有积水和其他能够传声夹杂物，且裂缝附近混凝土应相当匀质。 1. 构件断面不大且可对测：对测法。 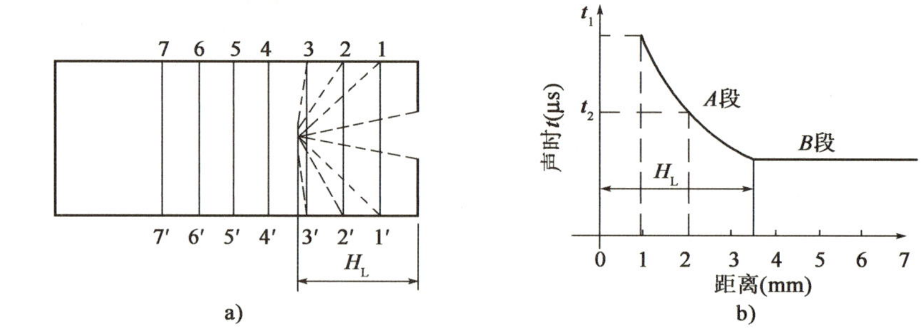 开口垂直裂缝的穿透法探测 2. 构件断面很大不可对测。 裂缝深度不大于 500mm 时，宜采用单面平测法进行检测。分别进行不跨缝和跨缝的声时测量，根据声时值判断裂缝深度。 裂缝深度超过 500mm，可采用钻孔对测法检测裂缝深度。分别进行不跨缝和跨缝的声时测量，测孔内应注满清水。主要以波幅测值作为依据，判断裂缝深度 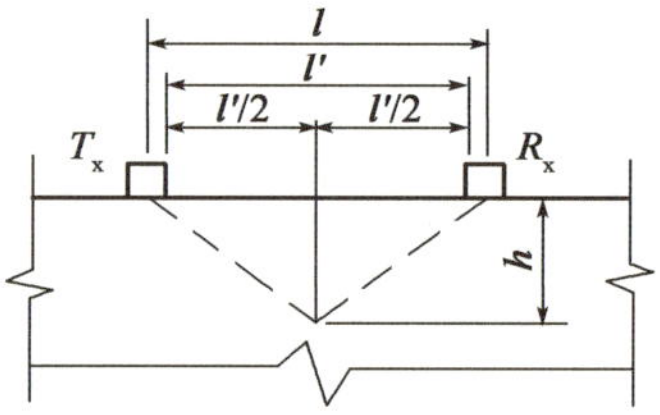 单面平测浅裂缝 (深度不大于500mm)示意图 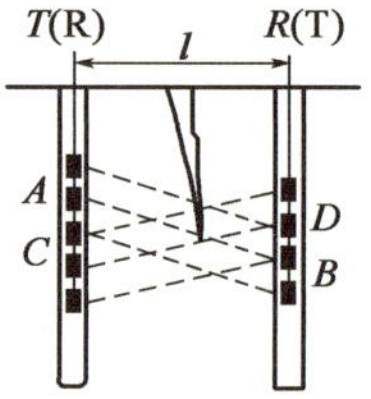 孔中交叉斜测示意图 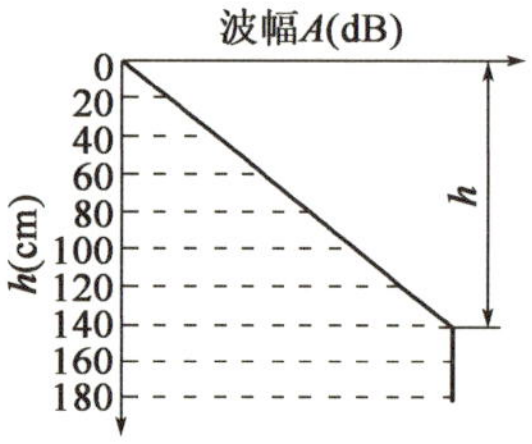 h-A坐标图
混凝土匀质性	宜采用平面式换能器进行穿透对测法检测

第八节　钢结构试验检测

考点十一：钢结构试验检测

构件焊接质量检验	外观检验	检验项目	一级（有疲劳验算）	一级（无疲劳验算）	二级（有疲劳验算）	二级（无疲劳验算）
		裂纹	×	×	×	×
		电弧擦伤	×	×	×	×
		表面气孔	×	×	×	×

续上表

<table>
<tr><td rowspan="11">构件焊接质量检验</td><td rowspan="6">外观检验</td><td>检验项目</td><td>一级
(有疲劳验算)</td><td>一级
(无疲劳验算)</td><td>二级
(有疲劳验算)</td><td>二级
(无疲劳验算)</td></tr>
<tr><td>表面夹渣</td><td>×</td><td>×</td><td>×</td><td>×</td></tr>
<tr><td>未焊满</td><td>×</td><td>×</td><td>×</td><td></td></tr>
<tr><td>根部收缩</td><td>×</td><td>×</td><td>×</td><td></td></tr>
<tr><td>接头不良</td><td>×</td><td>×</td><td>×</td><td></td></tr>
<tr><td>咬边</td><td>×</td><td>×</td><td></td><td></td></tr>
<tr><td rowspan="5">内部缺陷</td><td colspan="5">设计要求的一、二级焊缝应全数进行内部缺陷的无损检测,检测方法采用超声波或射线探伤</td></tr>
<tr><td>超声波</td><td colspan="4">检测时机:桥梁钢结构外观检查合格后,零、部(杆)件的焊缝应在24h后进行无损检验。
探伤准备:检测区域为焊缝和焊缝两侧至少10mm宽母材或热影响区宽度(取二者较大值)的内部区域。探伤移动区应无飞溅、锈蚀、油垢、凹坑,探伤面应打磨平滑,露出金属光泽,保持良好的声接触。焊接表面及探伤表面经外观检查合格后,方可进行探伤</td></tr>
<tr><td>射线探伤</td><td colspan="4">X 射线、γ 射线、高能射线探伤</td></tr>
<tr><td>磁粉检测</td><td colspan="4">检测铁磁性构件表面上或近表面的缺陷</td></tr>
<tr><td>渗透检测</td><td colspan="4">检查开口暴露于表面的缺陷</td></tr>
<tr><td rowspan="4">高强螺栓及组合件力学性能试验</td><td>紧固轴力试验</td><td colspan="5">扭剪型高强螺栓。
每批应抽取8套连接副进行复验,每套连接副只应作一次试验,不得重复使用</td></tr>
<tr><td>扭矩系数试验</td><td colspan="5">高强度螺栓。
每批应抽取8套连接副进行复验,每套连接副只应作一次试验,不得重复使用</td></tr>
<tr><td>抗滑移系数试验</td><td colspan="5">每批三组试件,采用双摩擦面的两栓拼接拉力试件</td></tr>
<tr><td>终拧扭矩试验</td><td colspan="5">按节点数抽查10%,且不应少于10个节点。对于每个被抽查的节点应按螺栓数抽查10%,且不少于2个螺栓。
扭矩法:先在螺杆端面和螺母上画一条直线,然后将螺母拧松60°后,再用扭矩扳手重新拧紧,使两线重合,测得此时的扭矩应在$0.9T_{ch} \sim 1.1T_{ch}$范围内。
转角法:按规定的初拧扭矩和终拧角度重新拧紧螺栓,测量终止线与原终止线画线间的夹角,误差在±30°以内者为合格</td></tr>
<tr><td>涂装质量</td><td colspan="6">涂层干膜厚度。
涂层漆膜附着力:现场测试采用划格法或划叉法。如现场条件好,可使用拉开法进行测试。划格法适用于厚度不超过250μm的涂层,划叉法不受涂层厚度的限制</td></tr>
</table>

第九节　地质雷达法检测混凝土衬砌质量

考点十二：地质雷达法

应用范围	适用于探测隧道喷锚衬砌和模筑衬砌厚度、密实性、背后空洞、内部钢架、钢筋分布等
检测原理	雷达向隧道衬砌发射电磁波，电磁波遇到钢筋、钢拱架、材质有差别的混凝土、混凝土中间的不连续面、混凝土与空气分界面、混凝土与岩石分界面、岩石中的裂面等产生反射，根据反射电磁波的传播时间(也称双程走时)、幅度与波形资料推断介质的结构，求得反射界面的深度
天线频率	低频天线探测距离长、精度低，高频天线探测距离短、精度高。 (1)对于探测深度≤1.3m 的混凝土结构(如隧道衬砌结构、路基路面密实性)宜采用 400～600MHz 天线；900MHz 天线探测深度 <0.5m；900MHz 加强型天线探测深度 <1.1m；1.5GHz 天线探测深度 <0.25m，宜作为辅助探测。 (2)对于探测深度为 1.3～15m 的混凝土结构(如仰拱深度、厚度等)或较大不良地质(空洞、溶洞、采空区等)宜采用 100MHz 和 200MHz 天线
检测方法	以纵向布线为主，环向(横向)布线为辅。   两车道纵向测线应分别在隧道拱顶、左右拱腰、左右边墙布置测线，根据检测需要可布置 5～7 条测线；三车道、四车道隧道应在隧道的拱腰部位增加两条测线，遇到衬砌有缺陷的地方应加密。 纵向布线采用连续测量方式，特殊地段或条件不允许时，可采用点测方式，测量点距不宜大于 200mm，测线每 5～10m 应有里程标记。 环向测线尽量采用连续方式检测；也可采用点测方式，每道测线不小于 20 个测点。 保持天线与被测衬砌表面密贴(空气耦合天线除外)，天线与测线位置准确对应，天线移动速度宜为 3～5km/h。相邻测量段接头重复长度不应小于 1m。记录可能对测量产生电磁影响的物体(如渗水、电缆、铁架、埋管件等)及其位置

续上表

介电常数标定	检测前应对喷射混凝土或二次衬砌的相对介电常数或电磁波速做现场标定，且每座隧道应不少于 1 处，每处实测不少于 3 次，取平均值。标定方法： (1)钻孔实测； (2)在已知厚度部位或材料与隧道相同的其他预制件上测量； (3)在洞内、洞口或洞内横洞位置使用双天线直达波法测量。 电磁波速：$v = \frac{2d}{t}$ 相对介电常数：$\varepsilon_r = \frac{c^2}{v^2} = \left(\frac{3\times10^8 t}{2d}\right)^2$ 式中：d——已知目标深度(厚度)(m)； c——真空(空气)中雷达波速度(光速)(m/s)，取 3×10^8m/s； t——雷达波在已知厚度的目标中传播的往返旅行时间(s)
数据处理	回波起始点(零点)的确定，宜选定在直达波正波的中心位置。 数据距离归一化处理，使每个距离标记间数据长度相同。 滤波处理，在反射波图像不够清晰、有明显干扰时须进行滤波，常用的有效方法有水平光滑滤波、水平背景去除滤波、降低增益，应根据需要选择
衬砌背后密实性判定	1. 密实：反射信号弱，图像均一且反射界面不明显。 2. 不密实：反射信号强，信号同相轴呈绕射弧形，不连续且分散、杂乱。 3. 空洞：反射信号强，反射界面明显，下部有多次反射信号，两组信号时程差较大
钢架、钢筋、预埋管件判定	1. 钢架、预埋管件：反射信号强，图像呈分散的月牙状。 2. 钢筋：反射信号强，图像呈连续的小双曲线形 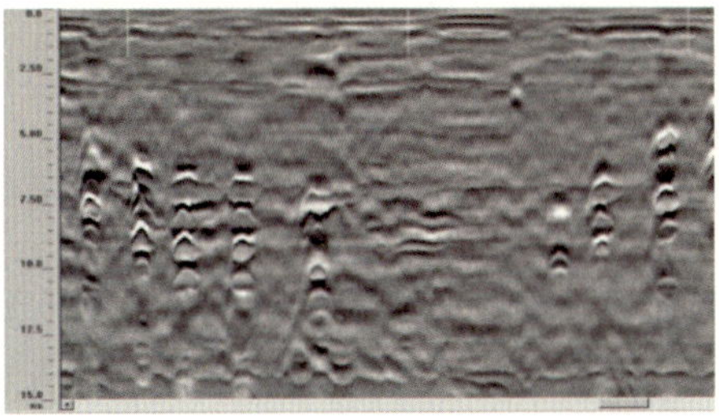 

第四章　地基与基础试验检测

第一节　地基承载力检测

考点一：地基岩土分类

<table>
<tr><td>土工试验分类</td><td colspan="2">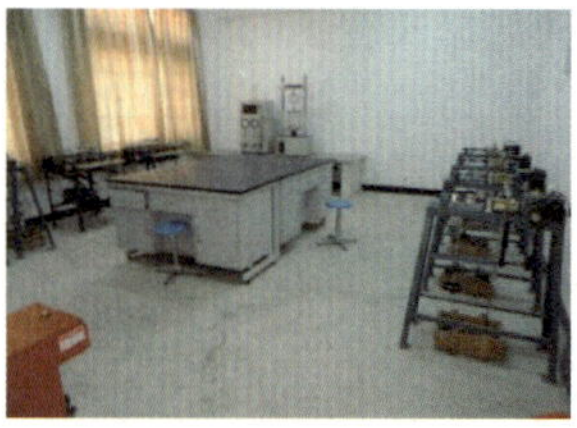 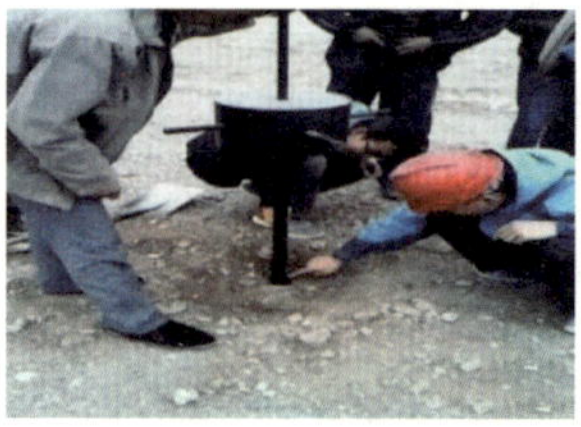 
室内试验：土样的可塑性、密度、透水性、压缩性、抗剪强度、泊松比等。
原位测试：平板静载试验、动力触探、原位直剪试验、十字板剪切试验、旁压试验、波速测试等。
原型试验：桩的荷载试验、动力基础的模态试验等</td></tr>
<tr><td rowspan="6">地基岩土分类</td><td>岩石</td><td>坚硬程度：根据岩块的饱和单轴抗压强度标准值分为坚硬岩、较硬岩、较软岩、软岩、极软岩。
完整程度：根据完整性指数，分为完整、较完整、较破碎、破碎、极破碎。
节理发育程度：根据节理间距，分为节理很发育、节理发育、节理不发育</td></tr>
<tr><td>碎石土</td><td>根据重型动力触探锤击数 $N_{63.5}$ 分为松散、稍密、中密、密实 4 级</td></tr>
<tr><td>砂土</td><td>根据标准贯入锤击数，分为松散、稍密、中密、密实 4 级</td></tr>
<tr><td>粉土</td><td>密实度：根据孔隙比 e 划分为密实、中密和稍密。
湿度：根据天然含水率 $w(\%)$ 划分为稍湿、湿、很湿</td></tr>
<tr><td>黏性土</td><td>根据塑性指数分为黏土（$I_p > 17$）和粉质黏土（$10 < I_p \leqslant 17$）。
根据液性指数分为坚硬、硬塑、可塑、软塑、流塑 5 种状态</td></tr>
<tr><td>特殊性岩土</td><td>包括软土、膨胀土、湿陷性土、红黏土、冻土、盐渍土和填土等</td></tr>
</table>

考点二:浅层平板载荷试验

<table>
<tr><td>适用性</td><td colspan="2">适用于确定浅部地基土层承压板下压力主要影响范围内的承载力和变形模量</td></tr>
<tr><td rowspan="4">试验原理</td><td colspan="2">在试验土层表面放置一定规格的承压板,在其上逐级施加荷载,测定每级荷载作用下承压板的沉降量及卸载后的回弹值,绘制荷载-沉降关系曲线,分析计算地基土容许承载力与变形模量等力学参数。
地基在荷载作用下达到破坏状态的过程,可分为三个阶段:
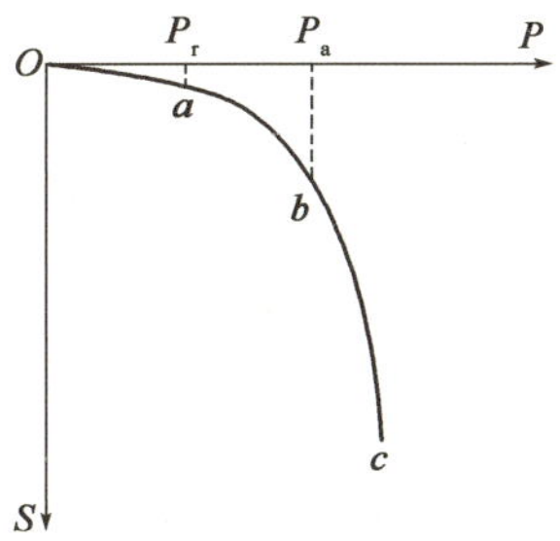

荷载-沉降关系曲线
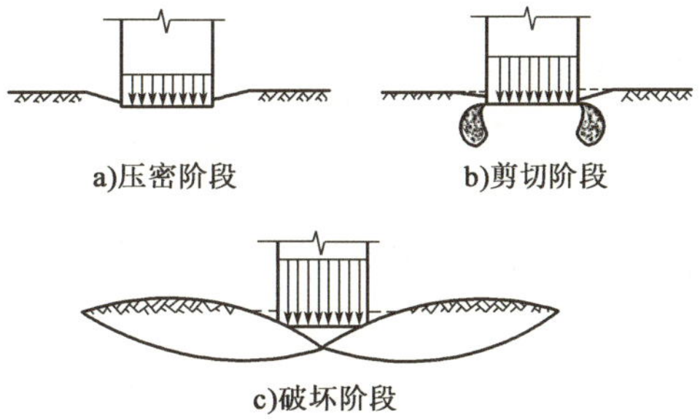

地基破坏过程的三个阶段</td></tr>
<tr><td>压密阶段
(oa 段)</td><td>土体压力与变形呈线性关系,土体处于弹性平衡状态,沉降是由土中孔隙的减少引起竖向变位。
a 点相应的荷载 P 为比例界限</td></tr>
<tr><td>剪切阶段
(ab 段)</td><td>荷载与变形不再呈线性关系,局部的土体剪应力达到或超过土的抗剪强度,土体开始发生塑性变形。土的变形是由土中空隙压缩和土颗粒的剪切移动引起的,同时发生竖向和侧向变位。
b 点相应的荷载 P 为极限荷载</td></tr>
<tr><td>破坏阶段
(bc 段)</td><td>即使荷载不再增加,沉降也不能稳定。土从承压板下挤出,土体隆起呈环状或放射状裂隙。土体变形由土的剪切变位引起,土体的侧向移动使地基土失稳而破坏</td></tr>
<tr><td>试验设备</td><td colspan="2">稳压加荷装置、反力装置、沉降观测装置
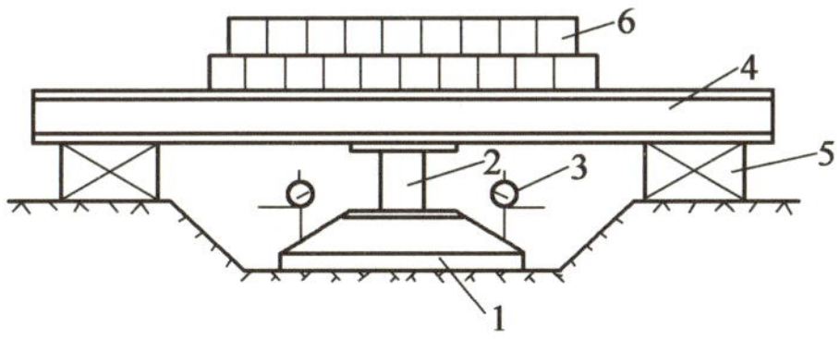

现场载荷试验
1-荷载板;2-千斤顶;3-百分表;4-反力架;
5-枕木垛;6-荷重

基坑宽度不应小于承压板宽度 b 或直径 d 的 3 倍。
承压板采用 50cm×50cm 或 70.7cm×70.7cm(用于软土)的方板。
试验精度不应低于最大荷载的 1%,承压板的沉降采用百分表或电测位移计量测,其精度不应低于 0.01mm。
承压板与土层接触处,应铺设约 20mm 厚的中砂或粗砂找平</td></tr>
</table>

续上表

加荷标准	加荷分级:不应少 8 级,最大加载量不应小于设计要求的 2 倍或接近试验土层的极限荷载。 稳定标准:每级加载后,按间隔 10min、10min、10min、15min、15min,以后为每隔 30min 测读一次沉降量。当在连续 2h 内,每小时的沉降量小于 0.1mm 时,则认为已趋稳定,可加下一级荷载
终止加载条件	1. 承压板周围的土体有明显侧向挤出或发生裂纹。 2. 在某一级荷载下,24h 内沉降速率不能达到稳定标准。 3. 沉降量急剧增大,P-S 曲线出现陡降段。 4. 沉降量与承压板宽度或直径之比等于或大于 0.06,$S/d \geqslant 0.06$
回弹观测	分级卸荷,观测回弹值。分级卸荷量为分级加荷量的 2 倍,15min 观测一次,一小时后再卸下一级荷载
承载力的确定	1. 当 P-S 曲线有比例界限时,取该比例界限所对应的荷载值。 2. 满足前三款终止加载条件之一时,其相对应的前一级荷载定为极限荷载当极限荷载值小于比例界限荷载值的 2 倍时,取极限荷载值的一半。 3. 若不能按上述两款要求确定时,当压板面积为 2500cm^2 或 5000cm^2 时,可取 S/d = 0.01 ~0.015 所对应的荷载值,但其值不应大于最大加载量的一半。 同一土层参加统计的试验点不应少于三点。当试验实测值的极差不超过其平均值的 30% 时,取其平均值作为该土层的地基承载力基本容许值

考点三:深层平板载荷试验

适用性	适用于确定深部地基(埋深等于或大于 5m)及大直径桩桩端在承压板压力主要影响范围内土层的承载力及变形模量
试验设备	承压板:采用直径为 800mm 的圆板。 加载反力装置:压重平台反力装置、地锚反力装置、锚桩横梁反力装置、地锚压重联合反力装置等
加荷标准	加荷分级:按预估极限承载力的 1/15 ~1/10 分级施加。 稳定标准:与浅层平板载荷试验相同
终止加载条件	1. 沉降量急剧增大,P-S 曲线上有可判定极限承载力的陡降段,且沉降量超过 0.04d,$S/d \geqslant 0.04$。 2. 在某一级荷载下,24h 内沉降速率不能达到稳定标准。 3. 本级沉降量大于前一级沉降量的 5 倍。 4. 当持力层土层坚硬、沉降量很小时,最大加载量不小于设计要求的 2 倍
承载力的确定	与浅层平板载荷试验相同

考点四:圆锥动力触探试验

试验类型	轻型	锤重10kg,落距50cm,用于贯入深度小于4m的黏性土、黏性土组成的素填土、粉土。 触探指标:贯入30cm的锤击数 N_{10}
	重型	锤重63.5kg,落距76cm,用于砂土、中密以下的碎石土和极软岩。 触探指标:贯入10cm的锤击数 $N_{63.5}$
	超重型	锤重120kg,落距100cm,用于较密实的碎石土、极软岩和软岩。 触探指标:贯入10cm的锤击数 N_{120}
锤击数修正	探杆长度(重型和超重型)、侧壁摩擦、地下水	

考点五:地基容许承载力的确定

确定途径	1.由现场载荷试验或原位测试确定。 2.按地基承载力理论公式计算。 3.按现行规范提供的经验公式计算。 4.在土质基本相同的条件下,参照邻近结构物地基容许承载力
基本容许值的确定	1.一般岩石地基可根据强度等级、节理。 2.碎石土地基可根据其类别和密实程度。 3.砂土地基可根据土的密实度和水位情况。 4.粉土地基可根据土的天然孔隙比 e 和天然含水率 w(%)。 5.老黏性土地基可根据压缩模量 E_s。 6.一般黏性土可根据液性指数 I_L 和天然孔隙比 e。 7.新近沉积黏性土地基可根据液性指数 I_L 和天然孔隙比 e

第二节　基桩成孔质量检测

考点六:泥浆性能指标检测

钻孔灌注桩质量要求	桩径是保证基桩承载力的关键因素,要保证桩径满足设计要求,其孔径不得小于设计要求。 基桩垂直度的偏差程度是衡量基桩承载力能否有效发挥的关键因素。 孔底沉淀厚度的大小,极大地影响桩端承载力的发挥

续上表

	钻孔方法	地层情况	泥浆性能指标							
			相对密度	黏度(Pa·s)	含砂率(%)	胶体率(%)	失水率(mL/30min)	泥皮厚(mm/30min)	静切力(Pa)	酸碱度(pH 值)
检测标准	正循环	一般地层	1.05 ~ 1.20	16 ~ 22	9 ~ 4	≥96	≤25	≤2	1.0 ~ 2.5	8 ~ 10
		易坍地层	1.20 ~ 1.45	19 ~ 28	9 ~ 4	≥96	≤15	≤2	3 ~ 5	8 ~ 10
	反循环	一般地层	1.02 ~ 1.06	16 ~ 20	≤4	≥95	≤20	≤3	1 ~ 2.5	8 ~ 10
		易坍地层	1.06 ~ 1.10	18 ~ 28	≤4	≥95	≤20	≤3	1 ~ 2.5	8 ~ 10
		卵石土	1.10 ~ 1.15	20 ~ 35	≤4	≥95	≤20	≤3	1 ~ 2.5	8 ~ 10
	旋挖	一般地层	1.02 ~ 1.10	18 ~ 22	≤4	≥95	≤20	≤3	1 ~ 2.5	8 ~ 11
	冲击	易坍地层	1.20 ~ 1.40	22 ~ 30	≤4	≥95	≤20	≤3	3 ~ 5	8 ~ 11
	注:1. 地下水位高或其流速大时,指标取高限,反之取低限。 2. 地质状态较好,孔径或孔深较小的取低限,反之取高限									

考点七:成孔质量检测

	检查项目	规定值或允许偏差(mm)	
检测标准	桩位	群桩:100;单排桩:50	
	孔深	≥设计值	
	孔径	≥设计值	
	钻孔倾斜度	钻孔:≤1% S,且≤500 挖孔:≤0.5% S,且≤200	
	沉淀厚度	满足设计要求,设计未要求时:	
		摩擦桩	桩径≤1.5m 时,≤200; 桩径 >1.5m 或桩长 >40m 时,≤300
		支承桩	≤50mm
	注:S 为桩长,计算规定值或允许偏差时以 mm 计		

续上表

检测方法	桩位	全站仪、精密经纬仪、红外测距仪
	孔深	测绳法
	孔径	检孔器、伞形孔径仪、声波孔壁测定仪
	钻孔倾斜度	检孔器、陀螺斜测仪、井斜仪、声波孔壁测定仪
	沉淀厚度	垂球法、电阻率法、电容法、比较孔深法

第三节　桩身完整性检测

考点八：低应变反射波法

<table>
<tr><td rowspan="6">基本原理</td><td colspan="3">把桩视为一维弹性均质杆件，设介质密度为ρ、截面面积为A、纵波波速为C、弹性模量为E，则桩身材料的广义波阻抗$Z=\rho AC=EA/C$。当桩顶受到激励力后，则压缩波以波速C沿桩身向下传播，当遇到桩身波阻抗变化的界面时，压缩入射波(I)在波阻抗界面将产生反射波(R)和透射波(T)。
可归纳成以下三种波阻抗Z变化类型：</td></tr>
<tr><td>波阻抗Z变化</td><td>反射波特征</td><td>桩身缺陷</td></tr>
<tr><td>$Z_1\approx Z_2$，不变</td><td>无反射波，应力波全透射</td><td>完整</td></tr>
<tr><td>$Z_1>Z_2$，变小</td><td>反射波与入射波同相</td><td>缩径、离析、断裂、空洞，摩擦桩</td></tr>
<tr><td>$Z_1<Z_2$，变大</td><td>反射波与入射波反相</td><td>扩径，端承桩</td></tr>
<tr><td colspan="3">注：同相：阻抗变小，缩径，摩擦桩；反相：阻抗变大，扩径，端承桩
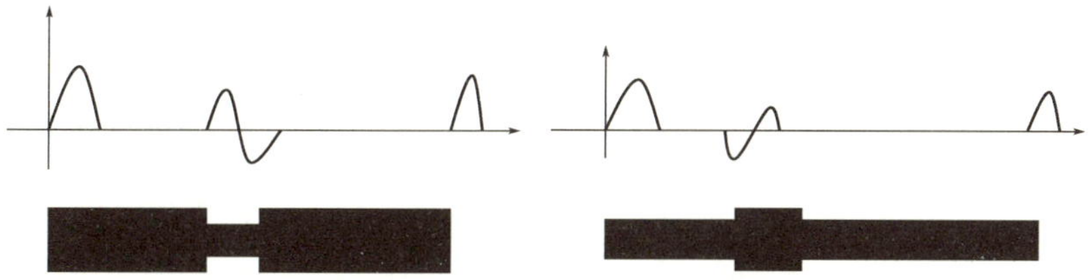</td></tr>
<tr><td>仪器设备</td><td colspan="3">基桩动测仪：定期进行计量检定。
传感器：压电式加速度传感器、磁电式速度传感器。
激振锤：技术特性：波形、峰值、脉冲宽度或频谱、输入能量
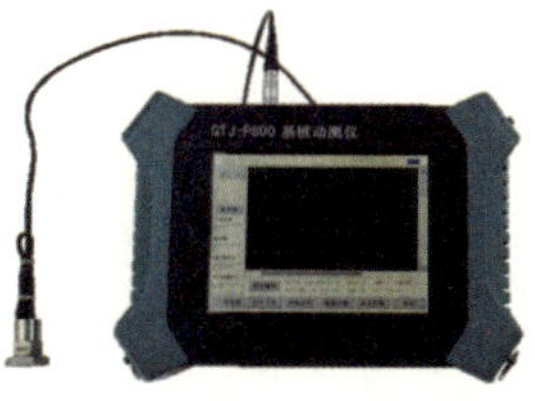  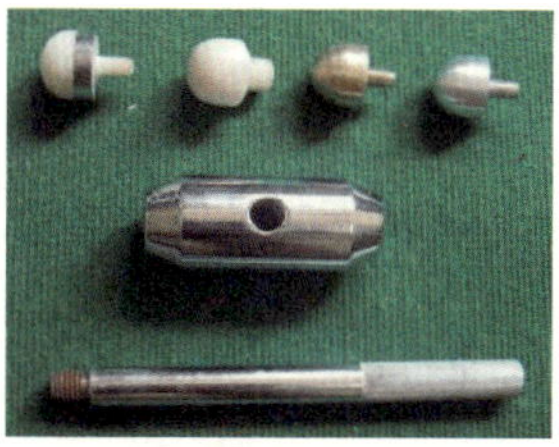</td></tr>
</table>

续上表

检测方法	桩身强度及龄期	被检桩混凝土强度不得低于设计强度的 70%且不得小于 15MPa,龄期不应少于 7d
	桩头处理	桩头应凿去浮浆或松散、破损部分,并露出坚硬的混凝土,桩头外露主筋不宜太长。桩头表面应平整干净、无积水,并将传感器安装点与敲击点部位磨平
	传感器安装	传感器应安装在桩头平整面上,对灌注桩应安装在新鲜混凝土面上,并应与桩顶面垂直,确保传感器黏结稳固、耦合良好。 (1)对于混凝土灌注桩,激振点宜选择在桩中心,传感器宜安装在距桩中心 2/3 半径处,且距离桩的主筋不宜小于 50mm。当桩径小于 1000mm 时,不宜少于 2 个测点;当桩径大于或等于 1000mm 时,应设置 3～4 个测点;测点宜以桩心为中心对称布置。 (2)对混凝土预制桩,当边长或桩径小于 600mm 时,不宜少于 2 个测点;当边长或桩径大于或等于 600mm 时,不宜少于 3 个测点。 (3)对预应力混凝土管桩,激振点、检测点和桩中心连线形成的夹角宜为 90°,且不应少于 2 个测点 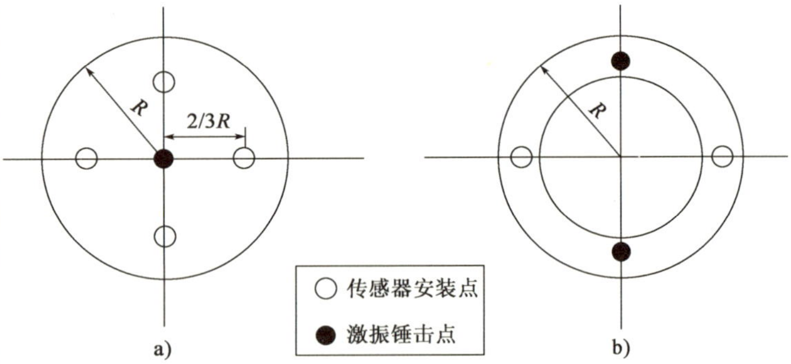
	激振设备操作	短桩或分辨浅部缺陷时,宜采用窄脉低能量激振;长桩或深部缺陷,宜采用宽脉冲大能量激振,选用不同重量和材质的力锤(棒),也可采用软硬适宜的锤垫。 采用力锤(棒)激振时,其作用力方向应与桩顶面保持垂直
	信号采集	采样频率:$f_s \geq 2f_m$ 至少是被采样信号中最大频率的 2 倍,通常取 3 倍。 采样点数:每通道的采样点数不少于 1024 点。 采样频率越高,采样间隔越小,时域分辨率越高,而频域分辨率越低。 各测点记录的有效信号数不应少于 3 次,且检测波形应具有良好的一致性。 当检测环境存在干扰时,宜采用信号叠加增强技术进行重复激振,提高信噪比

续上表

<table>
<tr><td>数据分析</td><td>时域分析</td><td colspan="2">1. 桩身波速平均值：
$$c_{\mathrm{m}}=\frac{1}{n}\sum_{i=1}^{n}c_i$$
$$c_i=\frac{2000L}{\Delta T}$$
$$c_i=2L\cdot\Delta f$$
2. 桩身缺陷位置：
$$x=\frac{1}{2000}\cdot\Delta t_x\cdot c$$
$$x=\frac{1}{2}\cdot\frac{c}{\Delta f}$$
式中：x——桩身缺陷至传感器安装点的距离(m)；
Δt_x——第一峰与缺陷反射波峰间的时间差(ms)；
c——受检桩的桩身波速(m/s)；
Δf——幅频曲线上相邻谐振峰间的频差(Hz)</td></tr>
<tr><td rowspan="6">桩身完整性判定</td><td colspan="3">宜以时域分析为主、频域分析为辅</td></tr>
<tr><td>类别</td><td>时域信号特征</td><td>幅频信号特征</td></tr>
<tr><td>Ⅰ</td><td>$2L/c$ 时刻前无缺陷反射波，有桩底反射波信号</td><td>桩底谐振峰排列基本等间距，其相邻频差 $\Delta f\approx c/2L$</td></tr>
<tr><td>Ⅱ</td><td>$2L/c$ 时刻前出现轻微缺陷反射波，有桩底反射波信号</td><td>桩底谐振峰排列基本等间距，其相邻频差 $\Delta f\approx c/2L$，局部轻微缺陷产生的谐振峰与桩底谐振峰之间的频差 $\Delta f'>c/2L$</td></tr>
<tr><td>Ⅲ</td><td colspan="2">$2L/c$ 时刻前有明显缺陷反射波，桩底反射信号不明显，其他特征介于Ⅱ类和Ⅳ类之间</td></tr>
<tr><td>Ⅳ</td><td>$2L/c$ 时刻前出现严重缺陷反射波，或因桩身严重缺陷使波形呈现多次大振幅反射，无桩底反射信号</td><td>严重缺陷峰-峰值排列基本等间距，相邻频差 $\Delta f'>c/2L$，无桩底谐振峰；或因桩身浅部严重缺陷只出现单一谐振峰</td></tr>
<tr><td rowspan="2">反射波法的特点</td><td>优点</td><td colspan="2">设备轻便，操作简单，成本低廉；可对桩基工程进行普查，检测覆盖面大；可检测桩身完整性和桩身存在的缺陷及位置，估计桩身混凝土强度、核对桩长等</td></tr>
<tr><td>缺点</td><td colspan="2">检测桩长有限；桩身阻抗渐变、嵌岩桩，容易误判；桩身有两个以上缺陷、桩身阻抗变小，较难判别</td></tr>
</table>

考点九：超声波透射法

<table>
<tr><td>基本原理</td><td colspan="5">在灌注桩中预埋声测管,管中注满水作为耦合剂,将超声换能器置于声测管中,发射超声脉冲向桩身混凝土辐射传播。当桩身混凝土介质存在阻抗差异时,声波将发生反射、绕射、折射和声波能量的吸收、衰减,通过桩身缺陷引起声学参数或波形变化来检验桩身混凝土是否存在缺陷</td></tr>
<tr><td rowspan="4">声测管埋设</td><td colspan="5">以选用强度较高的金属管为宜。
(1)声测管内径应大于换能器外径(>15mm);
(2)声测管应下端封闭、上端加盖、管内无异物。声测管连接处应光滑过渡,管口应高出桩顶 100～300mm,且各声测管管口高度应一致;
(3)应采取适宜方法固定声测管,使之成桩后相互平行;
(4)声测管埋设数量与桩径大小有关</td></tr>
<tr><td>桩径</td><td><1000mm</td><td>≥1000mm
且≤1600mm</td><td>>1600mm
且<2500mm</td><td>≥2500mm</td></tr>
<tr><td>声测管</td><td>2 根</td><td>3 根</td><td>4 根</td><td>再增加</td></tr>
<tr><td colspan="5">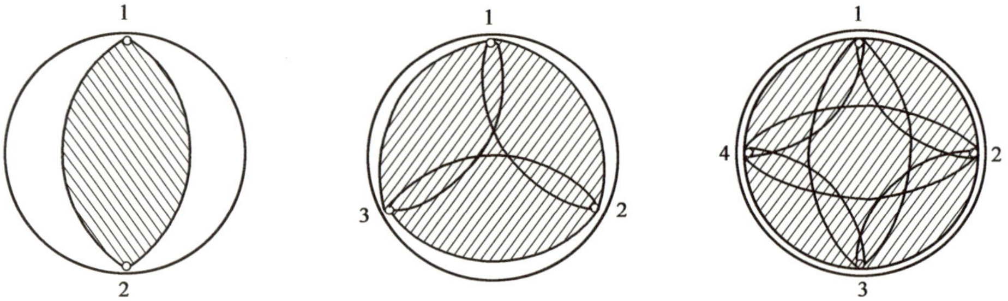

声测管布置示意图</td></tr>
<tr><td rowspan="2">检测方法</td><td>桩身强度及龄期</td><td colspan="4">被检桩混凝土强度不得低于设计强度的 70% 且不得小于 15MPa,龄期不应少于 7d</td></tr>
<tr><td>检测方法</td><td colspan="4">单孔折射法:一发两收换能器置于一个孔中,信号分析难度大,用于辅助判断缺陷位置、范围和程度。
跨孔透射法:发射和接收换能器分别置于两个孔中。
(1)测点间距不应大于 250mm。发射与接收换能器应以相同高程同步升降,其累计相对高差不应大于 20mm,并随时校正;
(2)在对同一根桩的检测过程中,声波发射电压和仪器参数设置等应保持不变;
(3)检测过程中应读取并存储各测点的声参量,同时应存储各测点包含首波的波形或波列;
(4)对声时值和波幅值出现明显异常的部位,应采用加密平测、双向斜测或扇形扫测进行局部细测,确定桩身混凝土缺陷的位置、大小和严重程度;上述细测的测点间距不应大于 100mm;局部斜测时两支换能器发射、接收部分的中心连续与水平面的夹角不应小于 30°</td></tr>
</table>

续上表

检测方法	测试方式	1. 对测：发、收换能器分别置于两声测管的同一高度，自下而上，以相同步长（≤100mm）向上提升。 2. 斜测：发、收换能器保持一定的高程差，同步升降。换能器中心连线与水面夹角一般取30°~40°。 3. 扇形测：在桩顶、桩底斜测范围受限或为减小换能器升降次数时采用
数据分析	依据	参数：声时 t_c、声速 v、波幅 A_p 及主频 f。 图表：声速-深度（v-z）曲线、波幅-深度（A_p-z）曲线、PSD 判据图
	声速	$v_i \le v_c$ 声速低于异常判断临界值，判定声速异常
	波幅	$A_{pi} < A_m - 6$ 波幅低于异常判断临界值，判定波幅异常
	PSD	PSD 值在某深度处突变，作为异常点判定的辅助依据
结果判定	首先，以波速值进行概率统计法统计判断，得到低于临界值的异常点位置和深度，再分析振幅大小的变化，将上述两者都偏低的测点定为异常部位；再进一步进行细测和斜测，确定缺陷的范围和大小；最后，根据施工情况综合判定缺陷的种类和性质，判定桩身完整性类别	

考点十：钻探取芯法

适用范围	受检桩的桩径不宜小于800mm，长径比不大于40且桩身混凝土强度等级不低于C10	
钻探技术要求	桩身强度及龄期	应在混凝土浇灌28d后进行，或受检桩同条件养护时间强度达到设计强度
	钻芯孔数与孔位	1. 桩径小于1200mm的桩不应少于1孔，桩径1200~1600mm的桩不应少于2孔，桩径大于1600mm的桩不宜少于3孔；仅为确定桩身混凝土强度、桩长、桩端持力层、桩底沉淀时，只为1孔。 2. 当钻孔取芯为1孔时，宜在距桩中心100~150mm的位置开孔；当钻孔取芯为2孔或2孔以上时，开孔位置宜在桩中心（0.15~0.25）d 内均匀对称布置。 3. 对桩端持力层评判的钻探深度，1孔进入桩端持力层深度不宜小于3倍桩径，其他钻孔应不小于0.5m。 钻孔垂直度偏差不得大于0.5%  

续上表

芯样试件截取	当桩长小于10m时,每孔应取2组;当桩长为10~30m时,每孔截取3组;当桩长大于30m时,每孔不小于4组。 上部芯样位置距桩顶设计高程不宜大于1倍桩径或超过2m,下部芯样位置距桩底不宜大于1倍桩径或超过2m,中间芯样宜等间距截取。 试件外观尺寸要求,强度试验方法与第三章第一节相同

第四节 基桩承载力检测

考点十一:基桩承载力检测方法

<table>
<tr><td rowspan="2">基桩承载力检测方法</td><td>静载试验</td><td colspan="2">竖向抗压静载、竖向抗拔静载、水平静载。
静载荷试验的方法有等贯入速率法、循环加卸载法、终极荷载长时间维持法、维持荷载法(慢速、快速)。规范规定静载试验使用慢速维持荷载法</td></tr>
<tr><td>动力试验</td><td colspan="2">高应变动力试桩法</td></tr>
<tr><td>基桩承载力要素</td><td colspan="3">取决于桩身自身的混凝土强度和桩周地基土强度两大要素。
当桩身混凝土强度足够时,基桩承载力则取决于桩周土的侧摩阻力和端阻力大小</td></tr>
<tr><td rowspan="6">检测时间</td><td colspan="3">1.对混凝土灌注桩进行承载力检测时,被检桩的混凝土龄期应达到28d或强度达到设计要求。
2.对沉桩进行承载力试验的休止时间不少于下表规定的时间:</td></tr>
<tr><td colspan="2">土的类别</td><td>休止时间(d)</td></tr>
<tr><td colspan="2">砂类土</td><td>7</td></tr>
<tr><td colspan="2">粉质土</td><td>10</td></tr>
<tr><td rowspan="2">黏质土</td><td>非饱和</td><td>15</td></tr>
<tr><td>饱和</td><td>25</td></tr>
</table>

考点十二:竖向抗压静载试验

试验桩的要求	1.从成桩到试验的间歇时间,在桩身混凝土强度达到设计要求的前提下,还应满足不少于规范规定的休止时间。 2.试桩的成桩工艺和质量控制标准应与工程桩一致。 3.试桩桩头混凝土强度不得低于C30,一般可在桩顶配置加密钢筋网2~3层,以薄钢板圆筒做成加筋箍与桩顶混凝土浇成一体,用高强度等级的砂浆将桩头抹平。 4.为安置沉降测点和仪表,试桩顶部露出试坑地面的高度不宜小于600mm,试坑地面宜与桩承台底设计高程一致

续上表

<table>
<tr><td rowspan="6">试验设备</td><td rowspan="6">加载装置</td><td colspan="4">形式：锚桩横梁反力装置、压重平台反力装置、锚桩压重联合反力装置。
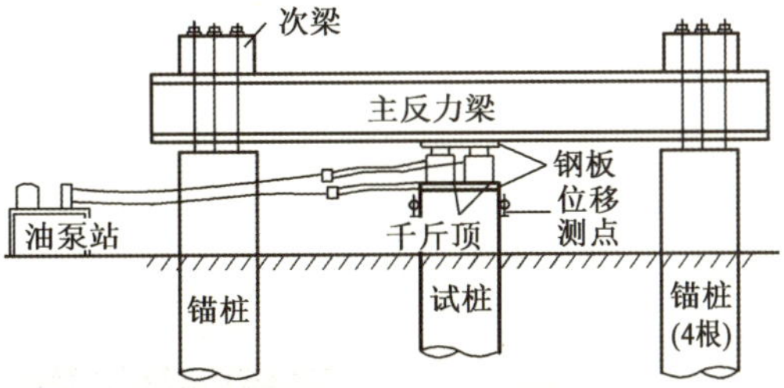

锚桩反力梁装置示意图
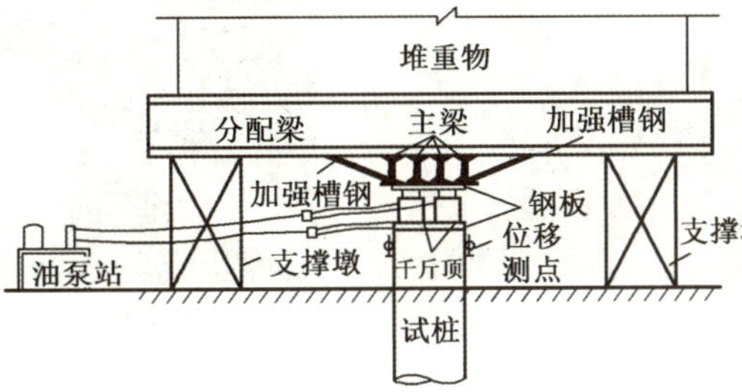

堆载平台反力装置示意图
加载反力装置的承载能力不应小于最大加载量的 1.3 倍。
压重施加于地基的压应力不大于地基承载力容许值的 1.5 倍。
被检桩、锚桩和基准桩之间的中心距离符合下表规定：</td></tr>
<tr><td rowspan="2">反力装置</td><td colspan="3">距离</td></tr>
<tr><td>被检桩中心与锚桩中心（或压重平台支墩边）</td><td>被检桩中心与基准桩中心</td><td>基准桩中心与锚桩中心（或压重平台支墩边）</td></tr>
<tr><td>锚桩横梁</td><td>≥4(3)D，且 >2.0m</td><td>≥4(3)D，且 >2.0m</td><td>≥3D，且 >2.0m</td></tr>
<tr><td>压重平台</td><td>≥4(3)D，且 >2.0m</td><td>≥4(3)D，且 >2.0m</td><td>≥3D，且 >2.0m</td></tr>
<tr><td colspan="4">注：1. D 为被检桩、锚桩的设计直径或边宽，取较大者。
2. 如被检桩或锚桩为扩底桩或多支盘桩时，被检桩与锚桩的中心距离不应小于 2 倍扩大端直径。
3. 括号内数值可用于工程桩抽样检测时多排桩设计桩中心距离小于 4D 的情况</td></tr>
</table>

续上表

试验设备	荷载测量	荷重传感器的测量误差不应大于 1%，压力表精度应优于或等于 0.4 级。试验用压力表、油泵、油管在加载时的压力在额定工作压力的 20% ~80% 之间
	沉降观测	使用大量程百分表或电子位移计测量，误差要求不大于 0.1% FS，分辨率不低于 0.01mm
	内力测量	采用应变式传感器(简称应变计)测量应变，钢弦式传感器测量力，沉降杆测量位移

锚桩横梁反力装置

千斤顶和百分表

压重平台反力装置

加载分级	每级加载为最大加载量或预估极限承载力的 1/15 ~ 1/10，第一级可按 2 倍分级加荷。每级荷载在维持过程中的变化幅度不得超过分级荷载的 ±10%
沉降观测	下沉未达稳定时不得进行下一级加载；每级荷载施加后按第 5min、15min、30min、45min、60min 测读桩顶沉降量，以后每隔 30min 测读一次
稳定标准	每 1h 内的桩顶沉降量不超过 0.1mm，并连续出现两次(从分级荷载施加后的第 30min 开始，按 1.5h 连续三次每 30min 的沉降观测值计算)
终止加载条件	1. 本级荷载沉降量 > 前一级荷载沉降量的 5 倍，且总沉降量 >40mm。 2. 本级荷载沉降量 > 前一级荷载沉降量的 2 倍，且经 24h 未稳定，且总沉降量 > 40mm。 3. 荷载-沉降曲线呈缓变形时，加载至总沉降量 60 ~ 80mm；当桩长超过 40m 或钢桩时，加载至总沉降量超过 80mm。 4. 工程桩验收时，荷载≥承载力容许值的 2 倍，或≥最大加载量，且沉降达到稳定。 5. 桩身出现明显破坏现象。 6. 当工程桩作锚桩时，锚桩上拔量已达到允许值。 注：条件 1、2、5：荷载已达极限；条件 3：沉降缓变，故以沉降量为控制指标；条件 4：荷载未达极限但已满足要求；条件 6：锚桩抗拔力不支持继续加载
卸载分级	卸载应分级进行，采用逐级等量卸载，每级卸载量取加载时分级荷载的 2 倍
回弹观测	卸载时，每级荷载应维持 1h，分别按第 15min、30min、60min 量测桩顶的回弹量，即卸下一级荷载。 卸载到零后，至少 2h 内每隔 30min 观测 1 次。如果桩尖下为砂类土，则开始 30min 内，每 15min 观测一次；如果桩尖下为黏质土，第 1h 内，每 15min 观测 1 次

续上表

<table>
<tr><td>竖向抗压极限承载力的确定</td><td>1. 根据沉降随荷载变化的特征确定：陡降型 Q-s 曲线，取其发生明显陡降的起始点对应的荷载值。
2. 根据沉降随时间变化的特征确定：取 s-lg$t$ 曲线尾部出现明显向下弯曲的前一级荷载值。
3. 沉降量≥前一级荷载沉降量 2 倍，且经 24h 未稳定，且总沉降量 >40mm，取前一级荷载值（终止条件 2）。
4. 工程桩验收时，荷载≥承载力容许值的 2 倍，或≥最大加载量，且沉降达到稳定，取本级荷载值（终止条件 4）。
5. 对于缓变型 P-s 曲线，宜取 $s=40$mm 对应的荷载值；钢管桩和桩长 >40m 的混凝土桩时，考虑桩身弹性压缩；直径≥800mm 的桩，取 $s=0.05D$ 对应的荷载值。
6. 上述 5 款判定桩的承载力未达到极限时，桩的竖向抗压极限承载力宜取最大加载值
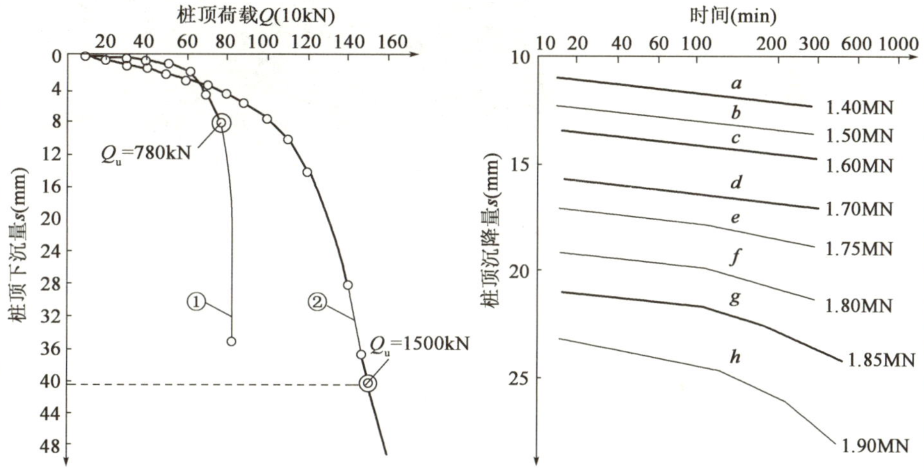
</td></tr>
<tr><td>数据统计</td><td>1. 当极差不超过平均值的 30%时，取平均值。
2. 当极差超过平均值的 30%时，应分析原因，必要时可增加试桩数量。
3. 桩数为 3 根或 3 根以下的独立承台的基桩，应取低值</td></tr>
</table>

考点十三：竖向抗拔静载试验

试桩数量	对抽样检测的工程桩，应按设计要求确定最大加载量，检测数量应满足设计要求，不宜少于 3 根。为设计提供依据的试验桩应加载至桩侧土破坏或桩身结构破坏，试验桩数量应满足设计要求，且不应少于 3 根

续上表

<table>
<tr><td>试验设备</td><td>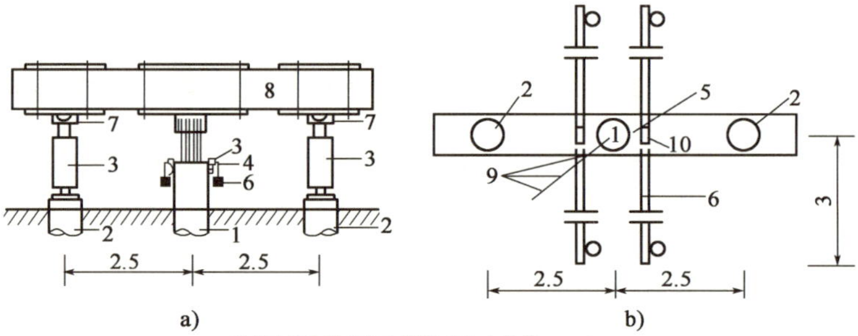
抗拔试验检测示意图(尺寸单位：m)
1-试桩；2-锚桩；3-液压千斤顶；4-表座；5-测微计；6-基准梁；7-球铰；8-反力梁；9-地面变形测点；10-10cm×10cm薄钢板
</td></tr>
<tr><td>试验方法</td><td>加卸载分级、位移观测、稳定标准与竖向抗压静载试验相同。
终止加载条件：
(1)本级荷载上拔量大于前一级荷载上拔量的 5 倍；
(2)累计上拔量超过 100mm；
(3)上拔荷载达到受拉钢筋抗拉强度设计值；
(4)工程桩验收，达到设计要求的最大上拔荷载或最大上拔量</td></tr>
</table>

考点十四：水平静载试验

<table>
<tr><td>试桩数量</td><td>对抽样检测的工程桩，应按设计要求的最大水平加载量或最大水平位移控制，检测数量应满足设计要求，不宜少于 3 根。为设计提供依据时，应加载至桩侧土破坏或桩身结构破坏，检测数量应满足设计要求，且不应少于 3 根</td></tr>
<tr><td>试验设备</td><td>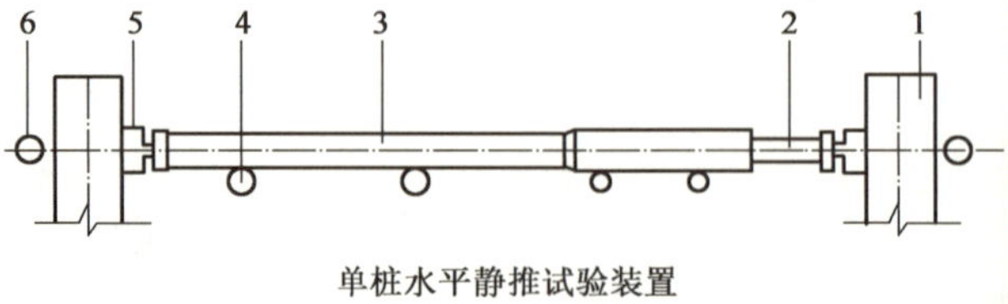
单桩水平静推试验装置
1-桩；2-千斤顶及测力计；3-传力杆；4-滚轴；5-球支座；6-百分表
</td></tr>
</table>

续上表

试验方法	加载分级	取预估被检桩水平极限承载力或要求最大试验荷载的 1/10～1/12
	单向多循环加、卸载法	每级荷载施加后,维持荷载 4min 后测读水平位移并卸载至零,停 2min 后测读残余水平位置,如此循环 5 次,完成一级荷载的试验观测,不得中间停歇
	慢速维持荷载法	加卸载分级、试验方法、稳定标准与竖向静载试验相同
	终止加载条件	1. 桩身折断。 2. 水平移位超过 30～40mm(软土取 40mm)。 3. 达到设计要求的最大加载量或水平位移允许值

考点十五:高应变动力试桩法

检测目的	1. 检测单桩竖向抗压极限承载力,通过采用实测曲线拟合法分析得到桩侧土阻力的分布和桩端土阻力。 2. 检测桩身结构完整性,判定桩身缺陷的位置和缺陷程度。 3. 监测混凝土预制桩和钢桩沉桩过程中桩身应力和锤击能量传递比,为选择沉桩工艺参数和确定桩长提供依据	
试验设备	激振设备、信号采集及分析仪、传感器、贯入度测量仪	
试验方法	试桩数量	单位工程同一条件下检测单桩竖向抗压极限承载力时,不宜少于 5 根;对工程地质条件复杂或施工质量有疑问时,应增加检测数量;当采用高应变法进行沉桩过程监测和为选择沉桩工艺参数时,不应少于 3 根
	桩头处理	桩顶面应平整,锤重心应与桩顶对中
	传感器安装	桩顶下两侧应对称安装 2 只加速度传感器和 2 只应变传感器,其与桩顶的距离不宜小于 2 倍桩径或桩边长;对于大直径桩,传感器与桩顶距离可适当减小,但不得小于 1 倍桩径或桩边长;严禁用 1 只加速度传感器或 1 只应变传感器进行检测
	测试操作	重锤以自由落锤锤击设有桩垫的桩头,采用以重锤低击,锤的最大落距不宜大于 2.5m。桩的贯入度宜用精密水准仪实测,单击贯入度宜为 2～6mm,锤锤击次数宜为 2～3 击
结果判定	当出现下列情况之一时,高应变锤击信号不得作为承载力分析计算依据: (1)传感器安装处混凝土开裂或出现严重塑性变形,使力曲线最终未归零; (2)锤击严重偏心,两侧力信号幅值相差超过 1 倍; (3)触变效应的影响,桩在多次锤击下承载力下降; (4)桩身有明显缺陷; (5)四通道测试数据不全	

续上表

结果判定	当出现下列情况之一时,应按工程地质条件、施工工艺和施工记录,采用实测曲线拟合法或其他检测方法综合评判桩身完整性: (1)混凝土灌注桩桩身存在有扩径、截面渐变或多变; (2)桩身存在多处缺陷; (3)桩身浅部存在缺陷; (4)力曲线在上升沿上升缓慢,力和速度曲线在上升沿出现异常

第五章　桥梁技术状况评定

第一节　桥梁基本知识

考点一：桥梁的结构组成和分类

<table>
<tr><td rowspan="5">结构组成</td><td>上部结构</td><td colspan="2">又称桥跨结构，支承桥面或桥梁车道以及作用在桥面上的荷载，并传递给桥梁支座。
净跨径：设计洪水位上相邻两桥墩（或桥台）间的水平净距。
计算跨径：相邻两支座中心之间的水平距离，桥梁结构的分析计算以计算跨径为准。
标准跨径：两相邻桥墩中线间水平距离或桥墩中线与台背前缘之间的水平距离。
总跨径：多孔桥梁中各孔净跨径的总和，它反映桥梁排泄洪水的能力</td></tr>
<tr><td>下部结构</td><td colspan="2">包括支座以下的所有单元，一般由桥台、桥墩和基础组成</td></tr>
<tr><td>支座</td><td colspan="2">支承上部结构并将荷载传给下部结构的装置，保证上部结构在荷载、温度变化或其他因素作用下的位移功能。
不允许上部结构水平移位或运动的支座称为固定支座，允许结构水平位移的支座称为可伸展（滑动）支座。固定和伸展支座都允许转动</td></tr>
<tr><td>桥面系</td><td colspan="2">桥面铺装、栏杆（防撞墙）、人行道、伸缩缝、照明系统等</td></tr>
<tr><td>附属设施</td><td colspan="2">桥头搭板、护坡、导流堤等</td></tr>
<tr><td rowspan="6">按工程规模分类</td><td>桥涵分类</td><td>多孔跨径总长 L(m)</td><td>单孔跨径L_k(m)</td></tr>
<tr><td>特大桥</td><td>$L>1000$</td><td>$L_k>150$</td></tr>
<tr><td>大桥</td><td>$100 \leq L \leq 1000$</td><td>$40 \leq L_k \leq 150$</td></tr>
<tr><td>中桥</td><td>$30<L<100$</td><td>$20 \leq L_k<40$</td></tr>
<tr><td>小桥</td><td>$8 \leq L \leq 30$</td><td>$5 \leq L_k<20$</td></tr>
<tr><td>涵洞</td><td>—</td><td>$L_k<5$</td></tr>
<tr><td>按结构体系分类</td><td colspan="3">可划分为梁式桥、拱式桥、刚架桥、索结构桥（如悬索桥、斜拉桥）、组合体系桥等</td></tr>
</table>

续上表

按结构体系分类	梁式桥	简支:支座处剪力最大,弯矩为零;跨中剪力为零,正弯矩最大。 悬臂:剪力、负弯矩支座处最大;自由端为零。 连续:支座处剪力最大,中间支座负弯矩最大,端部支座弯矩为零;跨中剪力为零,正弯矩最大 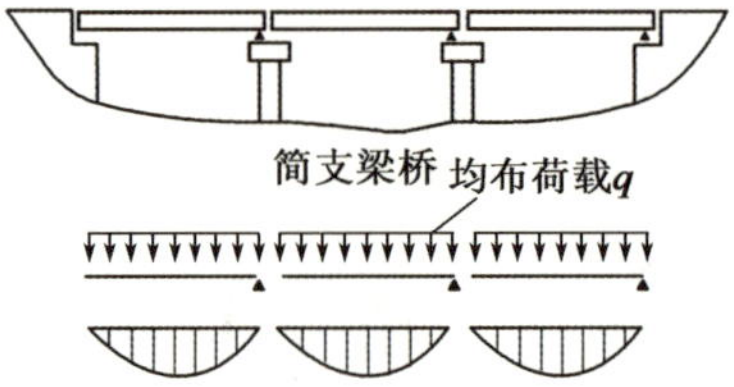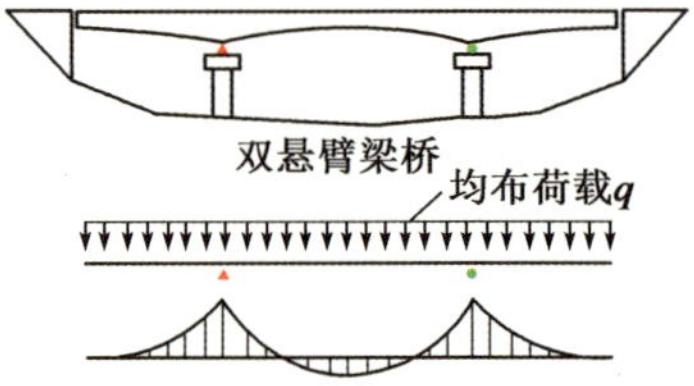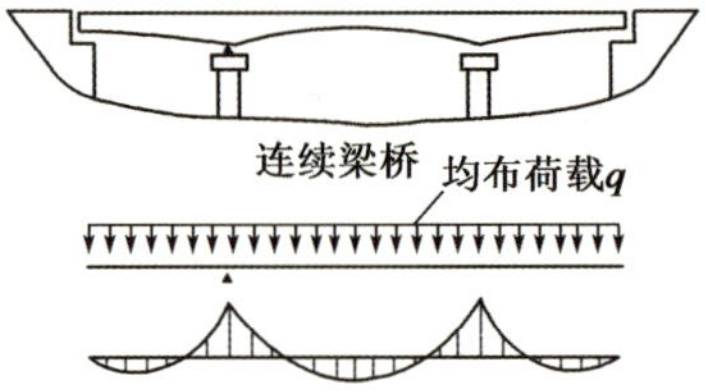
	拱式桥	按行车道的位置分为上承式、下承式或中承式。 无推力拱:系杆拱(柔杆刚拱)、蓝格尔拱(刚杆柔拱)、洛泽拱(刚杆刚拱)

第二节　桥梁检查

考点二:桥梁检查

养护检查等级	Ⅰ级	单孔跨径大于 150m 的特大桥、特别重要桥梁
	Ⅱ级	单孔跨径小于或等于 150m 的特大桥、大桥,以及高速公路或一、二级公路上的中桥、小桥
	Ⅲ级	三、四级公路上的中桥、小桥
	需提高的	技术状况评定为 3 类的大、中、小桥应提高一级检查。 技术状况评定为 4 类的桥梁在加固维修前应按Ⅰ级检查
初始检查	检查频率	新建或改建桥梁应进行初始检查。初始检查宜与交工验收同时进行,最迟不得超过交付使用后 1 年
	检查方法	定期检查需测定的所有项目,并设置永久观测点。养护检查等级为Ⅰ级的桥梁,应进行荷载试验;有水中基础,养护检查等级为Ⅰ、Ⅱ级的桥梁,应进行水下检测

续上表

<table>
<tr><td rowspan="3">日常巡查</td><td rowspan="2">检查频率</td><td>Ⅰ、Ⅱ级</td><td>1 次/d</td></tr>
<tr><td>Ⅲ级</td><td>1 次/周</td></tr>
<tr><td>检查方法</td><td colspan="2">以乘车目测为主,发现明显缺损和异常情况应及时上报</td></tr>
<tr><td rowspan="5">经常检查</td><td rowspan="4">检查频率</td><td>Ⅰ级</td><td>1 次/月</td></tr>
<tr><td>Ⅱ级</td><td>1 次/2 月</td></tr>
<tr><td>Ⅲ级</td><td>1 次/3 月</td></tr>
<tr><td colspan="2">在汛期、台风、冰冻等自然灾害频发期,应提高经常检查频率。
养护检查等级为Ⅱ、Ⅲ级的桥梁,在定期检查中发现存在 4 类构件时,加固处治前应提高经常检查频率。
对支座的经常检查每季度不应少于 1 次</td></tr>
<tr><td>检查方法</td><td colspan="2">宜抵近桥梁结构,以目测结合辅助工具进行。发现桥梁重要部件缺损严重,应及时上报</td></tr>
<tr><td rowspan="3">定期检查</td><td rowspan="2">检查频率</td><td>Ⅰ级</td><td>不得超过 1 年</td></tr>
<tr><td>Ⅱ、Ⅲ级</td><td>不得超过 3 年</td></tr>
<tr><td>检查方法</td><td colspan="2">应接近各部件仔细检查其缺损情况,并符合下列规定:
(1)现场校核桥梁基本数据,填写或补充完善“桥梁基本状况卡片”;
(2)现场填写“桥梁定期检查记录表”,记录各部件缺损状况并绘制主要病害分布图;
(3)对桥梁永久观测点进行复核,对桥面高程及线形、变位等检测指标进行量测;
(4)判断病害原因及影响范围;
(5)进行技术状况评定,提出养护建议</td></tr>
<tr><td rowspan="2">特殊检查</td><td>检查要求</td><td colspan="2">当出现下列情况时,应做特殊检查:
(1)定期检查难以判明构件损坏原因及程度的桥梁;
(2)拟通过加固手段提高荷载等级的桥梁;
(3)需要判明水中基础技术状况的桥梁;
(4)遭受洪水、流冰、滑坡、地震、风灾、撞击,因超重车辆通过或其他异常情况影响造成损伤的桥梁</td></tr>
<tr><td>检查内容</td><td colspan="2">(1)材料的物理、化学性能及其退化程度的测试鉴定,结构或构件开裂状态的检测及评定;
(2)结构的强度、刚度和稳定性的检算、试验和鉴定;
(3)桥梁抵抗洪水、流冰、风、地震及其他灾害能力的检测鉴定;
(4)桥梁遭受洪水、流冰、滑坡、地震、风灾、撞击,因超重车辆通过或其他因素造成损伤的检测鉴定;
(5)水中墩台身、基础的缺损情况的检测鉴定;
(6)定期检查中发现的较严重的开裂、变形等病害,应进行跟踪观测,预测其发展趋势</td></tr>
</table>

续上表

水下检测	包括表观缺陷、基础冲刷及淘空、河床断面测量等内容。 表观缺陷检测采用潜水员、水下机器人或其他专用平台抵近水下构件进行检测。 基础冲刷及淘空检测一般在枯水期进行,采用测深仪、测深杆、测深锤

第三节　桥梁技术状况评定

考点三:桥梁技术状况评定

<table>
<tr><td rowspan="2">桥梁评定</td><td>技术状况评定</td><td colspan="3">依据桥梁定期检查资料,通过对桥梁各部件技术状况的综合评定,确定桥梁的技术状况等级,提出各类桥梁的养护措施。
由负责定期检查者进行</td></tr>
<tr><td>适应性评定</td><td colspan="3">依据桥梁定期及特殊检查资料,结合试验与结构受力分析,评定桥梁的实际承载能力、通行能力、抗洪能力,提出桥梁养护、改造方案。
委托有相应资质及能力的单位进行</td></tr>
<tr><td rowspan="2">评定方法</td><td colspan="4">桥梁技术状况评定包括桥梁构件、部件、桥面系、上部结构、下部结构和全桥评定。
采用分层综合评定与 5 类桥梁单项控制指标相结合的方法,先对桥梁各构件进行评定,然后对桥梁各部件进行评定,再对桥面系、上部结构和下部结构分别进行评定,最后进行桥梁总体技术状况的评定</td></tr>
<tr><td colspan="4">当单座桥梁存在不同结构形式时,可根据结构形式的分布情况划分评定单元,分别对各评定单元进行桥梁技术状况的等级评定,然后取最差的一个评定单元技术状况等级作为全桥的技术状况等级</td></tr>
<tr><td rowspan="6">等级分类</td><td colspan="4">各结构类型桥梁主要部件见下表,其他部件为次要部件</td></tr>
<tr><td>序号</td><td colspan="2">结构类型</td><td>主要部件</td></tr>
<tr><td>1</td><td colspan="2">梁式桥</td><td>上部承重构件、桥墩、桥台、基础、支座</td></tr>
<tr><td>2</td><td colspan="2">板拱桥(圬工、混凝土)、肋拱桥、箱形拱桥、双曲拱桥</td><td>主拱圈、拱上建筑、桥面板、桥墩、桥台、基础</td></tr>
<tr><td>3</td><td colspan="2">刚架拱桥、桁架拱桥</td><td>刚架(桁架)拱片、横向联结系、桥面板、桥墩、桥台、基础</td></tr>
<tr><td>4</td><td colspan="2">钢-混凝土组合拱桥</td><td>拱肋、横向联结系、立柱、吊杆、系杆、行车道板(梁)、桥墩、桥台、基础、支座</td></tr>
</table>

续上表

<table>
<tr><td rowspan="21">等级分类</td><td>5</td><td>悬索桥</td><td>主缆、吊索、加劲梁、索塔、锚碇、桥墩、桥台、基础、支座</td></tr>
<tr><td>6</td><td>斜拉桥</td><td>斜拉索(包括锚具)、主梁、索塔、桥墩、桥台、基础、支座</td></tr>
<tr><td colspan="3">桥梁总体技术状况评定等级分为1类、2类、3类、4类、5类</td></tr>
<tr><td>技术状况评定等级</td><td>桥梁技术状况描述</td><td>养护对策</td></tr>
<tr><td>1类</td><td>全新状态,功能完好</td><td>正常保养或预防养护</td></tr>
<tr><td>2类</td><td>有轻微缺损,对桥梁使用功能无影响</td><td>修复养护、预防养护</td></tr>
<tr><td>3类</td><td>有中等缺损,尚能维持正常使用功能</td><td>修复养护、加固或更换较大缺陷构件;必要时交通管制</td></tr>
<tr><td>4类</td><td>主要构件有大的缺损,严重影响桥梁使用功能;或影响承载能力,不能保证正常使用</td><td>修复养护、加固或改造;及时交通管制,必要时封闭交通</td></tr>
<tr><td>5类</td><td>主要构件存在严重缺损,不能正常使用,危及桥梁安全,桥梁处于危险状态</td><td>及时关闭交通,改建或重建</td></tr>
<tr><td colspan="3">桥梁主要部件技术状况评定标度分为1类、2类、3类、4类、5类</td></tr>
<tr><td>技术状况评定标度</td><td colspan="2">主要部件桥梁技术状况描述</td></tr>
<tr><td>1类</td><td colspan="2">全新状态,功能完好</td></tr>
<tr><td>2类</td><td colspan="2">功能良好,材料有局部轻度缺损或污染</td></tr>
<tr><td>3类</td><td colspan="2">材料有中等缺损;或出现轻度功能性病害,但发展缓慢,尚能维持正常使用功能</td></tr>
<tr><td>4类</td><td colspan="2">材料有严重缺损,或出现中等功能性病害,但发展较快;结构变形小于或等于规范值,功能明显减低</td></tr>
<tr><td>5类</td><td colspan="2">材料严重缺损,出现严重的功能性病害,且有继续扩展现象;关键部位的部分材料强度达到极限,变形大于规范值,结构的强度、刚度、稳定性不能达到安全通行的要求</td></tr>
</table>

续上表

<table>
<tr><td rowspan="6">等级分类</td><td colspan="2">桥梁次要部件技术状况评定标度分为 1 类、2 类、3 类、4 类</td></tr>
<tr><td>技术状况评定标度</td><td>次要部件桥梁技术状况描述</td></tr>
<tr><td>1 类</td><td>全新状态,功能完好;或功能良好,材料有轻度缺损、污染等</td></tr>
<tr><td>2 类</td><td>有中等缺损或污染</td></tr>
<tr><td>3 类</td><td>材料有严重缺损,出现功能降低,进一步恶化将不利于主要部件,影响正常交通</td></tr>
<tr><td>4 类</td><td>材料有严重缺损,失去应有功能,严重影响正常交通;或原无设置,而调查需要补设</td></tr>
<tr><td rowspan="3">评定计算</td><td>构件</td><td>$$PMCI_l(BMCI_l或DMCI_l)=100-\sum_{x=1}^{k}U_x$$
当 $x=1$ 时,$U_i=DP_{i1}$;
当 $x\geqslant2$ 时,$U_x=\dfrac{DP_{ij}}{100\times\sqrt{x}}\times(100-\sum_{y=1}^{x-1}U_y)$(其中 $j=x$,x 取 2,3,4,…,k);
当 $k\geqslant2$ 时,U_1,…,U_x 公式中的扣分值 DP_{ij} 按照从大到小排列
构件各检测指标扣分值
<table><tr><td rowspan="2">检测指标所能达到的最高标度类别</td><td colspan="5">指标标度</td></tr><tr><td>1 类</td><td>2 类</td><td>3 类</td><td>4 类</td><td>5 类</td></tr><tr><td>3 类</td><td>0</td><td>20</td><td>35</td><td>—</td><td>—</td></tr><tr><td>4 类</td><td>0</td><td>25</td><td>40</td><td>50</td><td>—</td></tr><tr><td>5 类</td><td>0</td><td>35</td><td>45</td><td>60</td><td>100</td></tr></table></td></tr>
<tr><td>部件</td><td>$$PCCI_i=\overline{PMCI}-\frac{100-PMCI_{min}}{t}$$$$BCCI_i=\overline{BMCI}-\frac{100-BMCI_{min}}{t}$$$$DCCI_i=\overline{DMCI}-\frac{100-DMCI_{min}}{t}$$当上部结构中的主要部件某一构件评分值在[0,40]区间时,其相应的部件评分值等于此构件的评分值</td></tr>
<tr><td>上部结构、下部结构、桥面系</td><td>$$SPCI(SBCI或BDCI)=\sum_{i=1}^{m}PCCI_i(BCCI_i或DCCI_i)\times w_i$$对于桥梁中未设置的部件,应根据此部件的隶属关系,将其权重值分配给各既有部件,分配原则按照各既有部件权重在全部既有部件权重中所占比例进行分配</td></tr>
</table>

续上表

<table>
<tr>
<td rowspan="1">评定计算</td>
<td>总体</td>
<td>
$D_r = \mathrm{BDCI} \times \omega_D + \mathrm{SPCI} \times \omega_{SP} + \mathrm{SBCI} \times \omega_{SB}$
桥梁结构组成权重值
<table>
<tr><td>桥梁部位</td><td>上部结构</td><td>下部结构</td><td>桥面系</td></tr>
<tr><td>权重</td><td>0.4</td><td>0.4</td><td>0.2</td></tr>
</table>
桥梁技术状况分类界限表
<table>
<tr><td rowspan="2">技术状况评分</td><td colspan="5">技术状况等级(D_j)</td></tr>
<tr><td>1 类</td><td>2 类</td><td>3 类</td><td>4 类</td><td>5 类</td></tr>
<tr><td>D_r
(SPCI、SBCI、BDCI)</td><td>[95,100)</td><td>[80,95)</td><td>[60,80)</td><td>[40,60)</td><td>[0,40)</td></tr>
</table>
当上部结构和下部结构技术状况等级为 3 类、桥面系技术状况等级为 4 类,且桥梁总体技术状况评分为 $40 \leqslant D_r < 60$ 时,桥梁总体技术状况等级可评定为 3 类。
全桥总体技术状况等级评定,当主要部件评分达到 4 类或 5 类且影响桥梁安全时,可按照桥梁主要部件最差的缺损状况评定
</td>
</tr>
<tr>
<td>5 类桥梁技术状况单项控制指标</td>
<td colspan="2">
有下列情况之一时,整座桥应评为 5 类桥:
(1)上部结构有落梁;或有梁、板断裂现象;
(2)梁式桥上部承重构件控制截面出现全截面开裂;或组合结构上部承重构件结合面开裂贯通,造成截面组合作用严重降低;
(3)梁式桥上部承重构件有严重的异常位移,存在失稳现象;
(4)结构出现明显的永久变形,变形大于规范值;
(5)关键部位混凝土出现压碎或杆件失稳倾向;或桥面板出现严重塌陷;
(6)拱式桥拱脚严重错台、位移,造成拱顶挠度大于限值;或拱圈严重变形;
(7)圬工拱桥拱圈大范围砌体断裂,脱落现象严重;
(8)腹拱、侧墙、立墙或立柱产生破坏造成桥面板严重塌落;
(9)系杆或吊杆出现严重锈蚀或断裂现象;
(10)悬索桥主缆或多根吊索出现严重锈蚀、断丝;
(11)斜拉桥拉索钢丝出现严重锈蚀、断丝,主梁出现严重变形;
(12)扩大基础冲刷深度大于设计值,冲空面积达 20% 以上;
(13)桥墩(桥台或基础)不稳定,出现严重滑动、下沉、位移、倾斜等现象;
(14)悬索桥、斜拉桥索塔基础出现严重沉降或位移;或悬索桥锚碇有水平位移或沉降
</td>
</tr>
</table>

第六章　桥梁荷载试验

考点一：荷载试验的任务

试验任务	1. 检验桥梁设计与施工的质量。 2. 评定桥梁结构的实际承载能力。 3. 验证桥梁结构设计理论和设计方法。 4. 桥梁结构动力特性及动态反应的测试研究
需进行荷载试验的情形	新建桥梁和进行了加宽或加固后的桥梁，可通过荷载试验来检验桥梁结构的正常使用状态和承载能力是否符合设计要求
	在用桥梁，经检算作用效应与抗力效应的比值在 1.0～1.2 之间时，应根据规程的有关规定通过荷载试验评定承载能力
	在用桥梁，存在下列情况之一时，可进行荷载试验： (1)技术状态等级为四、五类； (2)拟提高荷载等级； (3)需要通过特殊重型车辆荷载； (4)遭受重大自然灾害或意外事件； (5)采用其他方法难以准确判断其能否承受预定荷载

第一节　桥梁荷载试验仪器设备

考点二：荷载试验仪器

试验仪器分类	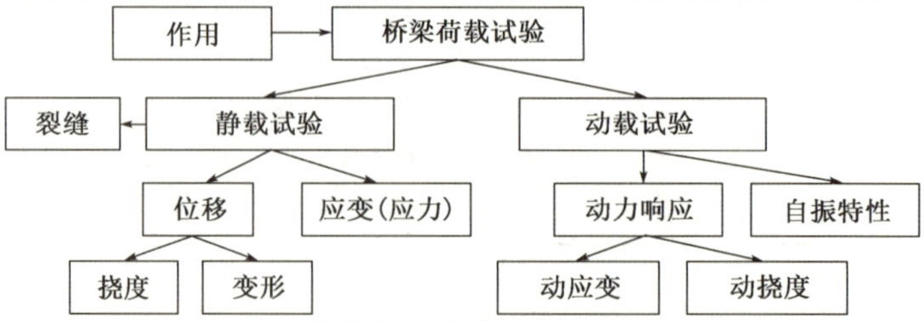 桥梁荷载试验检测参数

续上表

	序号	测试参数	机械式仪器设备	电(声、光)测仪器
试验仪器分类	1	变位	千(百)分表、挠度计、连通管	位移计、水准仪、全站仪
	2	应变	千分表引伸仪	电阻应变计、电阻应变仪、计算机数据采集系统
	3	裂缝	裂缝尺、引伸仪	超声波探测仪、读数显微镜
	4	振动参数	—	测振传感器、放大器、动态信号采集记录分析系统

变位测试仪器	线位移测量仪表	千分表、百分表、挠度计:需要相对(结构)不动的支架,适合用在桥梁净空不高、方便搭设支架或布设不动点的地方或测量支座位移
	连通管	精度 1mm,小跨度桥梁不适用
	光学仪器	高精度全站仪:适用于挠度较大的结构,桥梁跨径越大(变形绝对值越大),其优势越明显(相对精度越高)。 精密水准仪:分辨力 0.01mm,适用于中小跨桥梁。 动挠度检测仪:测读动挠度

应变测试仪器设备	电阻应变测量技术	工作原理:金属丝的长度、截面变化与其电阻值变化,在一定范围内保持线性关系。$\frac{\Delta R}{R}=k\cdot\varepsilon$,$k$ 为电阻应变计的灵敏系数
		电阻应变计组成:由敏感金属栅、基底及引出线三部分组成。 类型:单轴电阻应变计、应变花。 选用:匀质材料(钢材)或局部应力集中梯度较大时,选用小标距应变计,一般选用 2mm×3mm 或 2mm×6mm 的应变计。 非匀质材料(混凝土)或应变梯度小又均匀时,选用大标距应变计,一般选用 10mm×(80~100)mm 的应变计。 测试桥梁构件平面应力或平面应变时,选用 45°应变花 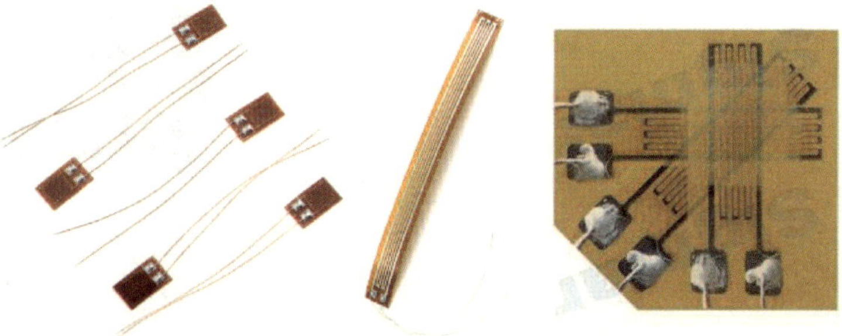

续上表

应变测试仪器设备	电阻应变测量技术	惠斯顿电桥:一种电阻、电压转换装置,它能把应变计电阻的微小变化转换为适合放大和处理的电压。 $U_{out}=\frac{1}{4}k(\varepsilon_1-\varepsilon_2+\varepsilon_3-\varepsilon_4)U_{in}$ $U_{out}=0$ 表示电桥平衡。 电桥平衡条件:$R_1/R_4=R_2/R_3$。 相邻桥臂符号相反,输出相减。 相对桥臂符号相同,输出相加 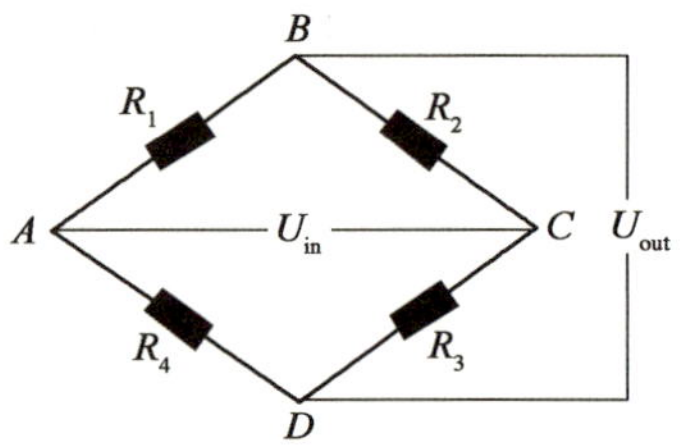 惠斯顿电桥
		桥路组合:分为半桥、全桥,均可实现温度补偿。 半桥多用于静态应变测试,全桥则用于动态应变测试和应变传感器桥路组合 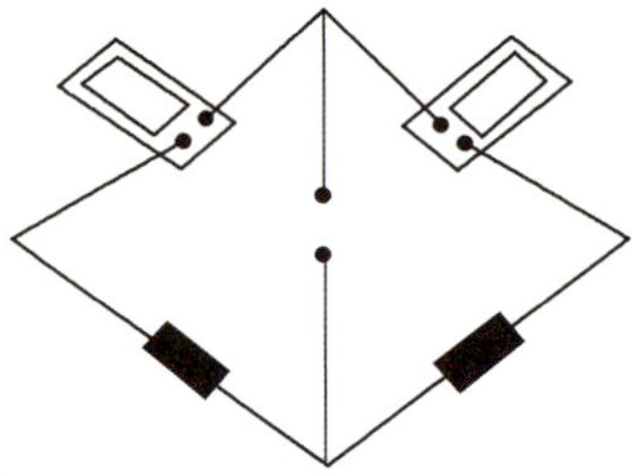 半桥 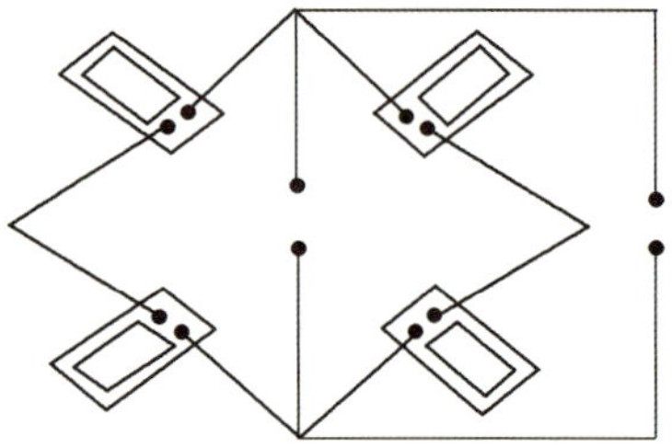 全桥
		温度补偿:用一片和工作片完全相同的应变计,贴在与被测构件材料相同材质、相同环境的非受力部位。 可利用工作片互补,也可设置专用补偿片,补偿片可采用单点补偿多点的办法,特殊场合的温度补偿一般要求一对一
		电阻应变仪:装有几个电桥补充电阻并提供电桥电源;能把微弱的电信号放大;把放大后的信号变换显示出来或送给后续设备 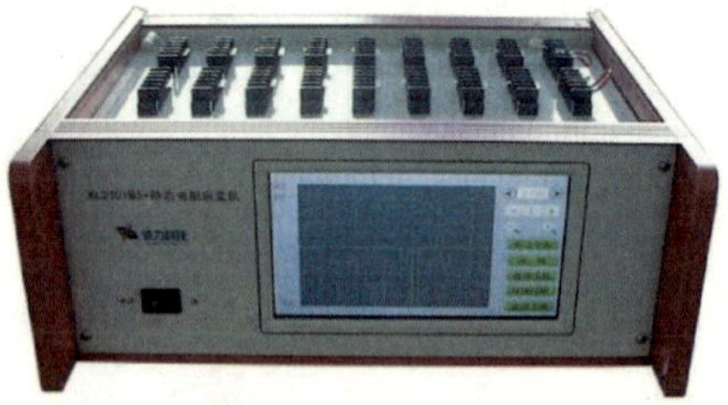
	基于应变测量技术的传感器	钢筋应力计:只能一次性使用,不能长期连续读数。 弓形应变传感器:在一片弹性特别好的弓形钢质元件上粘贴四片应变计(弓形上、下方各一纵一横),接成全桥。优点是灵敏度比较高,可以避免现场贴片,传感器能被重复使用

续上表

应变测试仪器设备	振弦式应力计	主要元件是一根张紧的钢丝(即振弦),在一定的预拉力情形下该振弦有一个基本频率。当传感器受拉(压)力,其钢丝的拉力产生变化时,钢弦的自振频率会发生相应的变化。$\varepsilon=\alpha f^2$,α 为灵敏系数,f 为钢弦计的频率。 可安装在构件表面,也可预埋在混凝土内部,适用于长期监测 
裂缝量测仪器	读数显微镜:测量裂缝宽度,读数精度一般为 0.01mm。 裂缝尺:用比照已知宽度的标准线条的方法,量测裂缝宽度。 超声波仪:测量裂缝深度	
振动试验仪器设备	位移计	反应被测物振动幅值变化的测振传感器。位移计测量振动信号时,被测物的振动频率必须大于位移计的自振频率
	加速度计	反应被测物体加速度变化的测振传感器。加速度计可测量频率的上限一般不能超过其自振频率的 0.4 倍
	磁电式	电磁感应原理。 速度型位移计,输出与速度成正比。 具有较好的低频特性,适用于测量一般桥梁的振动。 频响范围:0.3～20Hz
	压电式	压电效应原理。 加速度计,输出与加速度成正比。 超低频特性不好,改进型的大质量压电式加速度计,是大跨度桥梁振动测试传感器的首选。 频响范围:0.5～1000Hz
	伺服式	加速度计。 超低频响应性能好,特别适用于长周期、低加速度的特大跨度桥梁的振动测试。 频响范围:0～100Hz

第二节　荷载试验准备

考点三：荷载试验准备

<table>
<tr><td>前期准备</td><td colspan="5">资料收集,试验方案拟定,仪器配套以及相应的试验计算等</td></tr>
<tr><td rowspan="5">现场准备</td><td>荷载准备</td><td colspan="4">车辆加载、重物加载</td></tr>
<tr><td rowspan="3">应变测点</td><td colspan="4">钢筋混凝土受拉区应变测点应(凿去保护层混凝土)粘贴在钢筋上,全预应力混凝土构件可直接在混凝土表面粘贴。
主应变(应力)应采用应变花进行测试</td></tr>
<tr><td>构件名称</td><td>主要测试内容</td><td>应变测点布置示意</td><td>测试位置</td></tr>
<tr><td>主梁</td><td>近支点附近主应力</td><td>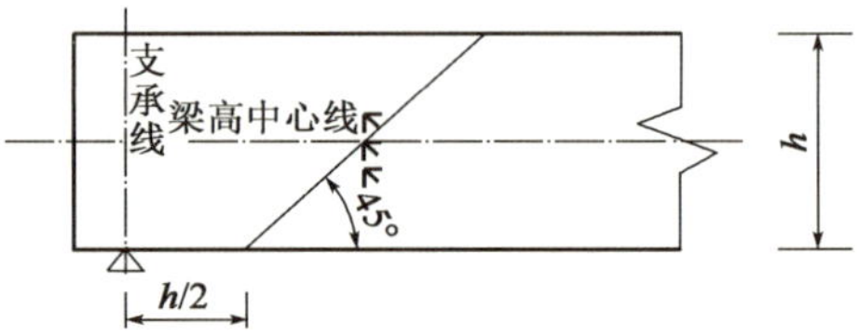
</td><td>简支梁支点向桥跨方向 1/2 梁高处沿 45°方向与主梁梁高中心线相交位置不宜少于 3 个应变花;其余构件主应力测试位置应经计算确定</td></tr>
<tr><td>位移测点</td><td colspan="4">包括挠度、支座位移、桥塔水平位移等。
位移测点的测值应能反映结构的最大变位及变化规律。
墩塔的水平位移测点应布置在顶部,支点沉降的测点宜靠近支座处布置</td></tr>
</table>

第三节　桥梁静载试验

考点四:桥梁静载试验

<table>
<tr><td rowspan="2">试验荷载</td><td>试验控制荷载</td><td colspan="3">试验控制荷载根据与设计作用(或荷载)等级相应的活载效应控制值或有特殊要求的荷载效应值确定。
以使控制截面或断面产生最不利荷载效应(内力和变形最大)荷载作为试验控制荷载,但不应使其他截面的相关结构反应超出规定范围。
交(竣)工验收荷载试验,应以设计荷载作为控制荷载</td></tr>
<tr><td>荷载效率系数</td><td colspan="3">对交(竣)工验收荷载试验,静载试验荷载效率系数η_q宜介于 0.85 ~ 1.05 之间;其他静载试验η_q宜介于 0.95 ~ 1.05 之间
$\eta_q = \frac{S_s}{S\times(1+\mu)}$　$\frac{\text{试验荷载效应值}}{\text{控制荷载效应值}\times(1+\text{冲击系数})}$</td></tr>
<tr><td>试验环境</td><td colspan="4">应在封闭交通状态下实施;不宜在强风下进行;应在气温平稳的时段进行;大、中雨及大雾天气不宜进行;有冲击、振动、强磁场等干扰不宜进行;宜避开大浪、高湿度等天气。考虑温度变化和环境干扰,一般安排在晚上进行</td></tr>
<tr><td rowspan="6">试验工况
及测试截面</td><td colspan="4">《公路桥梁荷载试验规程》(JTG/T J21-01—2015)表 5.2.2【建议掌握梁桥】</td></tr>
<tr><td>桥型</td><td colspan="2">试验工况</td><td>测试截面</td></tr>
<tr><td rowspan="2">简支梁桥</td><td>主要工况</td><td>跨中截面主梁最大正弯矩工况</td><td>跨中截面</td></tr>
<tr><td>附加工况</td><td>①L/4 截面主梁最大正弯矩工况;
②支点附近主梁最大剪力工况</td><td>①L/4 截面;
②梁底距支点 h/2 截面内侧向上 45°线与截面形心线相交位置</td></tr>
<tr><td rowspan="2">连续梁桥</td><td>主要工况</td><td>①主跨支点最大负弯矩工况;
②主跨跨中截面最大正弯矩工况;
③边跨主梁最大正弯矩工况</td><td>①主跨(中)支点截面;
②主跨最大弯矩截面;
③边跨最大弯矩截面</td></tr>
<tr><td>附加工况</td><td>主跨(中)支点附近主梁最大剪力工况</td><td>计算确定具体截面位置</td></tr>
</table>

续上表

<table>
<tr><td rowspan="2">试验工况
及测试截面</td><td rowspan="2">悬臂梁桥</td><td>主要
工况</td><td>①墩顶支点截面最大负弯矩工况；
②锚固孔跨中最大正弯矩工况</td><td>①墩顶支点截面；
②锚固孔最大正弯矩截面</td></tr>
<tr><td>附加
工况</td><td>①墩顶支点截面最大剪力工况；
②挂孔跨中截面最大正弯矩工况；
③挂孔支点截面最大剪力工况；
④悬臂端最大挠度工况</td><td>①计算确定具体截面位置；
②挂孔跨中截面；
③挂孔梁底距支点 $h/2$ 截面向上45°线与挂孔截面形心线相交位置；
④悬臂端界面</td></tr>
<tr><td rowspan="9">测试内容</td><td colspan="4">《公路桥梁荷载试验规程》(JTG/T J21-01—2015)表5.3.2【建议掌握梁桥】</td></tr>
<tr><td>桥型</td><td colspan="3">测试内容</td></tr>
<tr><td rowspan="2">简支梁桥</td><td colspan="2">主要内容</td><td>①跨中截面挠度和应力(应变)；
②支点沉降；
③混凝土梁体裂缝</td></tr>
<tr><td colspan="2">附加内容</td><td>①$L/4$ 截面挠度；
②支点斜截面应力(应变)</td></tr>
<tr><td rowspan="2">连续梁桥</td><td colspan="2">主要内容</td><td>①主跨支点斜截面应力(应变)；
②主跨最大正弯矩截面应力(应变)及挠度；
③边跨最大正弯矩截面应力(应变)及挠度；
④支点沉降；
⑤混凝土梁体裂缝</td></tr>
<tr><td colspan="2">附加内容</td><td>主跨(中)支点附近斜截面应力(应变)</td></tr>
<tr><td rowspan="2">悬臂梁桥</td><td colspan="2">主要内容</td><td>①墩顶支点截面应力(应变)；
②锚固孔最大正弯矩截面应力(应变)及挠度；
③墩顶沉降；
④混凝土梁体裂缝</td></tr>
<tr><td colspan="2">附加内容</td><td>①墩顶附近斜截面应力(应变)；
②挂孔跨中截面应力(应变)及挠度；
③挂孔支点附近斜截面应力(应变)；
④悬臂跨最大挠度；
⑤牛腿部分局部应力(应变)</td></tr>
</table>

续上表

加载过程	静载初读数	试验正式开始时的零荷载读数
	加载	试验荷载应分级施加,加载级数应根据试验荷载总量和荷载分级增量确定,可分成 3～5 级。当桥梁的技术资料不全时,应增加分级。重点测试桥梁在荷载作用下的响应规律时,可适当加密加载分级。 加载过程中,应保证非控制截面内力或位移不超过控制荷载作用下的最不利值。 当试验条件限制时,附加控制截面可只进行最不利加载
	加载时间间隔	应满足结构反应稳定的时间要求。 当进行主要控制截面最大内力(变形)加载试验时,分级加载的稳定时间不应少于 5min;对尚未投入营运的新桥,首个工况的分级加载稳定时间不宜少于 15min
	卸载读零	试验加、卸载稳定后读数,实际要观测结构残余变形或残余应变,当结构变形或应变在卸载后不能正常回复时,反映的可能是结构承载能力不足或其他原因
加载控制	发生下列情况之一时,应停止加载,查清原因,采取措施后再确定是否进行试验: (1)控制测点应变值已达到或超过计算值; (2)控制测点变形(或挠度)超过计算值; (3)结构裂缝的长度、宽度或数量明显增加; (4)实测变形分布规律异常; (5)桥体发出异常响声或发生其他异常情况; (6)斜拉索或吊索(杆)索力增量实测值超过计算值	
数据整理	位移或应变	总位移(或应变): $S_t = S_l - S_i$ 弹性位移(或应变): $S_e = S_l - S_u$ 残余位移(或应变): $S_p = S_t - S_e = S_u - S_i$ 式中:S_t——试验荷载作用下测量的结构总位移(或应变); S_e——试验荷载作用下测量的结构弹性位移(或应变); S_p——试验荷载作用下测量的结构残余位移(或应变); S_i——加载前测值; S_l——加载达到稳定时的测值; S_u——卸载后达到稳定时测值
	相对残余位移(或应变)	$$\Delta S_p = \frac{S_p}{S_t} \times 100\%$$ 主要控制测点的相对残余变形(或应变)ΔS_p越小,说明结构越接近弹性工作状况。ΔS_p不宜大于 20%;当 ΔS_p大于 20%时,表明桥梁结构的弹性状态不佳

续上表

<table>
<tr><td rowspan="17">数据整理</td><td>校验系数</td><td colspan="3">$\lambda = \frac{S_e}{S_s}$　$\frac{\text{弹性位移(或应变)实测值}}{\text{试验荷载作用下理论计算值}}$
处于线弹性工作状况的结构,测点实测位移(或应变)与其理论值应呈线性关系。同类桥型校验系数越小,结构的安全储备越大</td></tr>
<tr><td rowspan="16">裂缝</td><td colspan="3">新桥裂缝宽度不应超过《公路钢筋混凝土及预应力混凝土桥涵设计规范》(JTG 3362—2018)规定的容许值,卸载后其扩展宽度应闭合到容许值的 1/3。
卸载后,在用桥梁的裂缝宽度不宜超过《公路桥梁承载能力检测评定规程》(JTG/T J21—2011)的规定</td></tr>
<tr><td>结构类别</td><td>裂缝部位</td><td>允许最大缝宽(mm)</td></tr>
<tr><td rowspan="5">钢筋混凝土梁</td><td>主筋附近竖向裂缝</td><td>0.25</td></tr>
<tr><td>腹板斜向裂缝</td><td>0.30</td></tr>
<tr><td>组合梁结合面</td><td>0.50
(不允许贯通结合面)</td></tr>
<tr><td>横隔板与梁体端部</td><td>0.30</td></tr>
<tr><td>支座垫石</td><td>0.50</td></tr>
<tr><td rowspan="3">全预应力混凝土梁</td><td>梁体竖向裂缝</td><td>不允许</td></tr>
<tr><td>梁体横向裂缝</td><td>不允许</td></tr>
<tr><td>梁体纵向裂缝</td><td>0.20</td></tr>
<tr><td rowspan="3">A 类预应力混凝土梁</td><td>梁体竖向裂缝</td><td>不允许</td></tr>
<tr><td>梁体横向裂缝</td><td>不允许</td></tr>
<tr><td>梁体纵向裂缝</td><td>0.20</td></tr>
<tr><td rowspan="3">B 类预应力混凝土梁</td><td>梁体竖向裂缝</td><td>0.15</td></tr>
<tr><td>梁体横向裂缝</td><td>0.15</td></tr>
<tr><td>梁体纵向裂缝</td><td>0.20</td></tr>
</table>

第四节　桥梁动载试验

考点五：桥梁动载试验

<table>
<tr><td rowspan="3">桥梁动载试验涉及的问题</td><td>外部振源</td><td>移动车辆振动的激励或风、地震等</td></tr>
<tr><td>结构动力特性</td><td>频率、振型、阻尼</td></tr>
<tr><td>动力反应</td><td>动应力、动挠度、加速度</td></tr>
<tr><td rowspan="4">动力特性参数</td><td colspan="2">由结构形式、建筑材料性能等结构所固有的特性决定的，与外荷载无关</td></tr>
<tr><td>自振频率</td><td>自振频率指单位时间内完成振动的次数。
自振频率只与结构的刚度和质量有关，并与刚度 K 成正比，与质量 M 成反比。
对多自由度情况，一般每个自由度都对应一个自振频率</td></tr>
<tr><td>阻尼</td><td>阻尼是存在于结构中的消耗结构振动能量的一种物理作用，它对结构抵抗振动有利。
以阻尼比来表示阻尼量值大小，阻尼比的大小决定了自由振动衰减的快慢程度。
每一个频率都对应有一个阻尼比，阻尼比是（且只能是）试验值</td></tr>
<tr><td>振型</td><td>振型是结构上各点振幅值的连线，它不是结构的变形曲线。
对应每一个固有频率，结构都有并只有一个主振型</td></tr>
<tr><td>动力特性参数测定</td><td colspan="2">自由振动衰减法：自振法，通过撞击、跳车、突然释放等产生振动。
强迫振动法：共振法，利用激振器械使结构达到共振。
环境随机振动法：脉动法，利用地脉动、风、水流等自然振源产生随机振动</td></tr>
<tr><td>试验荷载</td><td colspan="2">$$\eta_d = \frac{S_d}{S_{lmax}}$$
式中：η_d——动载试验荷载效率，η_d宜取高值，但不应超过 1；
S_d——动载试验荷载作用下控制截面的最大内力或变形；
S_{lmax}——控制荷载作用下控制截面的最大内力或变形（不计冲击）</td></tr>
<tr><td>加载方式</td><td colspan="2">无障碍行车（跑车）试验、有障碍行车（跳车）试验、制动（刹车）试验</td></tr>
</table>

续上表

数据整理	动态增量	$\phi_Y=\dfrac{Y_{max}}{Y_0}$　$\dfrac{最大动挠度}{最大静挠度}$ $\phi_Y=\dfrac{\varepsilon_{max}}{\varepsilon_0}$　$\dfrac{最大动应变}{最大静应变}$
	冲击系数	$\mu=\dfrac{Y_{max}-Y_0}{Y_0}$　$\dfrac{最大动挠度-最大静挠度}{最大静挠度}$ $\mu=\dfrac{\varepsilon_{max}-\varepsilon_0}{\varepsilon_0}$　$\dfrac{最大动应变-最大静应变}{最大静应变}$

第七章　桥梁承载力评定

第一节　概　　述

考点一：桥梁承载力评定的方法

评定方法	结构检算	适用在用桥梁，通过桥梁技术状况检查，结合结构检算评定桥梁承载能力
	荷载试验	适用新建或在用桥梁，确定桥梁承载能力最直接、有效，但花费物力相对较大
在用桥梁评定条件	在用桥梁有下列情况之一时，应进行承载能力检测评定： (1)技术状况等级为4、5类的桥梁； (2)拟提高荷载等级的桥梁； (3)需通行大件运输车辆的桥梁； (4)遭受重大自然灾害或意外事件的桥梁	

第二节　基于结构技术状况检查与检算的承载能力评定

考点二：检算方法

检算内容	承载能力极限状态	强度、稳定性
	正常使用极限状态	刚度、抗裂性
	承载能力检算系数评定标度 D 为1或2	可不进行正常使用极限状态评定检算
	承载能力检算系数评定标度 $D \geqslant 3$	应进行正常使用极限状态评定检算，并采用引入检算系数 Z 的方式对结构应力、裂缝宽度和变形进行修正计算

续上表

<table>
<tr><td>检算内容</td><td colspan="2">桥梁结构检算应针对结构主要控制截面、薄弱部位和出现严重缺损部位。
在用桥梁结构检算宜遵循桥梁设计规范，也可采用通过科研证实的其他可靠方法。
桥梁检算宜依据竣工资料或设计资料，并应与桥梁实际情况进行核对修正</td></tr>
<tr><td rowspan="4">检算系数的引入</td><td colspan="2">计算圬工结构、配筋混凝土和钢结构桥梁承载能力极限状态的抗力效应时，应根据桥梁技术状态检查结果，引入检算系数，并分别考虑截面折减系数和材料恶化系数等。
对交通繁忙和重载车辆较多的桥梁，通过活载影响修正系数计算汽车荷载效应</td></tr>
<tr><td>圬工结构</td><td>$$\gamma_0 S \leq R(f_d, \xi_c a_d) Z_1$$式中：Z_1——承载能力检算系数；
ξ_c——结构截面折减系数</td></tr>
<tr><td>配筋混凝土</td><td>$$\gamma_0 S \leq R(f_d, \xi_c a_{dc}, \xi_s a_{ds}) Z_1 (1 - \xi_e)$$式中：Z_1——承载能力检算系数；
ξ_c——结构截面折减系数；
ξ_s——钢筋截面折减系数；
ξ_e——恶化系数</td></tr>
<tr><td>钢结构</td><td>$$f_{d1} \leq Z_1 [f]$$式中：Z_1——承载能力检算系数</td></tr>
</table>

考点三：分项检算系数的确定

<table>
<tr><td rowspan="5">承载能力检算系数 Z_1</td><td rowspan="5">确定检算系数评定标度 D</td><td>$$D = \sum a_j D_j$$式中：a_j——某一项检测指标的权重值，$\sum_{j=1}^{3} a_j = 1$，按下表取值：</td></tr>
<tr><td><table>
<tr><td>检测指标名称</td><td>缺损状况</td><td>材质强度</td><td>自振频率</td></tr>
<tr><td>a_j</td><td>0.4</td><td>0.3</td><td>0.3</td></tr>
</table></td></tr>
<tr><td>D_j——结构或构件某项检测指标的评定标度(桥面系、上部和下部结构技术状况等级 1、2、3、4 和 5，对应的缺损状况评定标度值为 1、2、3、4 和 5)，按下表取值(注：桥梁混凝土强度评定标准见第三章第一节)</td></tr>
<tr><td>桥梁自振频率评定标准</td></tr>
<tr><td><table>
<tr><td>上部结构</td><td>下部结构</td><td rowspan="2">评定标度</td></tr>
<tr><td>f_{mi}/f_{di}</td><td>f_{mi}/f_{di}</td></tr>
<tr><td>≥1.1</td><td>≥1.2</td><td>1</td></tr>
<tr><td>[1.0,1.1)</td><td>[1.0,1.2)</td><td>2</td></tr>
<tr><td>[0.9,1.0)</td><td>[0.95,1.0)</td><td>3</td></tr>
<tr><td>[0.75,0.90)</td><td>[0.80,0.95)</td><td>4</td></tr>
<tr><td><0.75</td><td><0.80</td><td>5</td></tr>
</table></td></tr>
</table>

续上表

承载能力检算系数 Z_1 — 确定检算系数 Z_1

根据承载能力检算系数评定标度 D,结合构件受力特征确定

评定标度 D	受弯构件	轴心受压	轴心受拉	偏心受压	偏心受拉	受扭构件	局部承压
1	1.15	1.20	1.05	1.15	1.15	1.10	1.15
2	1.10	1.15	1.00	1.10	1.10	1.05	1.10
3	1.00	1.05	0.95	1.00	1.00	0.95	1.00
4	0.90	0.95	0.85	0.90	0.90	0.85	0.90
5	0.80	0.85	0.75	0.80	0.80	0.75	0.80

注:1. 小偏心受压可参照轴心受压取用承载能力检算系数 Z_1 值。

2. 检算系数 Z_1 值,可按承载能力检测系数评定标准 D 线性内插

承载能力恶化系数 ξ_e — 确定恶化状况评定标度 E

序号	检测指标名称	权重 a_j	综合评定方法
1	缺损状况	0.32	恶化状况评定标度 E 按下式计算: $E=\sum_{j=1}^{7}E_ja_j$ 式中:E_j——结构或构件某一检测评定指标的评定标度; a_j——某一检测评定指标的权重,$\sum_{j=1}^{7}a_j=1$
2	钢筋锈蚀电位	0.11	
3	混凝土电阻率	0.05	
4	混凝土碳化状况	0.20	
5	钢筋保护层厚度	0.12	
6	氯离子含量	0.15	
7	混凝土强度	0.05	

注:对混凝土电阻率、混凝土碳化状况、氯离子含量三项检测指标,按规定不需要进行检测评定时,其评定标度值应取 1

承载能力恶化系数 ξ_e — 确定承载能力恶化系数 ξ_e

根据恶化状况评定标度 E 及桥梁所处的环境条件确定

恶化状况评定标度 E	环境条件			
	干燥,不冻,无侵蚀性介质	干、湿交替,不冻,无侵蚀性介质	干、湿交替,冻,无侵蚀性介质	干、湿交替,冻,有侵蚀性介质
1	0	0.02	0.05	0.06
2	0.02	0.04	0.07	0.08
3	0.05	0.07	0.10	0.12
4	0.10	0.12	0.14	0.18
5	0.15	0.17	0.20	0.25

注:恶化系数 ξ_e 按结构或构件恶化状况评定标度值线性内插

续上表

<table>
<tr><td rowspan="2">结构或构件的截面折减系数ξ_c</td><td>确定综合评定标度R</td><td>依据材料风化、碳化、物理与化学损伤的评定标度计算
$$R=\sum R_j\alpha_j$$
<table>
<tr><td>结构类别</td><td>检测指标名称</td><td>权重值α_j</td></tr>
<tr><td rowspan="2">砖、石结构</td><td>材料风化</td><td>0.20</td></tr>
<tr><td>物理与化学损伤</td><td>0.80</td></tr>
<tr><td rowspan="3">混凝土及配筋混凝土结构</td><td>材料风化</td><td>0.10</td></tr>
<tr><td>混凝土碳化</td><td>0.35</td></tr>
<tr><td>物理与化学损伤</td><td>0.55</td></tr>
<tr><td colspan="3">注:对混凝土碳化,按规定不需要进行检测评定时,其评定标度值应取 1</td></tr>
</table></td></tr>
<tr><td>确定截面折减系数ξ_c</td><td>
<table>
<tr><td>截面损伤综合评定标度 R</td><td>截面折减系数</td></tr>
<tr><td>$1\leqslant R<2$</td><td>(0.98,1.00]</td></tr>
<tr><td>$2\leqslant R<3$</td><td>(0.93,0.98]</td></tr>
<tr><td>$3\leqslant R<4$</td><td>(0.85,0.93]</td></tr>
<tr><td>$4\leqslant R<5$</td><td>≤0.85</td></tr>
</table></td></tr>
<tr><td>钢筋截面折减系数ξ_s</td><td colspan="2">
<table>
<tr><td>评定标度</td><td>性状描述</td><td>截面折减系数ξ_s</td></tr>
<tr><td>1</td><td>沿钢筋出现裂缝,宽度小于限值</td><td>(0.98,1.00]</td></tr>
<tr><td>2</td><td>沿钢筋出现裂缝,宽度大于限值或钢筋锈蚀引起混凝土发生层离</td><td>(0.95,0.98]</td></tr>
<tr><td>3</td><td>钢筋锈蚀引起混凝土剥落,钢筋外露,表面有膨胀薄锈层或坑蚀</td><td>(0.90,0.95]</td></tr>
<tr><td>4</td><td>钢筋锈蚀引起混凝土剥落,钢筋外露、表面膨胀性锈层显著,钢筋断面损失在 10% 以内</td><td>(0.80,0.90]</td></tr>
<tr><td>5</td><td>钢筋锈蚀引起混凝土剥落,钢筋外露,出现锈蚀剥落,钢筋断面损失在 10% 以上</td><td>≤0.80</td></tr>
</table></td></tr>
<tr><td>活载影响修正系数ξ_q</td><td colspan="2">依据实际调查的典型代表交通量、大吨位车辆混入率和轴荷分布情况确定。
活载影响修正系数用于修正荷载效应,除此以外的其他系数均用于修正抗力效应。
$$\xi_q=\sqrt[3]{\xi_{q1}\xi_{q2}\xi_{q3}}$$</td></tr>
</table>

第三节　基于荷载试验的承载能力评定方法

考点四:基于荷载试验的承载能力评定方法

荷载试验的条件	当检算的作用效应与抗力效应的比值(S/R)在 1.0 ~ 1.2 之间时,应通过荷载试验评定桥梁承载能力。 注:其他荷载试验条件见第六章
校验系数	试验荷载作用下,结构主要控制断面或构件控制测点的弹性变形或应力实测值与对应理论计算值的比值,以校验系数 λ 表示。 校验系数小于 1,说明桥梁结构实际强度或刚度有安全储备;大于 1,则表明强度或刚度不足
结果判定	当出现下列情况之一时,应判定桥梁承载能力不满足要求: (1)主要测点静力荷载试验校验系数大于 1; (2)主要测点相对残余变位或相对残余应变超过 20%; (3)试验荷载作用下裂缝扩展宽度超过限值,且卸载后裂缝闭合宽度小于扩展宽度的 2/3; (4)在试验荷载作用下,桥梁基础发生不稳定沉降变位。 不符合上述四个条件的,应取主要测点应力校验系数或变位校验系数较大值,确定检算系数 Z_2,代替 Z_1 进行承载能力检算评定。 当检算荷载效应与抗力效应的比值小于 1.05 时,应判定桥梁承载能力满足要求,否则应判定桥梁承载能力不满足要求

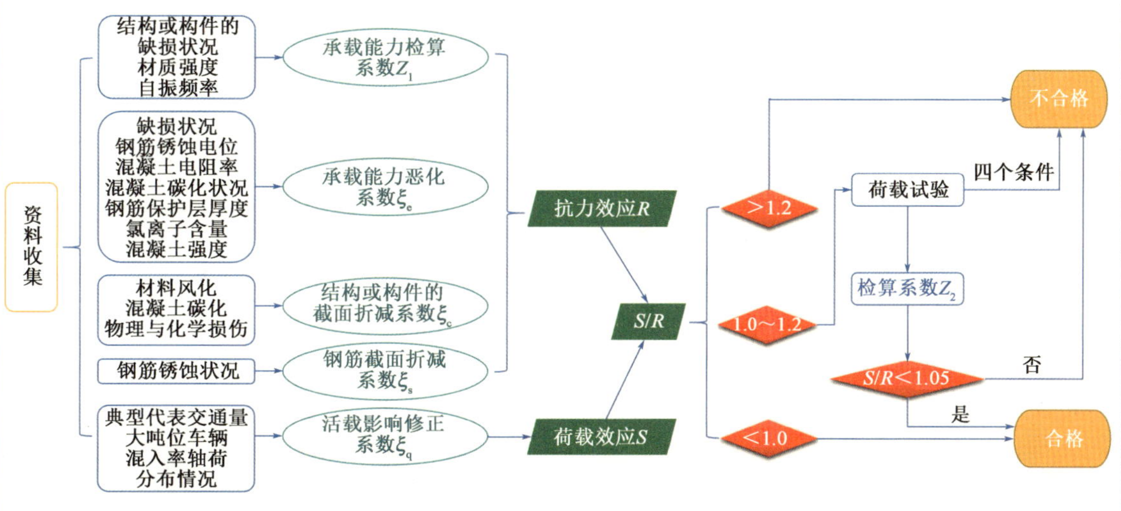

第八章　基础知识

考点一：公路隧道的基础知识

<table>
<tr><td rowspan="8">隧道分类</td><td>位置</td><td colspan="5">山岭、城市、水下</td></tr>
<tr><td>地层</td><td colspan="5">岩石、土质</td></tr>
<tr><td>修建</td><td colspan="5">明挖、暗挖、沉管</td></tr>
<tr><td>开挖</td><td colspan="5">钻爆法、盾构法、掘进机法、破碎机法</td></tr>
<tr><td>布置</td><td colspan="5">分离、小净距、连拱、分岔
 </td></tr>
<tr><td>跨度</td><td colspan="5">小（两车道以下）、一般（两车道）、中等（三车道）、大（四车道及以上）</td></tr>
<tr><td rowspan="2">长度</td><td>分类</td><td>特长隧道</td><td>长隧道</td><td>中隧道</td><td>短隧道</td></tr>
<tr><td>长度（m）</td><td>$L>3000$</td><td>$3000 \geq L > 1000$</td><td>$1000 \geq L > 500$</td><td>$L \leq 500$</td></tr>
<tr><td rowspan="2">隧道基本组成</td><td>结构组成</td><td colspan="5">围岩、初期支护、二次衬砌、仰拱衬砌、仰拱填充、防水层、排水盲管、深埋水沟、路侧边沟、路面结构、电缆沟及盖板等</td></tr>
<tr><td>设施组成</td><td colspan="5">照明、通风、监控、交通工程设施、防火、防灾救援设施和管理设施等</td></tr>
<tr><td>隧道的特点</td><td colspan="6">断面大、形状扁平、围岩条件复杂、结构受力不确定、不可预见的因素多、施工环境差、隐蔽工程多、防水要求高、运营隧道需要照明、运营隧道需要通风、需配备必要设施</td></tr>
</table>

第九章　洞身开挖质量检测

第一节　概　　述

略。

第二节　开挖方法

考点一：隧道开挖方法

方法选择	应根据围岩级别、隧道长度、断面大小、支护结构、工期要求、机械设备的配置及出渣条件等综合确定	
开挖方法	 全断面法	Ⅰ～Ⅲ级围岩两车道及以下跨度的隧道；Ⅰ～Ⅱ围岩三车道隧道也可采用全断面法开挖
	 台阶法	Ⅲ～Ⅳ级围岩两车道及以下跨度的隧道；Ⅴ级围岩两车道及以下跨度的隧道在采用了有效的预加固措施后，也可采用短台阶法或超短台阶法开挖

续上表

开挖方法	 弧形导坑留核心土法	Ⅴ～Ⅵ级围岩两车道以下跨度的隧道、Ⅲ～Ⅳ级围岩三车道隧道或一般土质隧道
	 中隔壁法(CD法)或交叉中隔壁法(CRD法)	Ⅳ～Ⅵ级围岩、浅埋、大跨、地表沉降需严格控制的情况
	 双侧壁导坑法	Ⅴ～Ⅵ级围岩、浅埋、大跨及地表下沉量要求严格控制的情况

第三节　开挖质量标准

考点二：开挖质量检测

隧道开挖质量的评定主要是超欠挖控制	
基本要求	1. 开挖断面尺寸应符合设计要求。 2. 应严格控制欠挖。拱脚、墙脚以上1m范围内及净空图折角对应位置严禁欠挖。当岩层完整且岩石抗压强度大于30MPa，并确认不影响衬砌结构稳定和强度时，每$1m^2$内欠挖面积不宜大于$0.1m^2$，欠挖隆起量不得大于50mm。 3. 应尽量减少超挖。 4. 隧道开挖轮廓应按设计要求预留变形量，预留变形量大小宜根据监控量测信息进行调整。 5. 仰拱超挖部分必须回填密实

续上表

<table>
<tr><td rowspan="8">基本要求</td><td colspan="5">隧道允许超挖值</td></tr>
<tr><td>项次</td><td colspan="2">检查项目</td><td>规定值或允许偏差（mm）</td><td>检查方法和频率</td></tr>
<tr><td rowspan="3">1△</td><td rowspan="3">拱部超挖</td><td>Ⅰ级围岩（硬岩）</td><td>平均 100，最大 200</td><td rowspan="3">全站仪或激光断面仪检测：每 20m 检查 1 个断面，每个断面自拱顶起每 2m 测 1 点</td></tr>
<tr><td>Ⅱ、Ⅲ、Ⅳ级围岩（中硬岩、软岩）</td><td>平均 150，最大 250</td></tr>
<tr><td>Ⅳ、Ⅴ、Ⅵ级围岩（破碎岩、土）</td><td>平均 100，最大 150</td></tr>
<tr><td rowspan="2">2</td><td rowspan="2">边墙超挖</td><td>每侧</td><td>+100，0</td><td rowspan="2">尺量：每 20m 检查 1 处</td></tr>
<tr><td>全宽</td><td>+200，0</td></tr>
<tr><td>3</td><td colspan="2">仰拱、隧底超挖</td><td>平均 100，最大 250</td><td>全站仪或水准仪：每 20m 检查 3 处</td></tr>
<tr><td rowspan="4">爆破效果要求</td><td colspan="5">用钻爆法开挖隧道，其爆破效果应符合下列规定：
（1）开挖轮廓圆顺，开挖面平整；
（2）周边眼炮痕（炮眼痕迹）保存率计算：
$$\xi=\left(\frac{\text{残留有痕迹的炮眼数}}{\text{周边眼总数}}\right)\times 100$$
（3）两茬炮衔接时，出现的台阶形误差不得大于 150mm</td></tr>
<tr><td colspan="5">炮痕保存率标准</td></tr>
<tr><td colspan="2">围岩条件</td><td>硬岩</td><td>中硬岩</td><td>软岩</td></tr>
<tr><td colspan="2">炮痕保存率（%）</td><td>≥80</td><td>≥70</td><td>≥50</td></tr>
<tr><td rowspan="5">开挖断面检测方法</td><td colspan="2">测定方法及采用的测定仪</td><td colspan="3">测定方法概要</td></tr>
<tr><td rowspan="3">直接量测开挖断面方法</td><td>以内模为参照物直接测量法</td><td colspan="3">以内模为参照物，用钢尺直接测量超欠挖</td></tr>
<tr><td>使用激光束的方法</td><td colspan="3">利用激光射线在开挖面上定出基点，并由该点实测开挖断面</td></tr>
<tr><td>使用投影机的方法</td><td colspan="3">利用投影机将基点或隧道基本形状投影在开挖面上，然后据此实测开挖断面</td></tr>
<tr><td>非接触观测法</td><td>极坐标法（断面仪法）</td><td colspan="3">以某物理方向（如水平方向）为起算方向，按一定间距（角度或距离）依次测定仪器旋转中心与实际开挖轮廓线交点之间的矢径（距离）及该矢径与水平方向的夹角，将这些矢径端点依次相连，即可获得实际开挖的轮廓线</td></tr>
</table>

第四节　激光断面仪检测开挖断面

考点三:激光断面仪检测方法

测量原理	极坐标法 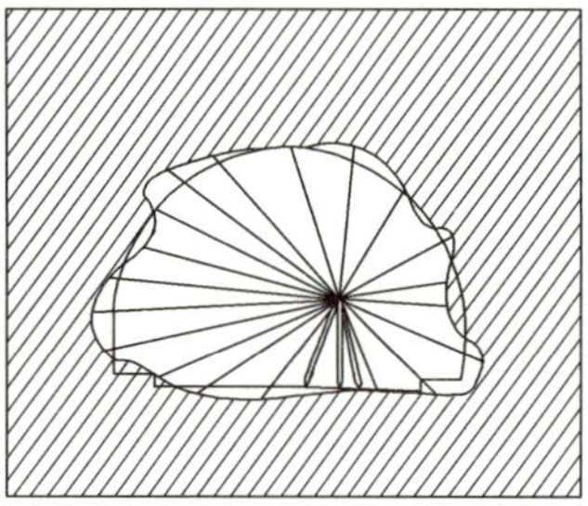 断面仪测量原理 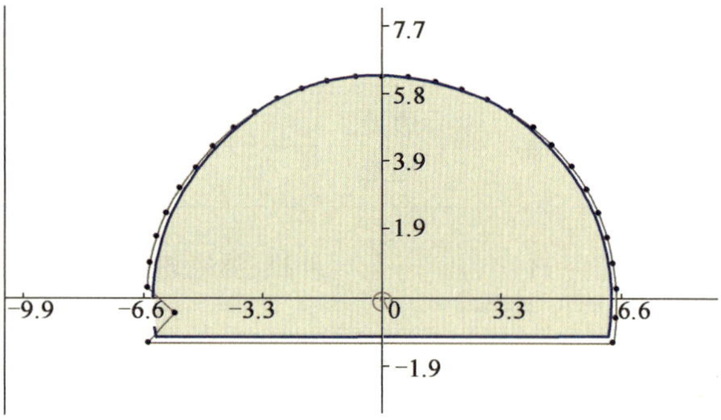
检测方法	一般情况下,开挖检测断面为 20m 一个,初期支护检测断面为 10m 一个,二次衬砌检测断面为 20m 一个。 条件允许情况下,检测点应放在隧道轴线上(保证等角自动测量时各测点间距相等)。 现场条件受限,不能在隧道轴线放置检测点时,可以偏离隧道轴线放检测点,但是应记录实际高程与隧道轴线偏位值,并适当加密检测点(避免被检断面远离检测点一侧的测点间距过大)。 直线隧道且检测点距离较短情况下,可以用相邻测量断面的轴线检测点来确定测量断面与隧道轴线垂直的方向,但是曲线隧道和偏离隧道轴线放点的情况下,须事先放出法向点

第十章　喷锚衬砌施工质量检测

第一节　概　　述

考点一：喷锚衬砌的概念

衬砌形式	喷锚衬砌、整体式衬砌、复合式衬砌
喷锚衬砌	喷锚衬砌是喷射混凝土支护、锚杆支护、喷射混凝土 + 锚杆支护、喷射混凝土 + 锚杆 + 钢筋网支护、喷射混凝土 + 锚杆 + 钢筋网 + 钢架支护的统称，是一种加固围岩，控制围岩变形，能充分利用和发挥围岩自承能力的衬砌形式，具有支护及时、柔性、紧贴围岩、与围岩共同工作等特点
复合式衬砌	第一层衬砌采用喷锚衬砌，通常称为初期支护；第二层衬砌采用拱墙整体浇筑的模注混凝土衬砌，也称二次衬砌
锚杆支护	悬吊作用、组合拱作用、挤压作用
喷射混凝土	施工工艺有三种：干喷、潮喷和湿喷。隧道施工中要求采用湿喷工艺，不允许采用干喷
钢架支护	包括钢筋格栅钢架和型钢钢架

第二节　锚杆施工质量检查

考点二:锚杆加工、安装质量检查

加工质量	抗拉强度、延展性、弹性、杆体规格、锚杆长度、加工质量。 延展性:断后伸长率≥16%。 杆体规格:直径和壁厚偏差符合规定。 锚杆长度:≥设计值
安装质量	孔位、方向、孔深、孔径、锚固剂(砂浆)强度、垫板、锚杆数量、锚杆抗拔力、锚固长度、砂浆注满度。 锚杆插入孔内长度≥设计长度的 95%

《公路工程质量检验评定标准　第一册　土建工程》(JTG F80/1—2017)表 10.8.2 锚杆实测项目

项次	检查项目	规定值或允许偏差	检查方法和频率
1△	数量(根)	不少于设计值	目测:现场逐根清点
2△	锚杆拔力(kN)	28d 拔力平均值≥设计值,最小拔力≥0.9 设计值	拉拔仪:抽查 1%,且不少于 3 根
3	孔位(mm)	±150	尺量:抽查 10%
4	孔深(mm)	±50	尺量:抽查 10%
5	孔径(mm)	≥锚杆杆体直径 +15	尺量:抽查 10%

第三节　锚杆抗拔力测试

考点三:锚杆抗拔力测试

测试仪器	锚杆拉拔计
注意事项	锚杆外露端长度不够,可对受检锚杆端头做加长处理。 测试锚杆,应将锚杆垫板取下,用砂浆将试验锚杆口部抹平,或用楔形调节垫块调整,使千斤顶作用方向与锚杆方向一致,避免偏心受拉。 砂浆锚杆应在锚固砂浆强度达到 100% 后进行测试。 锚杆抗拔力试验应逐级加载,每级应匀速加载,速率一般不大于 10kN/min。 拉拔力到设计要求的抗拉值即可停止加载,一般不做破坏性试验。 锚杆抗拔力测试不应少于同类型锚杆总数的 1%,并不得少于 3 根

续上表

注意事项	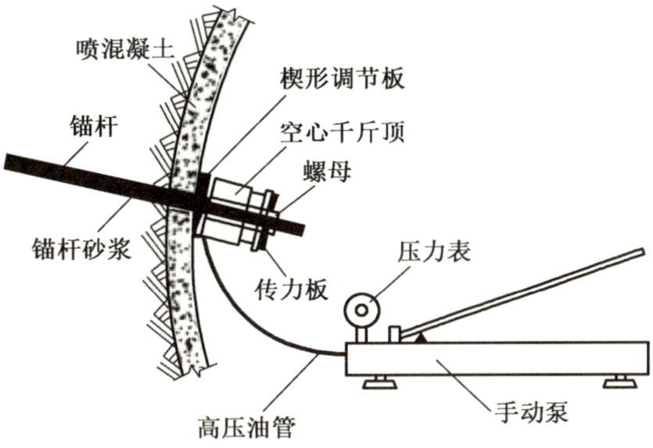 锚杆拉拔测试图

第四节　锚杆锚固长度和密实度检测

考点四：锚固密实度检测

检测原理	声波反射法。 如果握裹钢筋的砂浆密实，砂浆又与周围岩体黏结紧密，反射波振幅很小；如果无砂浆握裹，反射波振幅较大；如果握裹砂浆不密实，中间有空洞或缺失，则得到的反射波振幅的大小介于前两者之间

第五节　喷射混凝土质量检测

考点五：喷射混凝土质量检测

喷射混凝土强度	检测方法	一般只检测喷射混凝土的抗压强度，并由此推测其他强度。 (1)制作试件，做强度试验。试件制作方法：喷大板切割法($100mm^3$)、凿方切割法($100mm^3$)、喷模法($150mm^3$)、钻芯法。 (2)现场检测方法：拔出法、射钉法(温莎探针法)
	检测数量	试件以3件为1组，两车道每10延米，至少在拱部和边墙各取一组试件。其他工程，每喷射50～$100m^3$混合料或小于$50m^3$混合料的独立工程，不得少于1组

续上表

<table>
<tr><td>喷射混凝土强度</td><td>合格标准</td><td>1. 同批试件组数 $n \geq 10$ 时,试件抗压强度平均值不低于设计值,且任一组试件抗压强度不低于 0.85 倍的设计值;
2. 同批试件组数 $n < 10$ 时,试件抗压强度平均值不低于 1.05 倍的设计值,且任一组试件抗压强度不低于 0.9 倍的设计值;
3. 实测项目中,喷射混凝土抗压强度评为不合格时,相应分项工程为不合格</td></tr>
<tr><td>喷射混凝土厚度</td><td colspan="2">喷射混凝土厚度是初喷厚度和复喷厚度的总体厚度,初喷厚度宜控制在 20 ~ 50mm</td></tr>
<tr><td>喷射混凝土
外观及平整度</td><td colspan="2">无漏喷、鼓包、开裂、钢筋网外露等现象,整体平整、圆顺,不应出现尖角和明显坑凹。不得有钢筋、凸出的构件等尖锐物
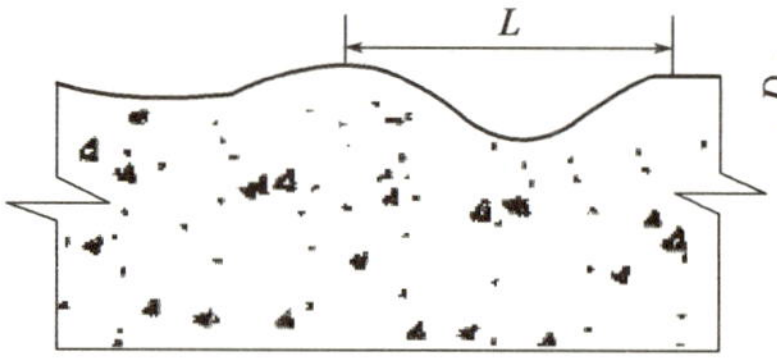
$\frac{D}{L} \leq \frac{1}{6}$
防水板铺设基面检测</td></tr>
<tr><td rowspan="2">与围岩黏结强度</td><td>试验方法</td><td>成型试验法、直接拉拔法</td></tr>
<tr><td>合格标准</td><td>Ⅰ、Ⅱ级围岩不应低于 0.8MPa,Ⅲ级围岩不应低于 0.5MPa。围岩低于 0.5MPa 的软岩、破碎围岩、土石围岩、黄土围岩等,不做黏结强度检测</td></tr>
<tr><td colspan="3">《公路工程质量检验评定标准　第一册　土建工程》(JTG F80/1—2017)表 10.7.2 喷射混凝土实测项目</td></tr>
</table>

<table>
<tr><th>项次</th><th>检查项目</th><th>规定值或允许偏差</th><th>检查方法和频率</th></tr>
<tr><td>1△</td><td>喷射混凝土
强度(MPa)</td><td>在合格标准内</td><td>前述内容已说明</td></tr>
<tr><td>2</td><td>喷层厚度(mm)</td><td>平均厚度≥设计厚度;60% 检查点的厚度≥设计厚度;最小厚度≥0.6 倍设计厚度,且≥50mm</td><td rowspan="2">凿孔法:每 10m 检查 2 个断面,每个断面从拱顶中线起每 3m 测 1 点。
地质雷达法:沿隧道纵向分别在拱顶、两侧拱腰、两侧边墙连续测试 5 条测线,每 10m 检查 1 个断面,每个断面测 5 点</td></tr>
<tr><td>3△</td><td>喷层与围岩
接触状况</td><td>无空洞,无杂物</td></tr>
</table>

第六节　钢筋网施工质量检测

考点六:钢筋网施工质量检测

《公路工程质量检验评定标准　第一册　土建工程》(JTG F80/1—2017)表 10.9.2 钢筋网实测项目

项次	检查项目	规定值或允许偏差	检查方法和频率
1	钢筋网喷射混凝土保护层厚度(mm)	≥20	凿孔法:每 10m 测 5 点
2△	网格尺寸(mm)	±10	尺量:每 100m^{2}检查 3 个网眼
3	搭接长度(mm)	≥30d,且不小于一个网格长边尺寸	尺量:每 20m 测 3 点

第七节　钢架施工质量检测

考点七:钢架施工质量检测

《公路工程质量检验评定标准　第一册　土建工程》(JTG F80/1—2017)表 10.10.2 钢架实测项目

<table>
<tr><th>项次</th><th colspan="2">检查项目</th><th>规定值或允许偏差</th><th>检查方法和频率</th></tr>
<tr><td>1△</td><td colspan="2">榀数(榀)</td><td>不少于设计值</td><td>目测或地质雷达检查:逐榀检查</td></tr>
<tr><td>2△</td><td colspan="2">间距(mm)</td><td>±50</td><td>尺量或地质雷达检查:逐榀检查</td></tr>
<tr><td>3</td><td colspan="2">喷射混凝土保护层厚度(mm)</td><td>外侧保护层:≥40
内侧保护层:≥20</td><td>凿孔法:每 20m 测 5 点</td></tr>
<tr><td>4</td><td colspan="2">倾斜度(°)</td><td>±2</td><td>铅锤法:逐榀检查</td></tr>
<tr><td>5</td><td colspan="2">拼装偏差(mm)</td><td>±3</td><td>尺量:逐榀检查</td></tr>
<tr><td rowspan="2">6</td><td rowspan="2">安装偏差(mm)</td><td>横向</td><td>±50</td><td rowspan="2">尺和水准仪:逐榀检查</td></tr>
<tr><td>竖向</td><td>不低于设计高程</td></tr>
<tr><td rowspan="2">7</td><td rowspan="2">连接钢筋</td><td>数量(根)</td><td>不少于设计值</td><td>目测:逐榀检查</td></tr>
<tr><td>间距(mm)</td><td>±50</td><td>尺量:逐榀检查 3 处</td></tr>
</table>

第八节　喷锚衬砌断面尺寸检测

略。

第十一章　混凝土衬砌施工质量检测

第一节　概　　述

略。

第二节　混凝土衬砌施工检查

考点一：混凝土衬砌施工检查

<table>
<tr><td rowspan="8">衬砌钢筋检查</td><td colspan="4">钢筋冷拉矫直，矫直伸长率 HPB 级钢筋不得超过 2%，HRB 级钢筋不得超过 1%。
横向受力主筋与纵向分布筋的每个节点必须进行绑扎或焊接。
受力主筋的搭接应采用焊接或机械连接。
相邻主筋搭接位置应错开，错开距离应不小于 1m。
同一受力钢筋的两处搭接距离应不小于 1.5m</td></tr>
<tr><td colspan="4">衬砌钢筋实测项目及要求</td></tr>
<tr><td>项次</td><td>检查项目</td><td>规定值
或允许偏差</td><td>检查方法和频率</td></tr>
<tr><td>1△</td><td>主筋间距（mm）</td><td>±10</td><td>尺量或地质雷达法：每模板测 3 点</td></tr>
<tr><td>2</td><td>两层钢筋间距（mm）</td><td>±5</td><td>尺量：每模板测 3 点</td></tr>
<tr><td>3</td><td>箍筋间距（mm）</td><td>±20</td><td>尺量：每模板测 3 点</td></tr>
<tr><td>4</td><td>钢筋长度（mm）</td><td>满足设计要求</td><td>尺量：每模板检查 2 根</td></tr>
<tr><td>5</td><td>钢筋保护层厚度（mm）</td><td>+10，-5</td><td>尺量：每模板检查 3 点</td></tr>
<tr><td>衬砌混凝土浇筑</td><td colspan="4">确保混凝土在运送中不产生离析、撒落及混入杂物。
应在混凝土初凝前浇筑完毕，混凝土的入模温度应控制在 5～32℃范围内。
混凝土浇筑前，与混凝土直接接触的喷射混凝土或防水层表面应洒水润湿。
基础、拱、墙应一次连续浇筑，不得先浇筑基础和矮边墙。
采用拼装模板施工时，不得采用先拱后墙浇筑</td></tr>
</table>

续上表

<table>
<tr><td rowspan="13">仰拱衬砌、填充和垫层混凝土浇筑</td><td colspan="4">仰拱混凝土应整幅一次浇筑，不得左右半幅分次浇筑</td></tr>
<tr><td colspan="4">仰拱实测项目及要求</td></tr>
<tr><td>项次</td><td>检查项目</td><td>规定值或允许偏差</td><td>检查方法和频率</td></tr>
<tr><td>1△</td><td>混凝土强度(MPa)</td><td>在合格标准内</td><td>JTG F80/1—2017</td></tr>
<tr><td>2△</td><td>厚度(mm)</td><td>不小于设计值</td><td>尺量：每 20m 检查 1 个断面，每个断面测 5 点</td></tr>
<tr><td>3</td><td>钢筋保护层厚度(mm)</td><td>+10，-5</td><td>尺量：每 20m 测 5 点</td></tr>
<tr><td>4</td><td>底面高程(mm)</td><td>±15</td><td>水准仪：每 20m 测 5 点</td></tr>
<tr><td colspan="4">仰拱填充实测项目及要求</td></tr>
<tr><td>项次</td><td>检查项目</td><td>规定值或允许偏差</td><td>检查方法和频率</td></tr>
<tr><td>1△</td><td>混凝土强度(MPa)</td><td>在合格标准内</td><td>JTG F80/1—2017</td></tr>
<tr><td>2</td><td>顶面高程(mm)</td><td>±10</td><td>水准仪：每 20m 测 5 点</td></tr>
<tr><td rowspan="2">明洞检查</td><td>明洞浇筑</td><td colspan="3">明洞基础或仰拱混凝土应先于拱墙混凝土施工。
边墙基础浇筑完成后应及时进行周边回填</td></tr>
<tr><td>明洞回填</td><td colspan="3">明洞拱背回填应在外模拆除、防水层和排水盲管施工完成后进行。
人工回填时，拱圈混凝土的强度应达到设计强度的 75%。机械回填时，拱圈混凝土强度应不小于设计强度。
明洞土石回填应对称、分层夯实，分层厚度不宜大于 0.3m，两侧回填面高差不得大于 0.5m</td></tr>
<tr><td>拆模板检查</td><td colspan="4">1. 不承受外荷载的拱、墙，混凝土强度应达到 5.0MPa。
2. 承受围岩压力的拱、墙以及封顶和封口的混凝土应达到设计强度，满足设计要求。
3. 围岩和初期支护变形未稳定，或在塌方地段浇筑的衬砌混凝土应达到设计强度的 100%</td></tr>
<tr><td>养护要求</td><td colspan="4">1. 混凝土拆模后应立即养护。普通混凝土养护时间不得少于 7d。
2. 掺外加剂或引气剂时，混凝土养护时间不得少于 14d。
3. 隧道内空气湿度 >90% 时，可不进行洒水养护</td></tr>
</table>

第三节　模筑混凝土衬砌质量检测

考点二:模筑混凝土衬砌质量检测

<table>
<tr><td>混凝土抗压强度</td><td colspan="3">强度试验:标准试件法、凿芯法
现场检测:超声-回弹综合法、回弹法</td></tr>
<tr><td>衬砌结构厚度</td><td colspan="3">凿芯法、冲击钻打孔量测、地质雷达法、激光断面仪检测法、直接测量法</td></tr>
<tr><td>衬砌结构背后空洞</td><td colspan="3">凿芯法、冲击钻打孔量测、地质雷达法</td></tr>
<tr><td>外观缺陷</td><td colspan="3">合格标准:蜂窝、麻面面积不得超过该面总面积的 0.5%,深度不得超过 10mm;钢筋混凝土结构裂缝宽度不得超过 0.2mm,混凝土结构裂缝宽度不得超过 0.4mm</td></tr>
<tr><td colspan="4">衬砌混凝土施工实测项目及要求</td></tr>
<tr><td>项次</td><td>检查项目</td><td>规定值或允许偏差</td><td>检查方法和频率</td></tr>
<tr><td>1△</td><td>混凝土强度(MPa)</td><td>在合格标准内</td><td>JTG F80/1—2017</td></tr>
<tr><td>2</td><td>衬砌厚度(mm)</td><td>90% 检查点的厚度≥设计厚度,且最小厚度≥0.5 倍设计厚度</td><td>尺量:每 20m 检查 1 个断面,每个断面测 5 点;
地质雷达法:沿隧道纵向分别在拱顶、两侧拱腰、两侧边墙连续测试 5 条测线,每 20m 检查 1 个断面,每个断面测 5 点</td></tr>
<tr><td rowspan="2">3</td><td rowspan="2">墙面平整度(mm)</td><td>施工缝、变形缝处:≤20</td><td rowspan="2">2m 直尺:每 20m 每侧连续检查 5 尺,每尺测最大间隙</td></tr>
<tr><td>其他部位:≤5</td></tr>
<tr><td>4△</td><td>衬砌背部密实状况</td><td>无空洞,无杂物</td><td>地质雷达法:沿隧道纵向分别在拱顶、两侧拱腰、两侧边墙连续测试 5 条测线</td></tr>
</table>

第十二章　隧道防排水检测

第一节　概　　述

考点一：隧道防排水的要求和组成

基本原则	防、排、截、堵结合，因地制宜，综合治理
防排水要求	高速公路、一级公路和二级公路应满足下列要求： (1)拱部、边墙、路面、设备箱洞不渗水； (2)有冻害地段隧道衬砌背后不积水，排水沟不冻结； (3)车行横通道、人行横通道等服务通道拱部不滴水，边墙不淌水。 三级、四级公路隧道应做到： (1)拱部、边墙不滴水，路面不积水，设备箱洞不渗水； (2)有冻害地段隧道衬砌背后不积水，排水沟不冻结
防水系统组成	复合式衬砌结构的防水，是在初期支护与二次衬砌之间铺设防水层。防水层包括无纺布和防水板。 二次衬砌是隧道防水的最后一道防线，模筑混凝土衬砌的抗渗等级不宜小于 P8
排水系统组成	包括排水盲管、横向导水管、路侧边沟、深埋水沟、防寒泄水洞等。 排水盲管：包括环(竖)向排水盲管、纵向排水盲管、横向排水盲管，用于汇集围岩中渗出的地下水。 横向导水管：连接衬砌背后的纵向盲管与深埋水沟或边沟的封闭管。 路侧边沟：排出运营期间隧道内污水。 深埋(中央)水沟：设置在隧道中部路面结构下方。 防寒泄水洞：仅在严寒地区的富水隧道设置 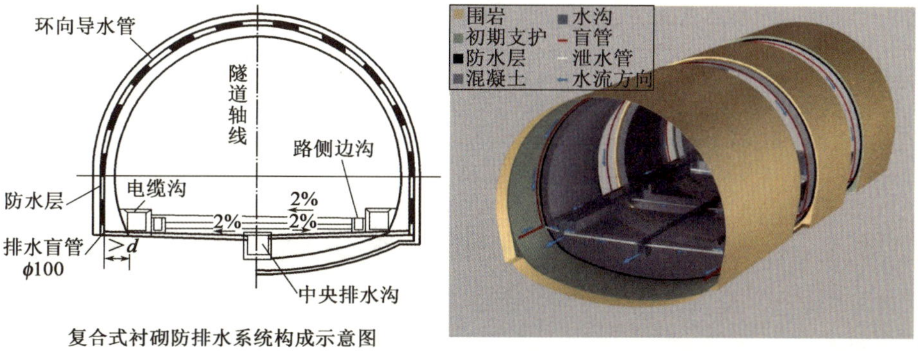 复合式衬砌防排水系统构成示意图

第二节　防水层施工质量检测

考点二:防水层施工质量检测

<table>
<tr><td colspan="2">防水卷材施工工艺</td><td colspan="3">防水层铺设:宜采用无钉热合铺设法铺挂。防水层铺设应超前二次衬砌施工 1～2 个循环距离衬砌段。无纺布与防水板应分别铺挂,无纺布铺挂完成后再挂防水板。无纺布应采用射钉加热熔垫固定,防水板应采用无钉铺挂,铺挂固定点间距:拱部宜为 0.5～0.7m,侧墙间距为 0.7～1.0m。防水板铺挂时应适当松弛,松弛系数一般情况取 1.1～1.2。
防水卷材焊接:采用自动爬焊机双缝焊接,每条焊接的有效焊接宽度不应小于 10mm</td></tr>
<tr><td colspan="2">防水层质量检查</td><td colspan="3">充气检查:采用双缝焊接的焊缝可用充气法检查防水板焊缝。用打气筒充气,当压力表达到 0.25MPa 时,保持 15min,压力下降在 10% 以内,焊缝质量合格。
焊缝拉伸强度不得小于防水板强度的 70%,焊缝抗剥离强度不小于 70N/cm</td></tr>
<tr><td colspan="5">复合式衬砌防水层实测项目及要求</td></tr>
<tr><td>项次</td><td colspan="2">检查项目</td><td>规定值或允许偏差</td><td>检查方法和频率</td></tr>
<tr><td>1△</td><td colspan="2">搭接长度(mm)</td><td>≥100</td><td>尺量:每 5 环搭接抽查 3 处</td></tr>
<tr><td rowspan="2">2△</td><td rowspan="2">缝宽(mm)</td><td>焊接</td><td>焊缝宽≥10</td><td rowspan="2">尺量:每 5 环搭接抽查 3 处</td></tr>
<tr><td>粘接</td><td>粘缝宽≥50</td></tr>
<tr><td>3</td><td colspan="2">固定点间距(m)</td><td>满足设计</td><td>尺量:每 20m 检查 3 处</td></tr>
<tr><td>4</td><td colspan="2">焊缝密实性</td><td>压力下降在 10% 以内</td><td>充气法:压力达到 0.25MPa 时停止充气,保持 15min;每 20m 检查 1 处焊缝</td></tr>
<tr><td rowspan="2" colspan="2">施工缝止水带</td><td>类型</td><td colspan="2">按材质:橡胶止水带、塑料止水带、金属止水带等。
按位置:中埋式止水带、背贴式止水带</td></tr>
<tr><td>施工检查</td><td colspan="2">(1)止水带出现转角时应做成圆弧形,转角半径橡胶止水带不小于 200mm,钢边止水带不小于 300mm;
(2)横向位置:衬砌厚度的 1/2 处,偏差不应超过 30mm;
(3)纵向位置:两边对称,偏离中心不能超过 5cm;
(4)止水带与衬砌端头模板应正交;
(5)搭接宽度不小于 10cm,冷黏或焊接的缝宽不小于 5cm</td></tr>
</table>

第三节　排水系统施工质量检查

略。

第十三章　辅助工程施工质量检查

第一节　概　　述

略。

第二节　围岩稳定措施

考点一：围岩稳定措施

围岩稳定措施	超前管棚、超前小导管、超前锚杆、超前玻璃纤维锚杆、超前钻孔注浆、超前水平旋喷桩、围岩径向注浆、地表砂浆锚杆、地表注浆、护拱、临时支撑
超前管棚	钢管：外径 80 ~ 180mm； 钢管环向间距：350 ~ 500mm； 一次支护长度：10 ~ 45m； 水平搭接长度：不小于 3.0m； 注浆强度：不小于 M20 
超前小导管	钢管：直径 42 ~ 50mm，长度 3.0 ~ 5.0m； 钢管环向间距：300 ~ 400mm； 外倾角：5° ~ 12°； 水平搭接长度：不小于 1.0m； 注浆强度：不小于 M10； 支护能力比超前锚杆强，比管棚弱 
超前锚杆	锚杆：直径 22 ~ 28mm，长度 3.0 ~ 5.0m； 环向间距：300 ~ 400mm； 外倾角：5° ~ 20°； 注浆强度：不小于 M20
超前玻璃纤维锚杆	由于抗剪强度较低，施工机械可直接挖除，玻璃纤维锚杆对掌子面加固后，可实现对隧道全断面机械化开挖

续上表

超前钻孔注浆	采用水平钻机打孔,把具有充填和凝胶性能的浆液材料压入地层中,能封堵前方地下水及加固前方隧道周边或未开挖掌子面
超前水平旋喷桩	采用高压将配制好的水泥浆液通过钻杆喷射到土体中,使土体颗料与水泥浆搅拌混合,胶结硬化,形成水平圆柱状水泥土固结体
围岩径向注浆	围岩稳定时间长,变形较大的地段采用

第三节　涌水处理措施

考点二:涌水处理措施

辅助工程	适用条件
超前围岩预注浆堵水	地下水丰富且排水时挟带泥沙引起开挖面失稳,或排水后对其他用水(如灌溉用水、工业用水、生活用水)、生态环境影响较大,或斜、竖井施工时排水费用较注浆堵水高时
开挖后径向注浆堵水	已实施预注浆但开挖后仍涌(淋)水严重,且初期保护存在变异甚至破坏的涌水处理不彻底的地段
超前钻孔排水	开挖面前方有高压地下水或有充分补给源的涌水,且排放地下水不会影响围岩稳定及隧道周围环境条件
坑道排水(泄水洞排水)	开挖面前方有高压地下水或有充分补给源的涌水,且排放地下水不会影响围岩稳定及隧道周围环境条件
井点降水	均质砂土、亚黏土地段以及浅埋地段

第四节　注浆材料性能试验

考点三:注浆材料

基本要求	1. 浆液应无毒无臭,对人体无害,不污染环境; 2. 浆液黏度低、流动性好、可注性强、凝结时间可按要求控制; 3. 浆液固化体稳定性好,能满足注浆工程的使用寿命要求; 4. 浆液应对注浆设备、管路及混凝土结构物无腐蚀性,易于清洗

续上表

分类和选用	按成分：水泥浆、化学浆。 按分散体系：以颗粒直径 0.1μm 为界，大者为悬浊液，如水泥浆；小者为溶液，如化学浆。 常用的注浆材料有单液水泥浆、水泥-水玻璃双液浆、超细水泥浆、水溶性聚氨酯浆液、丙烯酸盐浆液等。 以加固围岩为目的的注浆宜采用强度高、耐久性好的单液浆；以堵水为目的的注浆宜采用凝固时间短、强度较高的双液浆或其他化学浆液
主要性能	1. 黏度：黏度大小影响浆液扩散半径、注浆压力、流量等参数。 2. 渗透能力：即渗透性，指浆液注入岩层的难易程度。对于悬浊液，渗透能力取决于颗粒大小；对于溶液，渗透能力则取决于黏度。砂性土孔隙直径必须大于浆液颗粒直径 3 倍以上，浆液才能注入。 3. 凝胶时间：指参加反应的全部成分从混合时起，直到凝胶发生，浆液不再流动为止的一段时间。 4. 渗透系数：指浆液固化后结石体透水性的高低，或表示结石体抗渗性的强弱。 5. 抗压强度：抗压强度的大小决定了材料的使用范围，大者可用于加固地层，小者则仅能堵水

第五节　施工质量检查

考点四：辅助工程施工质量检查

超前管棚	基本要求	注浆浆液强度、配合比、注浆压力、注浆量、套拱基底承载力、钢管的打入角度满足设计要求，并符合施工规范。 纵向水平搭接长度应不小于 3m
	实测项目	长度、数量、孔位（±50mm）、孔深
	外观鉴定	钢管尾端与钢架焊接应无假焊、漏焊
超前小导管	基本要求	注浆浆液强度、配合比、注浆压力、注浆量、小导管的打入角度满足设计要求，并符合施工规范。 纵向水平搭接长度应不小于 1m
	实测项目	长度、数量、孔位（±50mm）、孔深
	外观鉴定	钢管尾端与钢架焊接应无假焊、漏焊

续上表

超前锚杆	基本要求	锚杆的打入角度满足设计要求,并符合施工规范。 纵向水平搭接长度应不小于1m。 锚杆孔内灌注砂浆应饱满密实
	实测项目	长度、数量、孔位(±50mm)、孔深(±50mm)、孔径(≥40mm)
	外观鉴定	锚杆尾端与钢架焊接应无假焊、漏焊
注浆效果检查	分析法、检查孔法、物探无损检测法(地质雷达、声波探测仪)	

第十四章　施工监控量测

第一节　概　　述

略。

第二节　施工监控量测内容及要求

略。

第三节　必测量测项目

考点一：必测量测项目

<table>
<tr><td colspan="3">必测量测项目是施工过程中的经常性量测项目，量测方法简单、量测密度大、可靠性高。
量测项目包括洞内外观察、拱顶下沉、周边收敛、地表沉降、拱脚下沉</td></tr>
<tr><td rowspan="3">洞内外观察</td><td>观察内容</td><td>掌子面观察、支护状态及施工状态观察、洞外观察</td></tr>
<tr><td>观察频率</td><td>掌子面、下台阶、仰拱每开挖循环检查一次。
初期支护、二次衬砌巡查每天一次。
洞外观察与地表沉降观测一致，极端天气应实时观察</td></tr>
<tr><td>围岩分级</td><td>总体程序：
根据岩石的坚硬程度和岩体完整程度两个基本因素的定性特征和定量的岩体基本质量指标 BQ，综合进行初步分级。考虑修正因素的影响修正岩体基本质量指标值，按修正后的岩体基本质量指标[BQ]，结合岩体的定性特征综合评判，确定围岩的详细分级。
定量划分：
$$BQ = 100 + 3R_c + 250K_v$$
式中：R_c——岩石饱和单轴抗压强度；
K_v——岩体完整性指数，$K_v = (V_{pm}/V_{pr})^2$，K_v越接近 1，表示岩体越完整；</td></tr>
</table>

续上表

<table>
<tr>
<td rowspan="2">洞内外观察</td>
<td rowspan="2">围岩分级</td>
<td>V_{pm}——岩体弹性纵波速(km/s);
V_{pr}——岩石弹性纵波速(km/s)。
围岩基本质量指标修正:考虑地下水、结构面产状、地应力。
定性划分:根据岩石坚硬程度、岩体完整程度进行划分</td>
</tr>
<tr>
<td>
<table>
<tr><td colspan="6">公路隧道围岩级别划分</td></tr>
<tr><td>围岩基本质量指标 BQ 或修正的围岩基本质量指标[BQ]</td><td>>550</td><td>550~451</td><td>450~351</td><td>350~251</td><td>≤250</td></tr>
<tr><td>围岩级别</td><td>Ⅰ</td><td>Ⅱ</td><td>Ⅲ</td><td>Ⅳ</td><td>Ⅴ</td></tr>
</table>
</td>
</tr>
<tr>
<td rowspan="5">周边收敛量测</td>
<td colspan="2">周边收敛是指隧道两侧壁面测点之间连线的相对位移</td>
</tr>
<tr>
<td>量测仪器</td>
<td>弹簧式收敛计、重锤式收敛计</td>
</tr>
<tr>
<td>测点布置</td>
<td>周边收敛量测和拱顶下沉量测应布置在同一断面(桩号)。
每个量测断面一般布置两条水平测线。台阶法开挖的隧道,每台阶至少一条测线
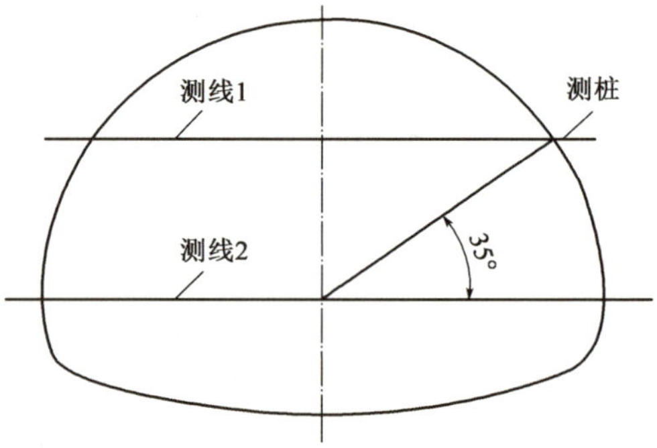
周边收敛测线布置图</td>
</tr>
<tr>
<td>测点埋设</td>
<td>隧道开挖初期数据变化较大,测点要及时埋设,各测点宜在靠近掌子面、不受爆破影响范围内尽快安设,初读数应在每次开挖后 12h 内、下一循环开挖前取得,最迟不得超过 24h</td>
</tr>
<tr>
<td>量测频率</td>
<td>待固定测桩的锚固剂强度达到 70% 以后即可测取初始读数
<table>
<tr><td colspan="6">净空位移和拱顶下沉的量测频率(按位移速度)</td></tr>
<tr><td>位移速度(mm/d)</td><td>≥5</td><td>1~5</td><td>0.5~1</td><td>0.2~0.5</td><td><0.2</td></tr>
<tr><td>量测频率</td><td>2~3 次/d</td><td>1 次/d</td><td>1 次/(2~3)d</td><td>1 次/3d</td><td>1 次/(3~7)d</td></tr>
</table>
</td>
</tr>
</table>

续上表

<table>
<tr><td rowspan="5">周边收敛量测</td><td rowspan="4">量测频率</td><td colspan="5">净空位移和拱顶下沉的量测频率(按与开挖面的距离)</td></tr>
<tr><td>量测断面距开挖面距离(m)</td><td>(0～1)b</td><td>(1～2)b</td><td>(2～5)b</td><td>>5b</td></tr>
<tr><td>量测频率</td><td>2 次/d</td><td>1 次/d</td><td>1 次/(2～3)d</td><td>1 次/(3～7)d</td></tr>
<tr></tr>
<tr><td>数据整理</td><td colspan="5">测量后 12h 之内,对所量测的数据进行整理和分析。
每条测线每次测取的 3 组读数,取平均值。
计算周边收敛值:
$$\Delta d = d_{(i)} - d_{(i-1)}$$
式中:Δd——收敛值;
$d_{(i)}$——本次测取读数;
$d_{(i-1)}$——上次测取读数。
当隧道内温度变化较大时,应对钢尺进行温度修正</td></tr>
<tr><td rowspan="6">拱顶下沉量测</td><td>量测仪器</td><td colspan="5">精密水准仪,量测精度为 ±0.5mm</td></tr>
<tr><td>测点布置</td><td colspan="5">量测断面布置与周边收敛相同,每个量测断面的隧道拱顶布设 1～3 个测点,测点横向间距 2～3m
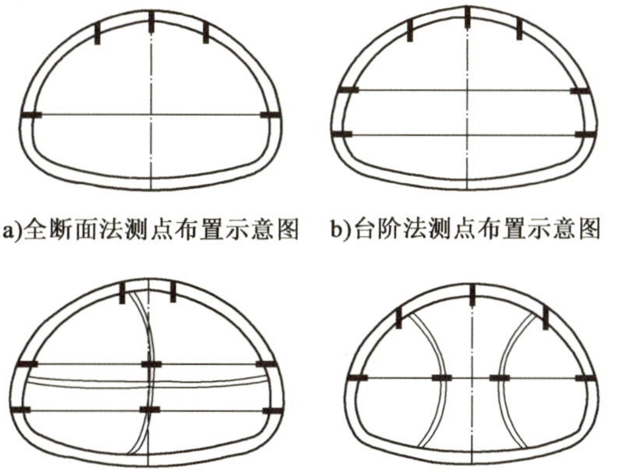
a)全断面法测点布置示意图　b)台阶法测点布置示意图
c)中隔壁法或交叉中隔壁法测点布置示意图　d)双侧壁导洞法测点布置图</td></tr>
<tr><td>测点埋设</td><td colspan="5">与周边收敛相同</td></tr>
<tr><td>基点埋设</td><td colspan="5">基点应选在通视条件好、地基稳定不变形、监测期间不被扰动和破坏的坚硬岩石或构造物上。洞内基点可设在已完成的稳定衬砌边墙或基础上</td></tr>
<tr><td>量测频率</td><td colspan="5">与周边收敛相同</td></tr>
<tr><td>数据整理</td><td colspan="5">计算拱顶位移值:
$$\Delta h = h_2 - h_1$$
式中:Δh——拱顶位移值;
h_1——前一次拱顶高程;
h_2——当次拱顶高程</td></tr>
</table>

续上表

<table>
<tr><td rowspan="9">地表沉降</td><td>量测仪器</td><td colspan="2">水准仪或精密水准仪,量测精度为 ±0.5mm</td></tr>
<tr><td>测点布置</td><td colspan="2">宜与洞内周边收敛和拱顶下沉量测布置在同一个断面(桩号)。
地面观测测点布置在隧道上方、隧道开挖可能引起地表沉降的区域。
单洞隧道每个量测断面的测点不少于 5 个,连拱隧道每个量测断面的测点不少于 7 个。横向布置间距为 2 ~ 5m,一般布置 7 ~ 11 个测点,隧道中线附近适当加密
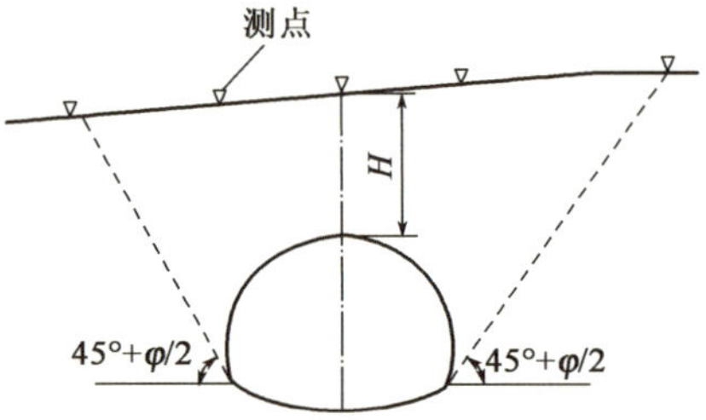

a)单洞隧道地表测点布置图
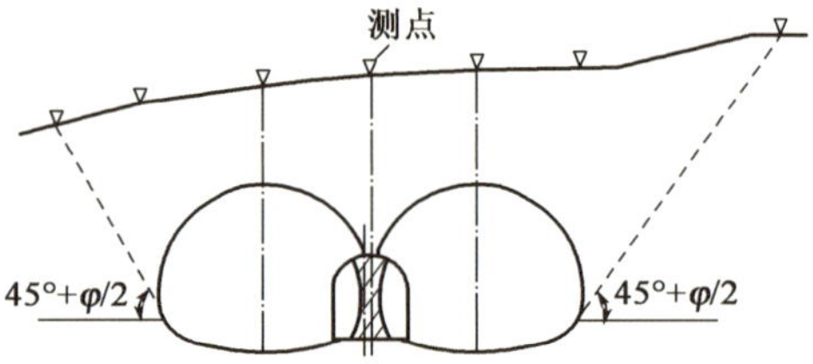

b)连拱隧道地表测点布置图
地表下沉测点布置图</td></tr>
<tr><td rowspan="4">量测断面布置</td><td>隧道埋深</td><td>纵向测点间距(m)</td></tr>
<tr><td>$h > 2.5b$</td><td>视情况布设量测断面</td></tr>
<tr><td>$b < h \leq 2.5b$</td><td>10 ~ 20</td></tr>
<tr><td>$h \leq b$</td><td>5 ~ 10</td></tr>
<tr><td>测点、基点埋设</td><td colspan="2">测点和基点的埋设应在隧道开挖到达量测断面前 3 倍隧道开挖跨度前完成,洞口段应在开挖进洞前完成。
基点应选择在隧道开挖影响范围以外,通视条件好、基础稳定、抗自然灾害强的位置</td></tr>
<tr><td>量测频率</td><td colspan="2">基点和测点的混凝土或锚固剂强度达到 70% 以后测取初始读数,直到衬砌结构封闭,下沉基本稳定时为止</td></tr>
<tr><td>数据整理</td><td colspan="2">每次测得的测点与基点的高差值与前次测得高差值的差,即为测点下沉值</td></tr>
</table>

续上表

<table>
<tr><th colspan="9">必测量测项目及量测方法</th></tr>
<tr><th rowspan="2">序号</th><th rowspan="2">项目名称</th><th rowspan="2">方法及工具</th><th rowspan="2">测点布置</th><th rowspan="2">精度</th><th colspan="4">量测间隔时间</th></tr>
<tr><th>1～15d</th><th>16d～1个月</th><th>1～3个月</th><th>大于3个月</th></tr>
<tr><td>1</td><td>洞内、外观察</td><td>现场观测、地质罗盘等</td><td>开挖及初期支护后进行</td><td>—</td><td colspan="4">—</td></tr>
<tr><td>2</td><td>周边位移</td><td>各种类型收敛计、全站仪或其他非接触量测仪器</td><td>每5～100m一个断面，每断面2～3对称点</td><td rowspan="2">0.5mm（预留变形量不大于30mm时）；1mm（预留变形量大于30mm时）</td><td>1～2次/d</td><td>1次/2d</td><td>1～2次/周</td><td>1～3次/月</td></tr>
<tr><td>3</td><td>拱顶下沉</td><td>水准仪、钢钢尺、全站仪或其他非接触量测仪器</td><td>每5～100m一个断面</td><td>1～2次/d</td><td>1次/2d</td><td>1～2次/周</td><td>1～3次/月</td></tr>
<tr><td>4</td><td>地表下沉</td><td>水准仪、钢钢尺、全站仪</td><td>洞口段、浅埋段（$h \leq 2.5b$）布置不少于2个断面，每断面不少于3个测点</td><td>0.5mm</td><td colspan="4">开挖面距量测断面前后 $<2.5b$ 时，1～2次/d；
开挖面距量测断面前后 $5b$ 时，1次/(2～3)d；
开挖面距量测断面前后 $\geq 5b$ 时，1次/(3～7)d</td></tr>
<tr><td>5</td><td>拱脚下沉</td><td>水准仪、钢钢尺、全站仪</td><td>富水软弱破碎围岩、流沙、软岩大变形、含水黄土、膨胀岩土等不良地质和特殊性岩土段</td><td>0.5m</td><td colspan="4">仰拱施工前，1～2次/d</td></tr>
<tr><td colspan="9">注：b-隧道开挖宽度；h-隧道埋深</td></tr>
</table>

第四节　选测量测项目

考点二:选测量测项目

<table>
<tr><td colspan="3">选测量测项目量测项目多、测试元件埋设难度较大,费用较高,一般只对特殊地段、危险地段或有代表性的地段进行量测</td></tr>
<tr><td rowspan="4">围岩内部位移量测</td><td colspan="2">量测隧道周边与围岩内部某一点沿量测孔钻孔方向的相对位移</td></tr>
<tr><td>量测仪器</td><td>杆式多点位移计、弦式单点位移计</td></tr>
<tr><td>测点布置</td><td>代表性地段设 1 ~2 个量测断面。分别在拱顶、拱腰和边墙部位布置 3 ~7 个深孔,每个测孔内一般布置 5 个测点
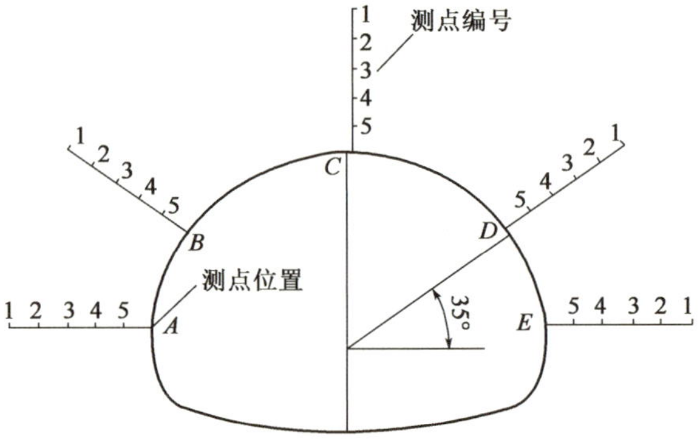

多点位移计测点布置断面图</td></tr>
<tr><td>位移计埋设</td><td>在隧道开挖初喷后或初期支护完成后埋设。
多点位移计不得用药包锚固剂锚固,宜采用灌注水泥砂浆进行锚固</td></tr>
<tr><td rowspan="3">锚杆轴力量测</td><td>量测仪器</td><td>电阻应变式、钢弦式、机械式</td></tr>
<tr><td>测点布置</td><td>代表性地段设 1 ~2 个量测断面。分别在拱顶、拱腰和边墙部位钻 3 ~8 个深孔,每个测孔内一般设 3 ~6 个测点
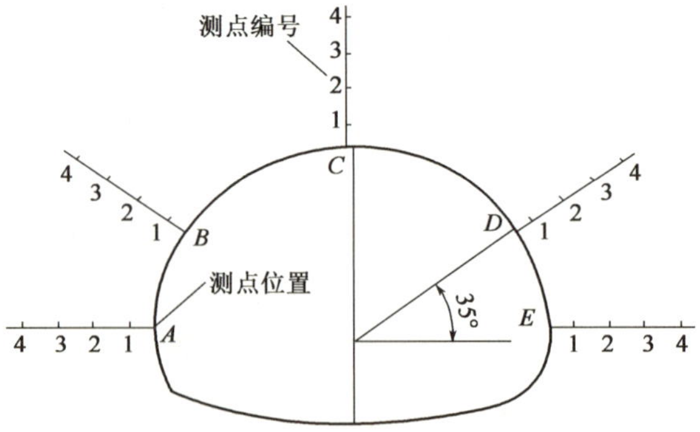

隧道锚杆轴力测点布置断面图</td></tr>
<tr><td>传感器埋设</td><td>与围岩内部位移量测基本相同</td></tr>
</table>

续上表

<table>
<tr><td rowspan="2">围岩压力量测</td><td>量测仪器</td><td>钢弦式压力盒</td></tr>
<tr><td>测点布置</td><td>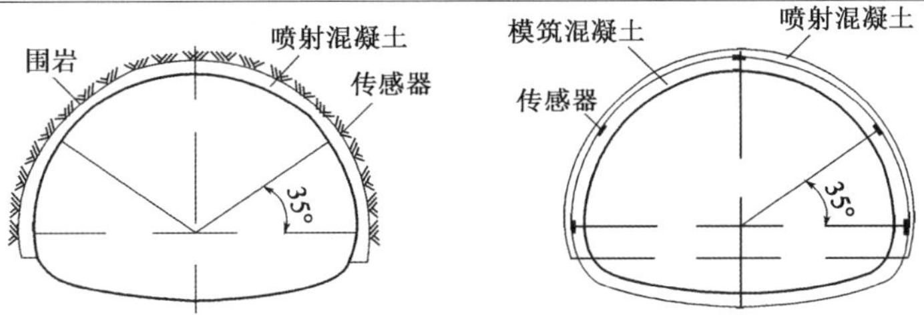

a)围岩与初期支护之间　b)初期支护与二次衬砌之间
压力盒埋设布置图
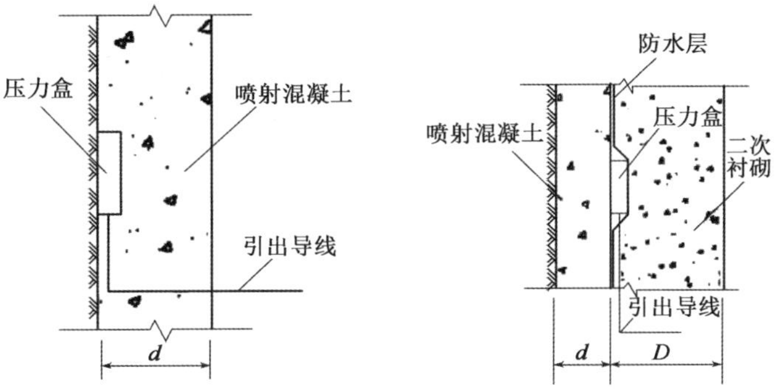

a)围岩与初期支护之间　b)初期支护与二次衬砌之间
压力盒埋设构造图</td></tr>
<tr><td rowspan="2">衬砌应力量测</td><td>量测仪器</td><td>钢弦式应变计、应变砖</td></tr>
<tr><td>测点布置</td><td>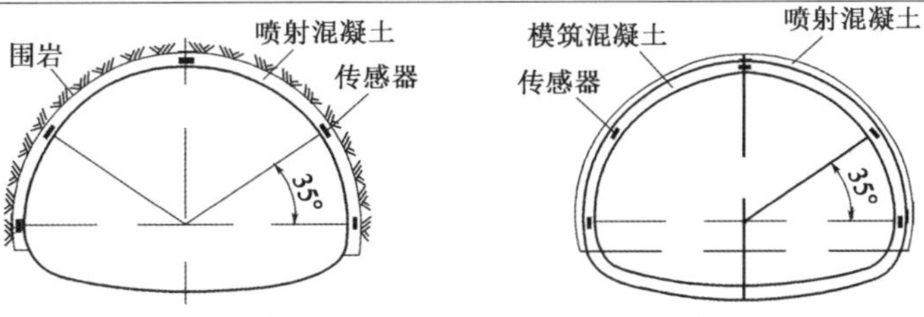

a)衬砌支护喷射混凝土　b)二次模筑混凝土
混凝土应力计布置图
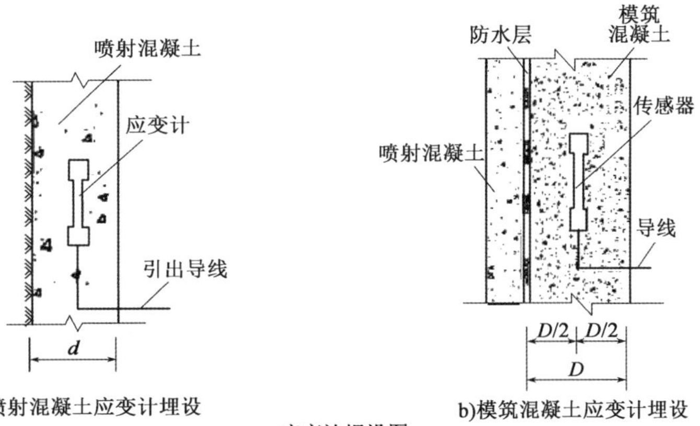

a)喷射混凝土应变计埋设　b)模筑混凝土应变计埋设
应变计埋设图</td></tr>
</table>

续上表

钢架应力量测	量测仪器	型钢钢架应力量测可采用钢弦式表面应变计和钢弦式钢筋应力计，格栅钢架应力量测一般采用钢弦式钢筋应力计
围岩声波测试	基本原理	1. 岩体风化、破碎、结构面发育，则波速低，衰减快，频谱复杂； 2. 岩体充水或应力增加，则波速增高，衰减减少，频谱简化； 3. 岩体不均匀性和各向异性使波速与频谱的变化也相应地表现出不均一性和各向异性
	测试内容	1. 地下工程位置的地质剖面检测(声波测井)，用以划分岩层，了解岩层破碎情况和风化程度等； 2. 岩体力学参数如弹性模量、抗压强度等的测定； 3. 围岩稳定状态的分析，如测定围岩松动圈大小等； 4. 判定围岩的分级，如测定岩体波速和完整性系数等

选测量测项目及测量频率

序号	项目名称	方法及工具	布置	测试精度	量测间隔时间			
					1～15d	16d～1个月	1～3个月	大于3个月
1	钢架内力及外力	支柱压力计或其他测力计	每代表性地段1～2个断面，每断面钢架内力3～7个测点，或外力1对测力计	0.1MPa	1～2次/d	1次/2d	1～2次/周	1～3次/月
2	围岩内部位移(洞内设点)	洞内钻孔中安设单点、多点杆式或钢丝式位移计	每代表性地段1～2个断面，每断面3～7个钻孔	0.1mm	1～2次/d	1次/2d	1～2次/周	1～3次/月
3	围岩内部位移(地表设点)	地面钻孔中安设各类位移计	每代表性地段1～2个断面，每断面3～5个钻孔	0.1mm	同地表下沉要求			
4	围岩压力	各种类型岩土压力盒	每代表性地段1～2个断面，每断面3～7个测点	0.01MPa	1～2次/d	1次/2d	1～2次/周	1～3次/月

续上表

序号	项目名称	方法及工具	布置	测试精度	量测间隔时间			
					1～15d	16d～1个月	1～3个月	大于3个月
5	两层支护间压力	压力盒	每代表性地段1～2个断面，每断面3～7个测点	0.01MPa	1～2次/d	1次/2d	1～2次/周	1～3次/月
6	锚杆轴力	钢筋计、锚杆测力计	每代表性地段1～2个断面，每断面3～7根锚杆（索），每根锚杆2～4测点	0.01MPa	1～2次/d	1次/2d	1～2次/周	1～3次/月
7	支护、衬砌内应力	各类混凝土内应变计及表面应力解除法	每代表性地段1～2个断面，每断面3～7个测点	0.01MPa	1～2次/d	1次/2d	1～2次/周	1～3次/月
8	围岩弹性波速度	各种声波仪及配套探头	在有代表性地段设置	—	—			
9	爆破振动	测振及配套传感器	邻近建（构）筑物	—	随爆破进行			
10	渗水压力、水流量	渗压计、流量计	—	0.01MPa	—			
11	地表下沉	水准测量的方法，水准仪、铟钢尺等	有特殊要求段落	0.5mm	开挖面距量测断面前后＜2.5b时，1～2次/d； 开挖面距量测断面前后＜5b时，1次/(2～3)d； 开挖面距量测断面前后＞5b时，1次/(3～7)d			
12	地表水平位移	经纬仪、全站仪	有可能发生滑移的洞口段高边坡	0.5mm	—			

第五节　量测数据处理及应用

考点三:量测数据处理及应用

<table>
<tr><td rowspan="2">数据处理</td><td colspan="2">回归分析是目前量测数据处理的主要方法。
常用回归曲线方程有:对数函数、指数函数、双曲函数</td></tr>
<tr><td colspan="2">目前可通过理论计算(反分析)和经验两种途径来实现反馈</td></tr>
<tr><td rowspan="3">数据应用</td><td>位移速率</td><td>1. 当位移速率大于 1mm/d 时,表明围岩处于急剧变形阶段,应密切关注围岩动态;
2. 当位移速率在 1 ~ 0. 2mm/d 之间时,表明围岩处于缓慢变形阶段;
3. 当位移速率小于 0. 2mm/d 时,表明围岩已达到基本稳定,可以进行二次衬砌作业</td></tr>
<tr><td>位移时态曲线</td><td>1. 当位移速率很快变小,时态曲线很快平缓,表明围岩稳定性好,可适当减弱支护;
2. 当位移速率逐渐变小,即 $d^2u/d^2t<0$,时态曲线趋于平缓,表明围岩变形趋于稳定,可正常施工;
3. 当位移速率不变,即 $d^2u/d^2t=0$,时态曲线直线上升,表明围岩变形急剧增长,无稳定趋势,应及时加强支护,必要时暂停掘进;
4. 当位移速率逐步增大,即 $d^2u/d^2t>0$,时态曲线出现反弯点,表明围岩已处于不稳定状态,应停止掘进,及时采取加固措施</td></tr>
<tr><td>位移量</td><td>将隧道设计的预留变形量作为极限位移值,根据实测的总位移量进行施工管理
<table>
<tr><td colspan="3">位移管理等级</td></tr>
<tr><td>管理等级</td><td>管理位移(mm)</td><td>施工状态</td></tr>
<tr><td>Ⅲ</td><td>$U<(U_0/3)$</td><td>可正常施工</td></tr>
<tr><td>Ⅱ</td><td>$(U_0/3)\leqslant U\leqslant(2U_0/3)$</td><td>应加强支护</td></tr>
<tr><td>Ⅰ</td><td>$U>(2U_0/3)$</td><td>应采取特殊措施</td></tr>
<tr><td colspan="3">注:U-实测位移值;U_0-设计极限位移值</td></tr>
</table></td></tr>
</table>

第十五章　超前地质预报

第一节　概　　述

考点一：超前地质预报的内容和要求

超前地质预报的内容	地层岩性、地质构造、不良地质条件、地下水状况、围岩级别变化
超前地质预报要求	应将超前地质预报列为隧道施工的必要工序。 采用地质调查与勘探相结合、物探与钻探相结合、长距离与短距离相结合、地面与地下相结合、超前导坑与主洞探测相结合的方法。 应充分利用先行超前隧道进行后行隧道的超前地质预报工作

第二节　超前地质预报方法

考点二：超前地质预报方法

<table>
<tr><td>预报方法</td><td colspan="2">地质调查法、超前钻探法、物探法、超前导坑预报法</td></tr>
<tr><td>地质调查法</td><td colspan="2">包括隧道地表补充地质调查、隧道内地质素描。
隧道内地质素描的主要内容包括工程地质、水文地质、围岩稳定性特征及支护情况、围岩分级、影像</td></tr>
<tr><td rowspan="2">超前钻探法</td><td>使用条件</td><td>在富水软弱断层破碎带、富水岩溶发育区、煤层瓦斯发育区、重大物探异常区等地质条件复杂地段必须采用</td></tr>
<tr><td>钻探方法</td><td>冲击钻：不能取芯样，钻进速度快，耗时少，较多采用。
回转取芯钻：可取芯样，鉴定准确可靠，只在特殊地层、特殊目的地段使用</td></tr>
</table>

续上表

超前钻探法	钻孔要求	1. 断层、节理密集带或其他破碎富水地层应布设 1～3 个孔。 2. 富水岩溶发育区每循环宜钻 3～5 个孔,提示岩溶边界时宜增加孔数,终孔于隧道开挖轮廓线以外 5～8m。 3. 高瓦斯地层、煤(岩)与瓦斯突出地层超前钻孔不应少于 3 个;微瓦斯地层、低瓦斯地层超前钻孔可布置 1～3 个。钻进方向宜与煤层层面大角度相交。 4. 在需连续钻探时,前后两循环钻孔应重叠 5～10m。 5. 钻孔起孔位置一般位于开挖面中下部。两侧和拱部钻孔的终孔位置一般需位于隧道开挖轮廓线以外。 6. 探测炮孔孔深较设计爆破孔(或爆破循环进尺)深 3m 以上	
物探法	物探法包括弹性波反射法、电磁波反射法(地质雷达探测)、瞬变电磁法、高分辨直流电法、红外探测等。 弹性波反射法是利用人工激发的地震波、声波在不均匀地质体中所产生的反射波特性来预报隧道开挖工作面前方地质情况的一种物探方法,它包括地震波反射法、水平声波剖面法、负视速度法和极小偏移距高频反射连续剖面法(简称陆地声呐法)等,最常用的是地震波反射法		
预报方法	适用范围	预报距离	重叠距离
地震波反射法	适用于划分地层界线、查找地质构造、探测不良地质体的厚度和范围	软弱破碎:100～150m; 完整硬岩:150～180m	10m
电磁波反射法	探测**浅部地层**、岩溶、空洞、不均匀体	30m	5m
高分辨直流电法	探测地层中存在的地下水体位置及定性判断含水率	80m	10m
瞬变电磁法	推断围岩破碎、含水、地质构造	100m	30m
红外探测法	定性判断探测点前方有无水体存在及其方位,不能定量给出水量大小	30m	5m
超前导坑预报法	分为平行超前导坑法和正洞超前导坑法		
综合超前地质预报法	对于断层、岩溶、煤层瓦斯等不良地质条件,宜综合运用上述两种或两种以上方法进行预报,综合分析		

第三节　不良地质体的预报

考点三:不良地质体的预报

断层	应以地质调查法为基础,以弹性波反射法和地质雷达法探测为主,必要时采用高分辨率直流电法、瞬变电磁法、红外探测法探测断层带地下水的发育情况并采用超前钻探法进行验证

续上表

岩溶	应以地质调查法为基础，以超前钻探法为主，结合多种物探手段进行综合超前地质预报。 可采用弹性波反射法进行长、中长距离探测，以探明断层等结构面和规模较大、可足以被探测的岩溶形态；采用高分辨率直流电法、红外探测进行中长、短距离探测，可定性探测岩溶水；采用地质雷达进行短距离探测，以查明岩溶位置、规模和形态
煤层瓦斯	应以地质调查法为基础，以超前钻探法为主，结合多种物探手段进行综合超前地质预报

第十六章　隧道施工环境检测

第一节　概　　述

考点一：隧道施工环境检测内容

环境检测内容	一般隧道施工，主要检测的是粉尘浓度、一氧化碳浓度、硫化氢浓度、氧气浓度、洞内温度；瓦斯隧道施工，重点检测的是瓦斯浓度；放射性地层隧道施工，重点检测的是核辐射

第二节　粉尘浓度测定

考点二：粉尘浓度测定

测定方法	我国常采用质量法测定粉尘浓度，目前普遍采用滤膜测尘法	
总粉尘	可进入整个呼吸道（鼻、咽和喉、胸腔支气管、细支气管和肺泡）的粉尘	
呼吸性粉尘	可进入肺泡的粉尘粒子，其空气动力学直径应在 7.07μm 以下，且直径为 5μm 的粉尘粒子的采样效率为 50%	
总粉尘浓度检测	测试仪器	过氯乙烯滤膜或其他滤膜、粉尘采样器、抽气装置、分析天平、秒表或其他计时器、干燥器、镊子、除静电器
	滤膜准备	滤膜干燥 2h，除静电后称量，安装至采样头上，毛面朝进气方向，放置平整，不能有裂隙或褶皱
	采样	估算滤膜上总粉尘的增量 Δm，调节采样流量和采样时间，防止过载造成粉尘脱落。 掘进工作面可在风筒出口后面距工作面 4 ~ 6m 处采样，采样器进风口要迎着风流，距地板高度为 1.3 ~ 1.5m。 在测点粉尘浓度稳定以后，一般在作业开始 30min 后进行采样，采样持续时间以 15min 为宜。 采样后的滤膜干燥 2h 以上，除静电后称量。 采样前后，滤膜称量应使用同一台分析天平

续上表

	分析天平感量	滤膜直径(mm)	Δm 的要求(mg)
总粉尘浓度检测	0.1mg	≤37	$1 \leq \Delta m \leq 5$
		40	$1 \leq \Delta m \leq 10$
		75	$\Delta m \geq 1$,最大增量不限
	0.01mg	≤37	$0.1 \leq \Delta m \leq 5$
		40	$0.1 \leq \Delta m \leq 10$
		75	$\Delta m \geq 0.1$,最大增量不限
	浓度计算: $$C = \frac{m_2 - m_1}{V \times t} \times 1000$$ 式中:C——空气中总粉尘的浓度(mg/m^3); m_2——采样后的滤膜质量(mg); m_1——采样前的滤膜质量(mg); V——采样流量(L/min); t——采样时间(min)		

第三节　瓦斯检测

考点三:瓦斯检测

卫生及安全标准	瓦斯工区钻爆作业时,工作面附近 20m 内风流中甲烷浓度必须小于 1.0%。 瓦斯工区停风时,必须撤出所有人员,切断电源,禁止人、车辆进入隧道。经瓦斯检测浓度不超过 1%,且洞内通风机及其开关附近 10m 以内风流中的瓦斯浓度不超过 0.5% 时,方可人工启动洞内通风机;当通风后瓦斯检测浓度仍存在超过 1% 时,应采取稀释瓦斯安全措施
检测方法	应采用人工监测和自动监测相结合的方法。 检测仪器:催化型瓦斯测量仪、光干涉瓦斯检定器。 人工检测的测点布设:每个隧道断面均采用五点法检测瓦斯,取最大值作为该断面瓦斯浓度

第四节　一氧化碳检测

考点四:一氧化碳检测

卫生及安全标准	最高容许浓度:海拔 2000 ~ 3000m　20mg/m^3 海拔 > 3000m　15mg/m^3
检测方法	早期检测方法是检知管法,有比色式与比长式两种。 目前主要采用 CO 传感器,根据检测原理的不同有电化学传感器、催化可燃气体传感器、固态传感器和红外传感器四种

第五节　硫化氢检测

考点五:硫化氢检测

卫生及安全标准	最高允许浓度:10mg/m^3
检测方法	标准规定的硫化氢测定方法是亚甲基蓝比色法。现场检测常用的方法主要有检知管法、醋酸铅试纸法和硫化氢传感器法

第六节　氡 气 检 测

考点六:氡气检测

卫生及安全标准	氡主要来源于围岩,由地层深处含有铀、镭的土壤、岩石产生高浓度的氡,通过围岩中存在的断裂、节理进入隧道,吸入人体后,氡及子体放出的 α 粒子对体内细胞组织形成内照射,造成辐射危害

第七节　核辐射检测

考点七：核辐射检测

卫生及安全标准	外照射是指隧道环境物质中的天然放射性核素镭、钍、钾等核素所放出的 γ 射线对人体所造成的辐射损伤。 内照射一般指由核素镭产生的氡被人呼吸进入体内后，氡及子体放出的 α 粒子对人体所造成的辐射危害
检测方法	采用塑料闪烁探测器。 测量方式有即时测量、连续测量

第十七章　隧道运营环境检测

第一节　运营通风方式

考点一：运营通风方式

自然通风	气象因素形成的隧道内空气流动，以及机动车从洞外带入新鲜空气
机械通风	纵向式、半横向式、全横向式、组合通风方式

第二节　运营照明方式

考点二：运营照明方式

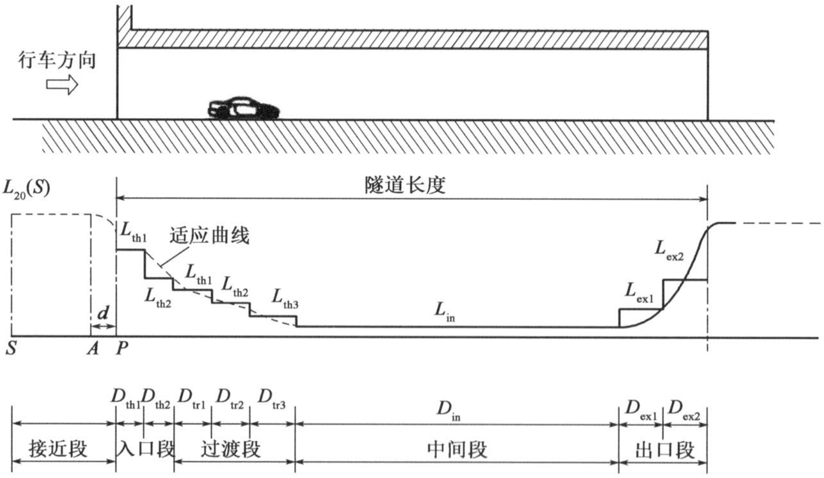

入口段照明	分为入口段 1 和入口段 2
过渡段照明	分为三个照明段；长度≤300m 的隧道，可不设过渡段

续上表

中间段照明	单向交通且以设计速度通过隧道的行车时间超过 135s 时，隧道中间段宜分为两个照明段。 行人与车辆混合通行的隧道，中间段亮度不应小于 $2.0cd/m^2$
出口段照明	在单向交通隧道中，出口段宜划分为 EX_1、EX_2 两个照明段，每段长度宜取 30m。 长度 $L \leq 300m$ 的直线隧道可不设置出口段；$300m < L \leq 500m$ 的直线隧道，可只设置 EX_2 出口段

第三节　运营通风检测

考点三：运营通风检测

<table>
<tr><td rowspan="5">一氧化碳</td><td rowspan="4">设计浓度</td><td>隧道长度(m)</td><td>≤1000</td><td>>3000</td></tr>
<tr><td>$\delta(cm^3/m^3)$</td><td>150</td><td>100</td></tr>
<tr><td colspan="3">注：隧道长度为 $1000m < L \leq 3000m$ 时，可按线性内插法取值</td></tr>
<tr><td colspan="3">人车混合通行的隧道，洞内 CO 设计浓度不应大于 $70cm^3/m^3$。
隧道内进行养护维修时，洞内 CO 设计浓度不应大于 $30cm^3/m^3$</td></tr>
<tr><td>检测方法</td><td colspan="3">靠近进出口的测点应布置在距洞口 10m 处，检测各通风段的风速值，每通风段宜检测 3 个以上的断面，断面间距不宜大于 500m</td></tr>
<tr><td rowspan="2">烟尘</td><td>设计浓度</td><td colspan="3">双洞单向交通临时改为单洞双向交通时，洞内烟尘浓度不应大于 $0.012m^{-1}$。
隧道内养护维修时，隧道作业段空气的烟尘深度不应大于 $0.003m^{-1}$</td></tr>
<tr><td>检测方法</td><td colspan="3">可通过测定光线在烟雾中的透过率来确定，检测主要采用光透过率仪</td></tr>
<tr><td rowspan="3">风压</td><td>基本概念</td><td colspan="3">空气静压：绝对压力，以零压力为起点表示的静压；相对压力，绝对压力与当地大气压力之差，高于大气压力为正压，反之为负压。
空气动压：因空气运动而产生，恒为正值并具有方向性。
全压：静压与动压的代数和</td></tr>
<tr><td>绝对静压的测定</td><td colspan="3">水银气压计、空盒气压计。
空盒气压计使用前必须经水银气压计校定；测量时将盒面水平放置在被测地点，停留 10～20min 待指针稳定后再读数</td></tr>
<tr><td>相对静压的测定</td><td colspan="3">U 形压差计、单管倾斜压差计或补偿式微压计与皮托管配合测定风流的静压、动压和全压</td></tr>
</table>

续上表

风速	风速标准	单向交通隧道风速不宜大于 10m/s,特殊情况可取 12m/s;双向交通隧道风速不应大于 8m/s;人车混用隧道风速不应大于 7m/s
	检测仪器	杯式风表用在检测大于 10m/s 的高风速。 翼式风表用在检测 0.5～10m/s 的中等风速,具有高灵敏度的翼式风表也可以用在检测 0.1～0.5m/s 的低风速
	检测方法	检测隧道断面的平均风速时,应使风表正对风流。 迎面法:测风员面向风流站立,手持风表,人体位于风表的正后方,人体的正面阻力减低流经风表的流速,真实风速为 $v=1.14v_s$。 侧面法:测风员背向隧道壁站立,手持风表,人体与风表在同一断面内,造成流经风表的流速增加,真实风速为 $v=\frac{v_s(S-0.4)}{S}$(S 为所测隧道的断面积)

第四节　运营照明检测

考点四:运营照明检测

基本概念	光谱光效率	人眼在可见光光谱范围内视觉灵敏度的一种度量
	光通量	光源的发光能力,光源在单位时间内发出的能被人眼感知的光辐射能的大小。单位流明(lm)
	光强	光通量在空间各个方向上的分布特性,用光通量的空间角密度来度量。单位坎德拉(cd)
	照度	表示被照面上光的强弱,以被照场所光通量的面积密度来表示。单位勒克斯(lx)
	亮度	发光面在不同方向上的光学特性。单位坎德拉每平方米(cd/m^2)

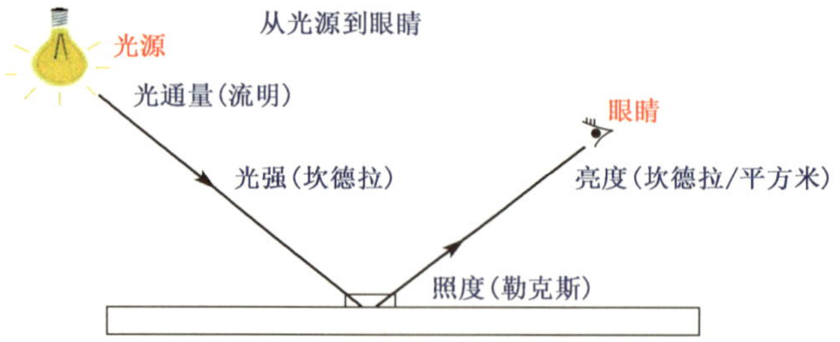

续上表

照明检测分类	试验室检测	对单个**灯具**的特性或质量进行检测
	现场检测	对灯群照明下的路面照度、亮度和眩光参数进行检测
照度检测	检测仪器	照度计，利用硒光电池受光面的照度与光电流呈线性关系的特性
	现场检测	照度检测可分为洞口段照度检测和中间段照度检测。 1. 纵向照度曲线测试 第一个测点可设在距洞口 10m 处，之后向内每米设 1 测点，测点深入中间段 10m。 2. 横向照度曲线测试 在各区段各设一条测线，该线可位于各区段的中部。在各测线上，测点由中央向两边对称布置，间距 0.5m。 3. 加强段路面平均照度检测 加强段分为入口段和过渡段。测区长度以 10m 为宜，纵向各点间距取灯间距的一半均匀布置，横排由中央向两边对称布置，分取路中心、行车道中线、路缘点、侧墙 2m 处。 4. 中间段路面平均照度检测 测区长度可占隧道总长度的 5% ~ 10%，纵向各点取灯具间距均匀布置 10 个点，横排由中央向两边对称布置，分取路中心、行车道中线、路缘点、侧墙 2m 处
亮度检测	检测方法	照度换算测量法：照度计，利用反射系数换算为亮度。 亮度成像测量法：定制光学系统，对区域成像亮度进行分析统计
	照度换算测量法	路面平均亮度：参考中间段路面平均照度检测方法。 路面亮度均匀度： 总均匀度 = 路面最低亮度/路面平均亮度 纵向均匀度 = 沿中线局部亮度最小值/最大值
眩光检测	失能眩光	生理上的过程，用被测试对象亮度对比的阈值增量（T_1）表示
	不舒适眩光	心理上的过程，用眩光控制等级（G）表示

第十八章　运营隧道结构检查

第一节　概　　述

考点一：隧道养护等级

高速公路、一级公路隧道养护等级分级				
单车道年平均日交通量[pcu/(d·ln)]	隧道长度(m)			
	$L>3000$	$3000\geq L>1000$	$1000\geq L>500$	$L\leq 500$
≥10001	一级	一级	一级	二级
5001～10000	一级	一级	二级	二级
≤5000	一级	二级	二级	三级
二级及二级以下公路隧道养护等级分级				
年平均日交通量(pcu/d)	隧道长度(m)			
	$L>3000$	$3000\geq L>1000$	$1000\geq L>500$	$L\leq 500$
≥10001	一级	二级	二级	三级
5001～10000	二级	二级	三级	三级
≤5000	二级	三级	三级	三级

第二节　结构检查及技术状况评定

考点二：隧道检查及技术状况评定

经常检查	检查目的	对土建结构的外观技术状况进行的一般定性检查	
	检查频率	养护等级一级	1次/1月
		养护等级二级	1次/2月

续上表

经常检查	检查频率	养护等级三级	1次/3月
	检查方法	一般采用目测方法，配合简单的检查工具进行	
	检查内容及判定标准	检查结论以定性判断为主，对各个检查项目的判定结果分为情况正常、一般异常、严重异常三种情况。 存在一般异常情况时，应进行监视、观测或做进一步检查；存在严重异常情况时，应采取措施进行处治	
定期检查	检查目的	发现异常情况和原有异常情况的发展变化。 进行土建结构技术状况评定	
	检查频率	养护等级一级	1次/1年
		养护等级二级	1次/2年
		养护等级三级	1次/3年
		宜每年检查1次，最长不得超过3年检查1次。 经常性检查中发现某分项技术状况评定状况值为3或4时，应立即开展一次定期检查。 新建隧道应在交付使用1年后进行首次定期检查	
	检查方法	配备必要的检查工具或设备，进行目测或量测检查	
	检查内容及判定标准	检查内容包括洞口、洞门、衬砌、路面、检修道、排水设施、吊顶及预埋件、内装饰、交通标志标线。其中检修道、内装饰、交通标志标线状况值为0～3，其他状况值均为0～4	

隧道洞口技术状况评定标准

状况值	技术状况描述
0	完好，无破坏现象
1	山体及岩体、挡土墙、护坡等有轻微裂缝产生，排水设施存在轻微破坏
2	山体及岩体裂缝发育，存在滑坡、崩塌的初步迹象，坡面树木或电线杆轻微倾斜，挡土墙、护坡等产生开裂、变形，土石零星掉落，排水设施存在一定裂损、堵塞
3	山体及岩体严重开裂，坡面树木或电线杆明显倾斜，挡土墙、护坡等产生严重开裂、明显的永久变形，墙角或坡面有土石堆积，排水设施完全堵塞、破坏，排水功能失效
4	山体及岩体有明显而严重的滑动、崩塌现象，挡土墙、护坡断裂、外倾失稳、部分倒塌，坡面树木或电线杆倾倒等

衬砌破损技术状况评定标准

状况值	技术状况描述	
	外荷载作用所致	材料劣化所致
0	结构无裂损、变形和背后空洞	材料无劣化

续上表

<table>
<tr><td colspan="4">衬砌破损技术状况评定标准</td></tr>
<tr><td rowspan="2">状况值</td><td colspan="3">技术状况描述</td></tr>
<tr><td colspan="2">外荷载作用所致</td><td>材料劣化所致</td></tr>
<tr><td>1</td><td colspan="2">出现变形、位移、沉降和裂缝,但无发展或已停止发展</td><td>存在材料劣化,钢筋表面局部腐蚀,衬砌无起层、剥落,对断面强度几乎无影响</td></tr>
<tr><td>2</td><td colspan="2">出现变形、位移、沉降和裂缝,发展缓慢,边墙衬砌背后存在空隙,有扩大的可能性</td><td>材料劣化明显,钢筋表面全部生锈、腐蚀,断面强度有所下降,结构物功能可能受到损害</td></tr>
<tr><td>3</td><td colspan="2">出现变形、位移、沉降,裂缝密集,出现剪切性裂缝,发展速度较快;边墙处衬砌压裂,导致起层、剥落,边墙混凝土有可能掉下;拱部背面存在大的空洞,上部落石可能掉落至拱背;衬砌结构侵入内轮廓界限</td><td>材料劣化严重,钢筋断面因腐蚀而明显减小,断面强度有相当程度的下降,结构物功能受到损害;边墙混凝土起层、剥落,混凝土块可能掉落或已有掉落</td></tr>
<tr><td>4</td><td colspan="2">衬砌结构发生明显的永久变形,裂缝密集,出现剪切性裂缝,裂缝深度贯穿衬砌混凝土,并且发展快速;由于拱顶裂缝密集,衬砌开裂,导致起层、剥落,混凝土块可能掉下;衬砌拱部背面存在大的空洞,且衬砌有效厚度很薄,空腔上部可能掉落至拱背;衬砌结构侵入建筑限界</td><td>材料劣化非常严重,断面强度明显下降,结构物功能损害明显;由于拱部材料劣化,导致混凝土起层、剥落,混凝土块可能掉落或已有掉落</td></tr>
<tr><td colspan="4">隧道路面技术状况评定标准</td></tr>
<tr><td>状况值</td><td colspan="3">技术状况描述</td></tr>
<tr><td>0</td><td colspan="3">路面完好</td></tr>
<tr><td>1</td><td colspan="3">路面有浸湿、轻微裂缝、落物等,引起使用者轻微不适</td></tr>
<tr><td>2</td><td colspan="3">路面有局部的沉陷、隆起、坑洞、表面剥落、露骨、破损、裂缝,轻微积水,引起使用者明显不适,可能影响行车安全</td></tr>
<tr><td>3</td><td colspan="3">路面出现较大面积的沉陷、隆起、坑洞、表面剥落、露骨、破损、裂缝,积水严重等,影响行车安全;抗滑系数过低引起车辆打滑</td></tr>
<tr><td>4</td><td colspan="3">路面大面积的明显沉陷、隆起、坑洞,路面板严重错台、断裂,表面剥落、露骨、破损、裂缝,出现漫水、结冰或堆冰,严重影响交通安全,可能导致交通意外事故</td></tr>
<tr><td>应急检查</td><td>检查目的</td><td colspan="2">在遭遇自然灾害(地震、火灾、洪水等)、发生交通事故或出现其他异常事件后,为了查明缺损状况、采取应急措施</td></tr>
<tr><td rowspan="2">专项检查</td><td>检查目的</td><td colspan="2">对于需要进一步查明缺损或病害产生原因而进行的更深入的专门检测,其目的是为制订病害处治方案提供基础资料</td></tr>
<tr><td>检查项目</td><td colspan="2">结构变形、裂缝、漏水、材质、衬砌及围岩状况、荷载状况</td></tr>
</table>

续上表

<table>
<tr><th colspan="3">专项检查项目表</th></tr>
<tr><th colspan="2">检查项目</th><th>检查内容</th></tr>
<tr><td rowspan="3">结构变形检查</td><td>公路线形、高程检查</td><td>公路中线位置、路面高度、缘石高度以及纵、横坡度等测量</td></tr>
<tr><td>隧道横断面检查</td><td>隧道横断面测量，周壁位移测量（与相邻或完好断面比较）</td></tr>
<tr><td>净空变化检查</td><td>隧道内壁间距测量（自身变化比较）</td></tr>
<tr><td rowspan="2">裂缝检查</td><td>裂缝调查</td><td>裂缝的位置、宽度、长度、开展范围或程度等</td></tr>
<tr><td>裂缝检测</td><td>裂缝的发展变化趋势及其速度；裂缝的方向及深度等</td></tr>
<tr><td rowspan="3">漏水检查</td><td>漏水调查</td><td>漏水的位置、水量、浑浊程度、冻结及原有防排水系统的状态等</td></tr>
<tr><td>漏水检测</td><td>水温，pH 值检查、电导度检测、水质化学分析</td></tr>
<tr><td>防排水系统</td><td>拥堵、破坏情况</td></tr>
<tr><td rowspan="4">材质检查</td><td>衬砌强度检查</td><td>强度简易测定，钻孔取芯，各种强度试验等</td></tr>
<tr><td>衬砌表面病害</td><td>起层、剥落、蜂窝、麻面、孔洞、露筋等</td></tr>
<tr><td>混凝土碳化深度检测</td><td>采用酚酞液检查混凝土的碳化深度</td></tr>
<tr><td>钢筋锈蚀检测</td><td>剔凿检测法、电化学测定法、综合分析判定法</td></tr>
<tr><td rowspan="2">衬砌及围岩状况检查</td><td>无损检查</td><td>无损检测衬砌厚度、空洞、裂缝和渗漏水等，以及钢筋、钢拱架、衬砌配筋位置及保护层厚度、围岩状况、仰拱充填层密实及其下岩溶发育情况</td></tr>
<tr><td>钻孔检查</td><td>钻孔测定衬砌厚度等、内窥镜观测衬砌及围岩内部状况</td></tr>
<tr><td rowspan="2">荷载状况检查</td><td>衬砌应力及拱背压力检查</td><td>衬砌不同部位的应力及其变化，拱背压力的分布及其变化</td></tr>
<tr><td>水压力检查</td><td>地下水丰富的隧道检查衬砌背后水压力大小、分布及变化规律</td></tr>
</table>

<table>
<tr><th colspan="4">公路隧道总体技术状况评定类别</th></tr>
<tr><th rowspan="2">技术状况评定类别</th><th colspan="2">评定类别描述</th><th rowspan="2">养护对策</th></tr>
<tr><th>土建结构</th><th>机电设施</th></tr>
<tr><td>1 类</td><td>完好状态。无异常情况，或异常情况轻微，对交通安全无影响</td><td>机电设施完好率高，运行正常</td><td>正常养护</td></tr>
</table>

续上表

<table>
<tr><td colspan="5">公路隧道总体技术状况评定类别</td></tr>
<tr><td rowspan="2">技术状况评定类别</td><td colspan="3">评定类别描述</td><td rowspan="2">养护对策</td></tr>
<tr><td colspan="2">土建结构</td><td>机电设施</td></tr>
<tr><td>2 类</td><td colspan="2">轻微破损。存在轻微破损,现阶段趋于稳定,对交通安全不会有影响</td><td>机电设施完好率较高,运行基本正常,部分易耗部件或损坏部件需要更换</td><td>应对结构破损部位进行监测或检查,必要时实施保养维修;机电设施进行正常养护,应对关键设备及时修复</td></tr>
<tr><td>3 类</td><td colspan="2">中等破损。存在破坏,发展缓慢,可能会影响行人、行车安全</td><td>机电设施尚能运行,部分设备、部件和软件需要更换或改造</td><td>应对结构破损部位进行重点监测,并对局部实施保养维修;机电设施需进行专项工程</td></tr>
<tr><td>4 类</td><td colspan="2">严重破损。存在较严重破坏,发展较快,已影响行人、行车安全</td><td>机电设施完好率较低,相关设施需要全面改造</td><td>应尽快实施结构病害处治措施;对机电设施应进行专项工程,并应及时实施交通管制</td></tr>
<tr><td>5 类</td><td colspan="2">危险状态。存在严重破坏,发展迅速,已危及行人、行车安全</td><td>—</td><td>应及时关闭隧道,实施病害处治,特殊情况需进行局部重建或改建</td></tr>
<tr><td>技术状况评定方法</td><td colspan="4">采用分层综合评定与单项控制指标相结合的方法</td></tr>
<tr><td>技术状况评定</td><td>评分计算</td><td colspan="3">

$$JGCI = 100 \cdot \left[1 - \frac{1}{4}\sum_{i=1}^{n}\left(JGCI_i \times \frac{w_i}{\sum_{i=1}^{n} w_i}\right)\right]$$

$$JGCI_i = \max(JGCI_{ij})$$

式中:w_i——分项权重;

$JGCI_i$——分项状况值,值域 0 ~ 4;

$JGCI_{ij}$——各分项检查段落状况值;

j——检查段落号,按实际分段数量取值

<table>
<tr><td colspan="5">土建结构各分项权重</td></tr>
<tr><td colspan="2">分项</td><td>分项权重 w_i</td><td>分项</td><td>分项权重 w_i</td></tr>
<tr><td colspan="2">洞口</td><td>15</td><td>检修道</td><td>2</td></tr>
<tr><td colspan="2">洞门</td><td>5</td><td>排水设施</td><td>6</td></tr>
<tr><td rowspan="2">衬砌</td><td>结构破损</td><td rowspan="2">40</td><td>吊顶及预埋件</td><td>10</td></tr>
<tr><td>渗漏水</td><td>内装</td><td>2</td></tr>
<tr><td colspan="2">路面</td><td>15</td><td>交通标志、标线</td><td>5</td></tr>
</table>
</td></tr>
</table>

续上表

<table>
<tr><td rowspan="5">技术状况评定</td><td rowspan="5">评定分类</td><td colspan="6">土建结构技术状况等级界限值</td></tr>
<tr><td rowspan="2">技术状况评分</td><td colspan="5">土建结构技术状况评定分类</td></tr>
<tr><td>1 类</td><td>2 类</td><td>3 类</td><td>4 类</td><td>5 类</td></tr>
<tr><td>JGCI</td><td>≥85</td><td>≥70，<85</td><td>≥55，<70</td><td>≥40，<55</td><td><40</td></tr>
<tr><td colspan="6">土建结构技术状况评定时，当洞口、洞门、衬砌、路面和吊顶及预埋件的技术状况评定状况值达到 3 或 4 时，对应土建结构技术状况应直接评为 4 类或 5 类</td></tr>
<tr><td>5 类隧道技术状况单项控制指标</td><td colspan="7">1. 隧道洞口边仰坡不稳定，出现严重的边坡滑动、落石等现象；
2. 隧道洞门结构大范围开裂、砌体断裂、脱落现象严重，可能危及行车道内的通行安全；
3. 隧道拱部衬砌出现大范围开裂、结构性裂缝深度贯穿衬砌混凝土；
4. 隧道衬砌结构发生明显的永久变形，且有危及结构安全和行车安全的趋势；
5. 地下水大规模涌流、喷射，路面出现涌泥沙或大面积严重积水等威胁交通安全的现象；
6. 隧道路面发生严重隆起，路面板严重错台、断裂，严重影响行车安全；
7. 隧道洞顶各种预埋件和悬吊件严重锈蚀或断裂，各种桥架和挂件出现严重变形或脱落</td></tr>
</table>

第三节　衬砌裂缝检查与检测

考点三：裂缝检测

<table>
<tr><td>裂缝类型</td><td colspan="2">受力裂缝、沉降裂缝、混凝土收缩裂缝等</td></tr>
<tr><td rowspan="2">检测内容</td><td>常规检查</td><td>位置、方向、长度、宽度、裂缝形态</td></tr>
<tr><td>详细检查</td><td>裂缝深度和倾角：钻孔取样、无损检测、凿孔检查。
裂缝发展性：裂缝的宽度可以采用标点量测法、砂浆涂抹法和裂缝测量计的方法进行观测，裂缝长度扩展可采用尖端标记法、砂浆涂抹法进行观测</td></tr>
</table>

第四节　渗漏水检查与检测

考点四:渗漏水检测

简易检测	渗水位置、润湿范围、漏水状态、漏水流量、浑浊程度、pH 值、冻结检查。 漏水状态分为喷射、涌流、滴漏、浸渗四类
水质检测	温度检测、pH 值及水质、水样检测

第五节　隧道净空断面变形检测

考点五:净空断面变形检测

检测内容	高程检测、隧道净空断面检测、隧道衬砌结构裂缝发展监测、拱顶及边墙沉降检测、路面和电缆沟沉降(陷)检测

第十九章　盾构隧道施工质量检测与监测

第一节　概　　述

略。

第二节　盾构隧道管片质量检测

考点一：盾构管片质量检测

<table>
<tr><td rowspan="9">检测项目
及抽样数量</td><td>序号</td><td>检测项目</td><td colspan="2">抽样检测数量</td></tr>
<tr><td>1</td><td>混凝土强度</td><td colspan="2">检测数量不少于同一检测批管片总数的5%</td></tr>
<tr><td>2</td><td>外观</td><td colspan="2" rowspan="2">每200环抽检1环，不足200环时按200环计</td></tr>
<tr><td>3</td><td>尺寸</td></tr>
<tr><td>4</td><td>水平拼装</td><td colspan="2">每1000环抽检1次，不足1000环时按1000环计</td></tr>
<tr><td>5</td><td>渗漏</td><td colspan="2" rowspan="3">每1000环抽检1次，不足1000环时按1000环计</td></tr>
<tr><td>6</td><td>抗弯性能</td></tr>
<tr><td>7</td><td>抗拔性能</td></tr>
<tr><td colspan="4">注：外观及尺寸的检测应按标准块、邻接块、封顶块三种类型管片分别抽检；渗漏、抗弯性能检测宜选用标准块</td></tr>
<tr><td rowspan="2">检测方法</td><td colspan="2">混凝土强度</td><td colspan="2">混凝土管片的强度不应小于C50，且应符合设计要求</td></tr>
<tr><td colspan="2">水平拼装</td><td colspan="2">成环后内径、成环后外径、环向缝间隙、纵向缝间隙</td></tr>
</table>

第三节　盾构隧道施工质量检测

考点二：盾构施工质量检测

<table>
<tr><td rowspan="13">管片拼装</td><td>拼装方式</td><td colspan="5">通缝拼装、错缝拼装</td></tr>
<tr><td rowspan="12">拼装质量</td><td colspan="5">管片不得有内外贯穿裂缝、宽度大于 0.2mm 的裂缝及混凝土剥落现象</td></tr>
<tr><td colspan="5">隧道轴线和高程允许偏差和检测方法</td></tr>
<tr><td rowspan="2">检测项目</td><td rowspan="2">允许偏差</td><td rowspan="2">检测方法</td><td colspan="2">检测数量</td></tr>
<tr><td>环数</td><td>点数</td></tr>
<tr><td>隧道轴线平面位置(mm)</td><td>±75</td><td>用全站仪测中线</td><td>逐环</td><td rowspan="2">1 点/环</td></tr>
<tr><td>隧道轴线高程(mm)</td><td>±75</td><td>用全站仪测高程</td><td>逐环</td></tr>
<tr><td colspan="5">管片拼装允许偏差和检测方法</td></tr>
<tr><td rowspan="2">检测项目</td><td rowspan="2">允许偏差</td><td rowspan="2">检测方法</td><td colspan="2">检测数量</td></tr>
<tr><td>环数</td><td>点数</td></tr>
<tr><td>衬砌环椭圆度(‰)</td><td>±6</td><td>断面仪、全站仪测量</td><td>每 10 环</td><td>—</td></tr>
<tr><td>衬砌环内错台(mm)</td><td>6</td><td>尺量</td><td>逐环</td><td rowspan="2">4 点/环</td></tr>
<tr><td>衬砌环间错台(mm)</td><td>7</td><td>尺量</td><td>逐环</td></tr>
<tr><td rowspan="2">壁后注浆</td><td>注浆类型</td><td colspan="5">同步注浆、即时注浆、二次注浆</td></tr>
<tr><td>检测内容</td><td colspan="5">注浆层厚度、密实情况、缺陷及管片壁后病害</td></tr>
<tr><td>成型盾构隧道验收</td><td>主控项目</td><td colspan="5">1. 结构表面应无贯穿裂缝、无缺棱掉角，管片接缝应符合设计要求；
2. 隧道防水应符合设计要求；
3. 隧道轴线平面位置和高程偏差应符合规定；
4. 衬砌结构严禁侵入建筑限界</td></tr>
</table>

续上表

<table>
<tr><td rowspan="9">成型盾构隧道验收</td><td rowspan="4">主控项目</td><td colspan="4">隧道轴线平面位置和高程偏差</td></tr>
<tr><td>检测项目</td><td>允许偏差(mm)</td><td>检测方法</td><td>检测数量</td></tr>
<tr><td>隧道轴线平面位置</td><td>±150</td><td>全站仪或经纬仪测量</td><td>10 环</td></tr>
<tr><td>隧道轴线高程</td><td>±150</td><td>水准仪测量</td><td>10 环</td></tr>
<tr><td rowspan="5">一般项目</td><td colspan="4">隧道允许偏差</td></tr>
<tr><td>检测项目</td><td>允许偏差</td><td>检测方法</td><td>检测数量</td></tr>
<tr><td>衬砌环椭圆度(‰)</td><td>±8</td><td>激光断面仪、全站仪测量</td><td>10 环</td></tr>
<tr><td>衬砌环内错台(mm)</td><td>12</td><td>尺量</td><td>10 环,4 点/环</td></tr>
<tr><td>衬砌环间错台(mm)</td><td>17</td><td>尺量</td><td>10 环,4 点/环</td></tr>
</table>

第四节　盾构隧道施工监测

略。

第二部分　金题汇编

绪　　论

1.【2020 检师单选】国家标准分为推荐性标准和(　　)。

A. 强制性标准　B. 综合标准　C. 管理标准　D. 技术标准

2.【2019 检师单选】《公路工程质量检验评定标准　第一册　土建工程》(JTG F80/1—2017)中,检验标准部分规定了检查项目、方法、数量及(　　)应满足的要求。

A. 检查项目合格　B. 检查项目优良　C. 质量等级　D. 检验频率

3.【2021 助理单选】《公路工程质量检验评定标准　第一册　土建工程》(JTG F80/1—2017)包含(　　)和评定标准两部分内容。

A. 检查项目　B. 检验标准　C. 质量等级制度　D. 检验数量

4.【2017 检师单选】在建设项目中,根据签订的合同,具有独立施工条件的工程,如独立大桥、中桥、互通式立交应划分为(　　)。

A. 分项工程　B. 分部工程　C. 单位工程　D. 子分部工程

5.【2017 检师判断】分项工程是指具有独立施工条件的工程。(　　)

6.【2018 助理判断】在分部工程中,应按不同的施工工序、工艺或材料等划分为若干个单位工程。(　　)

7.【2018 助理判断】小桥和涵洞被划分到路基单位工程。(　　)

8.【2020 检师判断】根据《公路工程质量检验评定标准　第一册　土建工程》(JTG F80/1—2017),对隧道工程进行检验评定时,每座隧道作为一个单位工程。(　　)

9.【2021 助理单选】根据《公路工程质量检验评定标准　第一册　土建工程》(JTG F80/1—2017),桥梁工程中扩大基础、桩基、桩的制作属于(　　)。

A. 单位工程　B. 分部工程　C. 分项工程　D. 子分项工程

10.【2023 检师多选】特大斜拉桥、特大悬索桥工程划分中,属于分部工程的有(　　)。

A. 锚体　B. 锚碇　C. 桥面系　D. 辅助墩

11.【2018 检师单选】工程质量检验评定以分项工程为基本单元,采用(　　)进行。

A. 评审法　B. 评估法　C. 合格率法　D. 综合法

12.【2018 检师判断】分项工程所列基本要求,应检查工程所用的各种原材料的品种、规格、质量。(　　)

13.【2019 检师判断】工程质量评分中,施工质量保证资料应包括材料质量控制检验和试验结果。( )

14.【2018 助理多选】在工程质量评分中,施工质量保证资料至少应包括( )。

A. 材料质量控制检验和试验结果

B. 地基处理、隐蔽工程施工记录和大桥施工监控资料

C. 施工过程中遇到的非正常情况记录及其对工程质量影响分析

D. 施工过程中如发生质量事故,经处理补救后,达到设计要求的认可证明文件等

15.【2022 检师多选】属于隧道工程质量保证资料的有( )。

A. 半成品质量检验单　　B. 隧道施工监控报告

C. 设计变更图　　D. 衬砌混凝土配合比试验记录

16.【2022 检师判断】工程质量等级分为优良、合格与不合格。( )

17.【2019 检师多选】隧道工程施工安全风险评估范围,可根据以下条件,如( )等确定。

A. 施工队伍素质　　B. 工程建设条件

C. 技术复杂程度　　D. 施工管理模式

18.【2021 检师判断】长度 1000m 及以上的隧道工程均应进行施工安全风险评估。( )

19.【2021 检师多选】公路桥梁施工安全风险评估范围,可根据工程建设条件、技术复杂程度和施工管理模式确定,下列应当开展安全评估的工程有( )。

A. 多跨或跨径大于 40m 的石拱桥,跨径大于或等于 150m 的钢筋混凝土拱桥,跨径大于或等于 350m 的钢箱拱桥,钢桁架、钢管混凝土拱桥

B. 跨径大于或等于 140m 的梁式桥,跨径大于 400m 的斜拉桥,跨径大于 1000m 的悬索桥

C. 墩高或净空大于 100m 的桥梁工程

D. 特殊桥型或特殊结构桥梁的拆除或加固工程

20.【2022 检师单选】根据《关于开展公路桥梁和隧道工程施工安全风险评估试行工作的通知》(交质监发〔2011〕217 号),下列桥梁中需要进行安全风险评估的是( )。

A. 多跨或跨径大于 30m 的石拱桥

B. 跨径大于 350m 的钢桁架拱桥

C. 跨径大于或等于 100m 的钢筋混凝土拱桥

D. 跨径大于或等于 300m 的钢箱拱桥

21.【2022 检师多选】公路桥梁施工安全风险评估范围的意义有( )。

A. 增强安全风险意识　　B. 改进施工措施

C. 规范预案预警预控管理　　D. 有效降低施工风险

22.【2023 检师判断】定性评估是指依靠人的观察分析能力,借助经验和判断能力进行评估的方法。( )

23.【2021 检师单选】根据《公路工程质量检验评定标准　第一册　土建工程》(JTG F80/1—2017)相关规定,关于工程质量评定表述不正确的是( )。

A. 一般项目合格率应不低于 80%,否则该检查项目为不合格

B. 工程质量检查关键项目合格率应不低于 95%,否则该检查项目为不合格

C. 工厂加工制造的桥梁金属构件合格率应不低于 95%,否则该检查项目为不合格

D. 所含单位工程合格,该合同段评为合格

24.【2021 检师单选】根据《公路养护工程质量检验评定标准　第一册　土建工程》(JTG 5220—2020),下列说法不正确的是(　　)

A. 养护工程质量等级评定分为合格与不合格

B. 养护工程质量检测评定按养护单元、养护工程逐级进行

C. 养护单元工程质量检测评定为合格时,关键实测检查项目合格率不低于 90%

D. 养护工程质量评定为合格时,所含各养护单元的质量均应为合格

25.【2021 助理多选】根据《公路养护工程质量检验评定标准　第一册　土建工程》(JTG 5220—2020),下列关于桥梁养护工程实测项目检验说法正确的有(　　)。

A. 检查项目合格率为合格的点(组)数与全部检查点(组)数之比

B. 关键项目合格率不得低于 95%

C. 属于工厂加工制造的桥梁金属构件的合格率应为 100%

D. 一般项目的合格率应不低于 90%

26.【2022 检师单选】下列检验项目中,不需要采用《公路养护工程质量检验评定标准　第一册　土建工程》(JTG 5220—2020)的是(　　)。

A. 粘贴钢板　　B. 加宽改造　　C. 支座更换　　D. 裂缝修补

27.【2022 检师判断】桥梁、隧道养护工程质量检验评定不适合采用抽样检验,除特殊情况外,每个结构或构件均应进行检验。(　　)

28.【2022 检师判断】危旧桥梁改造工程完工后,应及时根据《公路养护工程质量检验评定标准　第一册　土建工程》(JTG 5220—2020)进行评定。(　　)

29.【2023 检师单选】桥梁养护工程质量检验除另有规定外,结构或构件检验频率为(　　)。

A. 10%　　B. 20%　　C. 50%　　D. 100%

【答案】[1]

1	2	3	4	5	6	7	8	9	10
A	A	B	C	错误	错误	正确	正确	C	ACD
11	12	13	14	15	16	17	18	19	20
C	正确	正确	ABCD	ABD	错误	BCD	错误	ABCD	B
21	22	23	24	25	26	27	28	29	
ABCD	正确	C	C	ABC	B	正确	正确	D	

[1] 本书全题答案配有详细解析,请考生微信扫描封面二维码(刮开涂层),在电子题库中查看。

第一章　原材料试验检测

第一节　石　　料

1.【2019 检师单选】用于桥梁工程的石料单轴抗压强度试验，试件的规格是(　　)，每组试件共(　　)个。

A. 70mm ± 2mm；6　　B. 50mm ± 2mm；6

C. 70mm ± 2mm；12　　D. 70mm ± 1mm；6

2.【2019 检师多选】石料按照地质形成条件可分为(　　)。

A. 变质岩　　B. 沉积岩　　C. 岩浆岩　　D. 风化

3.【2020 检师多选】公路工程石料制品有哪几类(　　)。

A. 片石　　B. 块石　　C. 粗料石　　D. 砾石

4.【2018 助理多选】石料抗冻性试验测试项目包括(　　)。

A. 抗压强度　　B. 耐冻系数　　C. 质量损失率　　D. 吸水率

5.【2023 检师多选】评价石料抗冻性好坏的指标有冻融循环后(　　)。

A. 强度变化　　B. 含水率变化　　C. 质量损失　　D. 外观变化

6.【2024 检师多选】关于试样冻融循环次数的表述，符合现行《公路工程岩石试验规程》(JTG 3431)抗冻性试验要求的是(　　)。

A. 在严寒地区冻融次数为 25 次　　B. 在严寒地区冻融次数为 15 次

C. 在寒冷地区冻融次数为 25 次　　D. 在寒冷地区冻融次数为 15 次

第二节　混　凝　土

7.【2023 检师多选】关于混凝土原材料表述正确的有(　　)。

A. 公路桥隧采用的水泥品种和强度配合比按规范要求选用

B. 细集料宜选用河砂、人工砂，不宜采用海砂

C. 配制混凝土时需考虑砂的细度模数和级配

D. 粗集料宜选用质地柔软、洁净，级配合理的碎石

8.【2021 检师综合】关于混凝土的外加剂要求正确的有(　　)。

A. 外加剂与水泥、矿物掺合料之间应具有良好的相容性

B. 所采用的外加剂应经过厂家自行检验并附有出厂合格证明

C. 外加剂使用前应进行复验,复验结果满足要求后方可用于工程中

D. 外加剂的品种和掺量应根据使用要求、施工条件、混凝土原材料的变化等通过试验确定

9.【2021 检师综合】关于混凝土的拌制和养护用水要求正确的有(　　)。

A. 预应力混凝土用水 pH 值≥5.0

B. 钢筋混凝土用水 pH 值≥4.5

C. 使用年限为 100 年的结构混凝土,氯离子含量不得超过 500mg/L

D. 使用钢丝或热处理钢筋的预应力混凝土,氯离子含量不得超过 350mg/L

10.【2023 检师单选】混凝土拌制用水的碱含量试验主要测试(　　)的含量。

A. 氯化钾和氯化钠　　B. 氧化钾和氧化钠

C. 硫酸钾和硫酸钠　　D. 氢氧化钾和氢氧化钠

11.【2019 助理判断】混凝土抗压强度采用非标准试件时,试验结果应用非标准试件的抗压强度乘以尺寸换算系数。(　　)

12.【2020 检师单选】混凝土抗压强度试验时,若使用的立方体试件尺寸为 100mm × 100mm × 100mm,则混凝土强度的尺寸修正系数为(　　)。

A. 0.85　　B. 0.90　　C. 0.95　　D. 1.05

13.【2023 检师单选】尺寸为 100mm × 100mm × 400mm 的 C50 混凝土试件进行弯拉强度试验时,应选择的尺寸换算系数为(　　)。

A. 1.05　　B. 1.00　　C. 0.95　　D. 0.85

14.【2021 助理单选】混凝土立方体抗压强度试验时,当混凝土强度等级大于或等于(　　)时,宜采用标准试件。

A. C40　　B. C50　　C. C60　　D. C70

15.【2021 检师判断】混凝土立方体试件置于压力机上受压时,混凝土试件的尺寸越小,测得的抗压强度越小。(　　)

16.【2019 助理单选】《公路隧道设计规范》(JTG D70—2004)规定,二次衬砌混凝土的抗渗等级在有冻害地段及最冷月份平均气温低于 −15℃的地区不低(　　)。

A. P10　　B. P8　　C. P12　　D. P6

17.【2019 检师单选】隧道结构混凝土抗渗性能试验中,检验抗渗等级不得低于(　　)。

A. 设计抗渗等级　　B. 设计抗渗等级的 90%

C. 试验抗渗等级　　D. 试验抗渗等级的 90%

18.【2017 检师判断】公路隧道防水混凝土的试验抗渗等级应大于设计抗渗等级。(　　)

19.【2021 助理综合】防水混凝土结构应满足(　　)。

A. 裂缝宽度应不大于 0.2mm,且不贯通

B. 迎水面主筋保护层厚度不应小于 50mm

C. 背水面主筋保护层厚度不应小于 30mm

D. 衬砌厚度不应小于 30cm

20.【2023 检师单选】根据《公路隧道施工技术规范》(JTG/T 3660—2020),衬砌混凝土抗渗性能试验需要(　　)试件。

A. 每 100m 衬砌做一组 6 个　　B. 每 200m 衬砌做一组 6 个

C. 每 100m 衬砌做一组 3 个　　D. 每 200m 衬砌做一组 3 个

21.【2021 助理综合】抗渗试验时,水压从(　　)开始,每隔(　　)增加水压(　　),并注意观察试件端面渗水情况。

A. 0.1MPa;8h;0.1MPa　　B. 0.1MPa;8h;0.2MPa

C. 0.1MPa;12h;0.1MPa　　D. 0.1MPa;12h;0.2MPa

22.【2023 检师单选】混凝土的抗渗等级以每组 6 个试件中有(　　)个未发现有渗水现象时的最大水压力表示。

A. 3　　B. 4　　C. 5　　D. 6

第三节　钢　　材

23.【2017 检师综合】热轧带肋钢筋力学性能试验是对试样施加轴向拉力,在拉伸至断裂过程中测定试样的(　　)等性能。

A. 屈服强度　　B. 断后伸长率

C. 最大力总伸长率　　D. 抗拉强度

24.【2021 检师综合】下列属于钢材力学性能的有(　　)。

A. 连接性能　　B. 冲击能力　　C. 疲劳性能　　D. 弯曲性能

25.【2022 检师单选】不能通过拉伸试验获得的钢材力学参数是(　　)。

A. 屈服强度　　B. 疲劳强度　　C. 拉伸强度　　D. 伸长率

26.【2018 检师单选】下列哪种钢筋需进行弯曲试验(　　)。

A. 高强钢丝　　B. 钢绞线　　C. 焊接钢筋　　D. 粗钢筋

27.【2019 检师多选】钢筋试件在规定的弯曲角度、弯芯直径及反复弯曲次数后,试件弯曲处不产生(　　)现象时即认为弯曲性能合格。

A. 收缩　　B. 裂纹　　C. 断裂　　D. 延伸

28.【2019 检师单选】中碳钢和高碳钢没有明显的屈服现象,通常取塑性延伸率为(　　)所对应的应力作为规定塑性延伸强度。

A. 0.1%　　B. 0.2%　　C. 0.3%　　D. 0.4%

29.【2021 助理综合】对温度要求严格的试验,试验温度应为(　　)。

A. 22℃ ±5℃　　B. 23℃ ±5℃　　C. 20℃ ±2℃　　D. 18℃ ±2℃

30.【2019 检师单选】测定预应力钢绞线最大总伸长率时,引伸计精度可选择(　　)。

A. 1 级　　B. 2 级　　C. 1 级或 2 级　　D. 高于 1 级

31.【2021 助理综合】下列参数应使用准确度不劣于 1 级的引伸计测定(　　)。

A. 屈服强度　　B. 抗拉强度　　C. 屈服点延伸率　　D. 断后伸长率

32.【2023 检师判断】钢材拉伸试验时测定抗拉强度应使用准确度不劣于 1 级的引伸

计。(　　)

33.【2018 检师判断】钢筋拉伸试验的试验速率应根据要求和条件,选择采用应变速率控制(方法 A)或应力速率控制(方法 B)。(　　)

34.【2021 检师单选】钢绞线力学试验平行长度为 795mm,摘下伸长计时两夹口距离为 800mm,钢绞线拉断时夹口距离为 840mm,最大力总延伸率应为(　　)。

A. 4%　　B. 5%　　C. 5.6%　　D. 6.5%

35.【2022 检师判断】预应力钢材断面收缩试验中,采用直径为 6mm 的钢丝,断后平均直径为 4.84mm,则断面收缩率为 35%。(　　)

36.【2023 检师判断】对直径为 20mm 的 HRB400E 钢筋进行拉伸试验,其中一根钢筋实测最大力值为 164.065kN,则该钢筋抗拉强度(修约至 1MPa)为 522MPa。(　　)

37.【2023 检师判断】钢筋断后伸长率测定时,原则上只有断裂处与最接近的标距标记的距离不小于原始标距的 1/3 方为有效。(　　)

38.【2018 检师单选】钢材屈服强度与抗拉强度的比值,通常用来比较结构的(　　)和钢材的有效利用率。

A. 安全性　　B. 稳定性　　C. 经济性　　D. 可靠性

39.【2024 检师单选】根据《金属材料　线材　反复弯曲试验方法》(GB/T 238—2013),(　　)适用于反复弯曲试验测试。

A. 直径 $d = 0.2$mm 的圆形截面金属线材

B. 直径 $d = 10.0$mm 的圆形截面金属线材

C. 截面高度 $h = 12.0$mm 的 H 形截面金属线材

D. 截面高度 $h = 16.0$mm 的 H 形截面金属线材

40.【2017 检师综合】热轧带肋钢筋组批验收,每批热轧带肋钢筋由(　　)的钢筋组成。

A. 同一重量　　B. 同一规格　　C. 同一炉罐号　　D. 同一牌号

41.【2017 检师综合】热轧带肋钢筋拉伸试验计算抗拉强度时,取钢筋的(　　)值。

A. 实测横截面面积　　B. 参考横截面面积

C. 公称横截面面积　　D. 理论横截面面积

42.【2017 检师综合】牌号 HRB400 钢筋的屈服强度不小于(　　)MPa。

A. 335　　B. 400　　C. 450　　D. 500

43.【2023 检师单选】热轧带助钢筋 HRB500 的抗拉强度不少于(　　)。

A. 400MPa　　B. 500MPa　　C. 540MPa　　D. 630MPa

44.【2021 检师判断】钢绞线力学试验,试样在引伸计夹持外部或在夹具中断裂,达到最小规定值时,样品可能合格。(　　)

45.【2020 检师判断】钢绞线拉伸试验中,当试样在距夹具 5mm 之内发生断裂时,原则上试验应判为无效,允许重新试验。(　　)

46.【2019 助理判断】如预应力混凝土用钢绞线拉伸试样在夹头内或距钳口 $2d$ 内断裂而性能达不到标准要求时,试验无效。(　　)

47.【2017 检师判断】钢绞线松弛试验初应力应根据理论及经验确定。(　　)

48.【2020 检师单选】预应力钢绞线松弛试验时,环境温度应保持在(　　)范围内。

A. 20℃ ±3℃　　B. 20℃ ±2℃　　C. 低温　　D. 常温

49.【2020 检师单选】钢绞线松弛试验中要求引伸计的标距不小于公称直径的(　　)倍。

A. 40　　B. 50　　C. 60　　D. 70

50.【2023 检师单选】钢绞线应按批进行检查和验收，每批钢绞线由同一牌号、同一规格、同一生产工艺捻制的钢绞线组成，每批应取(　　)根进行拉伸试验。

A. 1　　B. 2　　C. 3　　D. 6

51.【2020 检师多选】钢筋焊接接头的质量检验包括(　　)。

A. 外观检查　　B. 拉伸试验　　C. 弯曲试验　　D. 剪切试验

52.【2024 检师单选】根据《钢筋机械连接技术规程》(JGJ 107—2016)进行接头极限抗拉强度试验，被连接钢筋屈服强度标准值为 400MPa，极限抗拉强度标准值为 540MPa，下列情况符合 1 级接头的是(　　)。

A. 接头试件实测极限抗拉强度为 510MPa，破坏形式为钢筋母材拉断

B. 接头试件实测极限抗拉强度为 580MPa，破坏形式为套筒纵向开裂

C. 接头试件实测极限抗拉强度为 570MPa，破坏形式为钢筋母材拉断

D. 接头试件实测极限抗拉强度为 580MPa，破坏形式为钢筋从套筒中拔出

53.【2023 检师单选】洛氏硬度试验中，相邻两压痕中心间的距离至少为压痕平均直径的(　　)倍。

A. 1.5　　B. 2　　C. 2.5　　D. 3

【答案】

1	2	3	4	5	6	7	8	9	10
A	ABC	ABC	ABC	ACD	AD	AC	ACD	ABCD	B
11	12	13	14	15	16	17	18	19	20
正确	C	D	C	错误	B	A	正确	ABD	B
21	22	23	24	25	26	27	28	29	30
A	D	ABCD	BC	B	D	BC	B	B	C
31	32	33	34	35	36	37	38	39	40
AC	错误	正确	C	错误	正确	正确	A	B	BCD
41	42	43	44	45	46	47	48	49	50
C	B	D	正确	错误	正确	错误	B	C	C
51	52	53							
ABCD	C	D							

第二章　工程制品试验检测

第一节　预应力筋用锚具、夹具、连接器试验检测

1.【2019 助理多选】锚具、夹具和连接器按锚固方式不同可分为(　　)。

A. 夹片式　　B. 支撑式　　C. 锥塞式　　D. 握裹式

2.【2018 检师判断】夹具是先张法预应力混凝土施工的临时性锚固装置。(　　)

3.【2020 检师多选】根据《公路桥梁预应力钢绞线用锚具、夹具和连接器》(JT/T 329—2010)规定,预应力筋用锚具、夹具、连接器的力学性能要求主要有(　　)。

A. 静载锚固性能　　B. 硬度

C. 周期荷载性能　　D. 疲劳荷载性能

4.【2021 检师单选】进行静载锚固试验前,应在母材截取不少于(　　)根钢绞线进行力学试验。

A. 4　　B. 5　　C. 6　　D. 7

5.【2019 检师单选】桥梁预应力锚具组装件静载锚固性能试验时,将钢绞线、锚具与试验台组装,钢绞线受力均匀,总伸长率装置的标距不宜小于(　　)。

A. 0.5m　　B. 0.8m　　C. 1m　　D. 1.2m

6.【2019 检师多选】桥梁预应力筋用锚具、夹具、连接器的静载锚固性能试验取样和初应力要求(　　)。

A. 试验组装件 3 个(3 个锚环及相配套的夹片、钢绞线)

B. 试验组装件 3 个(6 个锚环及相配套的夹片、钢绞线)

C. 初应力为预应力钢材抗拉强度标准值的 5% ~10%

D. 初应力为预应力钢材抗拉强度标准值的 10% ~15%

7.【2020 检师单选】预应力筋用锚具、夹具、连接器的静载锚固性能试验,加载分成 4 级,到钢绞线抗拉强度标准值的 80% 后,持荷(　　)。

A. 1h　　B. 2h　　C. 3h　　D. 4h

8.【2022 检师多选】有关静载锚固性能试验加载过程说法正确的有(　　)。

A. 加载速率为 100MPa/min

B. 加载时,以预应力钢绞线抗拉强度标准值的 40%、60%、80% 分 3 级等速加载

C. 加载到钢绞线抗拉强度标准值的 80% 后,持荷 1h

D. 持荷 1h 后缓慢加载至试样破坏

9.【2023 检师单选】根据《公路桥梁预应力钢绞线用锚具、夹具和连接器》(JT/T 329—2010)开展静载锚固性能试验,加载时按钢绞线抗拉强度标准值(　　)的间隔,分四级以每分钟(　　)的加载速度等速加载。

A. 20%;100MPa　　B. 20%;200MPa

C. 25%;100MPa　　D. 25%;200MPa

10.【2017 检师判断】桥梁预应力锚具静载试验应连续进行两个组装件的试验,试验结束后需计算锚具效率系数和实测极限拉力时组装件受力长度的总应变。(　　)

11.【2018 助理判断】锚具锚固静载性能如果是非鉴定性试验,试验过程中当测得的效率系数、总伸长率满足要求时可终止试验。(　　)

12.【2018 检师单选】预应力筋锚具静载锚固性能试验过程中需要观察锚具的变形,其中夹片允许出现(　　)。

A. 纵向断裂　　B. 横向断裂　　C. 斜向断裂　　D. 脆裂

13.【2021 检师判断】预应力筋-锚具组装件的破坏形式应是锚具的失效导致试验终止,而不是预应力筋的破坏。(　　)

14.【2019 检师判断】桥梁锚具静载锚固性能试验结果如有一个组装件不符合要求,则应另取双倍数量的样品重新试验,如仍有一个试件不合格,则该批产品为不合格品。(　　)

第二节　桥梁支座试验检测

15.【2018 助理单选】桥梁支座中允许结构水平位移的支座称为(　　)支座。

A. 转动　　B. 滑动　　C. 固定　　D. 附属

16.【2019 检师多选】以下桥梁支座可用于活动支座的有(　　)。

A. 矩形板橡胶支座　　B. 矩形四氟板式橡胶支座

C. 盆式橡胶支座　　D. 盆式四氟板式橡胶支座

17.【2018 检师判断】《公路桥涵设计通用规范》(JTG D60—2015)规定支座设计使用年限为 25 年。(　　)

18.【2021 助理综合】板式橡胶支座试验检测项目包括(　　)。

A. 抗压弹性模量　　B. 抗剪弹性模量

C. 极限抗压强度　　D. 摩擦系数

19.【2022 检师判断】板式橡胶支座抗剪老化试验计算水平拉力时,按支座有效承压面积计算。(　　)

20.【2020 检师综合】板式橡胶支座试验条件要求试验室的标准温度为(　　)。

A. 23℃ ±2℃　　B. 23℃ ±5℃

C. 20℃ ±2℃　　D. 20℃ ±5℃

21.【2018 助理综合】板式橡胶支座抗剪弹性模量试验,对试验机要求(　　)。

A. 等级要求为Ⅰ级

B. 示值相对误差最大允许值为 ±1.0%

C. 正压力使用范围大于最大力值的4%，小于最大正压力的90%

D. 试验机剪切力至少为最大压力值的20%

22.【2020 检师综合】板式橡胶支座抗剪弹性模量实测值 G_1 与抗剪弹性模量标准允许值 G 的偏差应为(　　)。

A. ±10%　　B. ±15%　　C. ±20%　　D. ±25%

23.【2020 检师综合】根据下表计算板式橡胶支座 GBZJ400 × 450 × 84 的形状系数 S 为(　　)。

支座参数信息表

试样编号	型号规格(钢板平面尺寸)(mm × mm)	数量	中间层橡胶片厚度(mm)	胶层总厚度(mm)	单层钢板厚度(mm)
2-1 ~2-6	GBZJ400 ×450 ×84 (390 ×440)	6	11	60	4

A. 9.40　　B. 9.39　　C. 10.00　　D. 10.01

24.【2024 检师单选】根据《公路桥梁板式橡胶支座》(JT/T 4—2019)，外观尺寸为 300mm × 400mm 的板式橡胶支座，钢板尺寸为 290mm ×390mm，中间层橡胶厚度为 8mm，计算其抗压弹性模量指标时支座形状系数为(　　)。

A. 10.4　　B. 10.71　　C. 20.79　　D. 21.43

25.【2020 检师多选】四氟滑板支座的安装应该是(　　)。

A. 四氟乙烯板向上　　B. 四氟乙烯板向下

C. 长边垂直于桥梁纵向轴线　　D. 短边垂直于桥梁纵向轴线

26.【2018 助理综合】板式橡胶支座抗剪弹性模量试验试件安装(　　)。

A. 一次采用两块板式支座，按双剪组合配置

B. 在试验机的承载板上，应使支座顺其短边方向受剪

C. 使试件和钢拉板的对称轴和试验机承载板中心轴平行

D. 至少应在一块承载板上粘贴高摩擦板，以确保试验的准确性

27.【2018 助理综合】下列有关板式橡胶支座抗剪弹性模量试验施加压力，做法正确的有(　　)。

A. 将压应力以一定的速率连续增至平均压应力，并在整个抗剪试验过程中保持不变

B. 将压应力以一定的速率连续增至平均压应力，重复三次，并在整个抗剪试验过程中保持不变

C. 速率为 0.02 ~0.04MPa/s

D. 平均预应力为 7MPa

28.【2018 助理综合】下列有关板式橡胶支座抗剪弹性模量试验预加水平力，做法正确的有(　　)。

A. 以 0.02 ~0.03MPa/s 的速率连续施加水平

B. 加载至剪应力 1.0MPa，并持荷 5min

C. 以连续均匀速度卸载至剪应力为零，并持荷 5min

D. 记录初始值，绘制应力-应变图

E. 重复三次

29.【2018 助理综合】下列有关板式橡胶支座抗剪弹性模量试验正式加载，做法正确的有(　　)。

A. 分级加载，从 0.1 ~ 1.0MPa，剪应力每级增加 0.1MPa，持荷 1min，采集支座变形数据

B. 以连续均匀速度卸载至剪应力为 0.1MPa

C. 将每级加载持荷过程绘制成应力-应变图

D. 循环加载三次，每次循环间隔 5min

30.【2020 检师综合】下列有关抗剪老化试验做法正确的有(　　)。

A. 先将试样置于老化箱内(温度 70℃ ±2℃)72h

B. 先将试样置于老化箱内(温度 70℃ ±2℃)48h

C. 再将试样在标准温度停放 72h，然后进行试验

D. 再将试样在标准温度停放 48h，然后进行试验

31.【2020 检师综合】已知滑板式橡胶支座试样(3-5/3-6)四氟板与不锈钢板摩擦系数的检测数据，其支座承压力为 452kN，实测水平力为 2.710kN，经计算该板的摩擦系数为(　　)。

A. 0.004　　B. 0.005　　C. 0.006　　D. 0.008

32.【2020 检师单选】板式橡胶支座抗剪弹性模量试验，每对支座所组成试样的综合抗剪弹性模量，为该对试样 3 次加载所得到的 3 个结果的算术平均值。当各单项结果与算术平均值之间的偏差大于算术平均值的(　　)时，应重新复核试验一次。

A. 5%　　B. 3%　　C. 2%　　D. 1%

33.【2021 检师单选】支座转角试验中，根据各种转角下支座边缘最大、最小变形值来判定实测转角正切值是否符合标准要求，当(　　)情况下表示支座脱空。

A. $\Delta min \geq 0$　　B. $\Delta min < 0$　　C. $\Delta min \geq 0$　　D. $\Delta min \leq 0$

34.【2023 检师判断】公路桥梁盆式支座组装后高度偏差测量时，可对支座加载 50 ~ 100kN 的压力，以消除组装间隙及空气夹层。(　　)

35.【2017 检师多选】桥梁盆式支座成品试验检测项目为(　　)。

A. 抗压弹性模量　　B. 竖向承载力　　C. 摩擦系数　　D. 转动试验

E. 水平承载力

36.【2018 检师综合】盆式支座转动试验中支座会有以下转角值(　　)。

A. 0.005rad　　B. 0.010rad　　C. 0.015rad　　D. 0.020rad

37.【2022 检师综合】盆式支座竖向承载力试验，正式加载前的试验步骤正确的有(　　)。

A. 将待测试支座安置于试验机承载板上，并对准中心位置

B. 在支座顶、底板间对称安装 4 只百分表，测量支座竖向压缩变形

C. 在盆环上口相互垂直的直径方向安装 4 只千分表，测量支座盆环径向变形

D. 正式加载前对支座预压 3 次，预压荷载为 1.5 倍支座竖向设计承载力

38.【2022 检师综合】盆式支座竖向承载力试验,支座检验荷载为支座竖向设计承载力的(　　),并将检验荷载均分为(　　),逐级加载。

A. 1.5 倍;5 级　　B. 1.5 倍;10 级　　C. 2.0 倍;5 级　　D. 2.0 倍;10 级

39.【2022 检师综合】盆式支座竖向承载力试验,每级荷载持荷 2min,然后(　　)。

A. 记录每一级的位移量　　B. 加载至检验荷载,稳压 3min,卸载

C. 测定摩擦系数　　D. 测定残余变形

40.【2018 检师综合】关于盆式支座竖向承载力试验参数正确的是(　　)。

A. 检测荷载为竖向设计承载力的 1.2 倍

B. 检测荷载为竖向设计承载力的 1.5 倍

C. 预压荷载为竖向设计承载力的 1.0%

D. 初始压力为竖向设计承载力的 1.0%

41.【2018 检师综合】盆式支座竖向承载力试验力学性能要求有(　　)。

A. 在竖向承载力作用下支座压缩变形不大于支座总高度的 1%

B. 在竖向承载力作用下支座压缩变形不大于支座总高度的 2%

C. 在竖向承载力作用下盆环上口径向变形不大于盆环外径的 0.05%

D. 卸载后,支座残余变形小于设计荷载下相应变形的 5%

42.【2018 检师综合】盆式支座水平承载力描述正确的是(　　)。

A. 固定支座的水平承载力不小于支座竖向承载力的 10%

B. 单向活动支座非滑移方向的水平承载力不小于支座竖向承载力的 10%

C. 减震性固定支座的水平承载力不小于支座竖向承载力的 20%

D. 减震性单向活动支座非滑移方向的水平承载力不小于支座竖向承载力的 20%

43.【2024 检师综合】竖向设计承载力 15MN 的双向活动盆式支座,在进行竖向承载力试验时,其检验荷载、预压荷载及初始荷载分别为(　　)。

A. 15MN、15MN、0.3MN　　B. 15MN、22.5MN、0.15MN

C. 22.5MN、15MN、0.15MN　　D. 22.5MN、15MN、0.3MN

44.【2022 检师综合】关于盆式支座技术指标表述正确的有(　　)。

A. 摩擦系数不大于 0.3

B. 在竖向设计承载力作用下,盆环上口径变形不大于盆环外径的 0.05%

C. 在竖向设计承载力作用下,支座压缩变形不大于总高度的 0.05%

D. 支座竖向设计转动角度不小于 0.02rad

45.【2024 检师综合】盆式支座试验结束后,下列试验结果应判定为合格的是(　　)。

A. 竖向压缩变形符合规定,变形曲线呈线性关系

B. 支座转动角度为 0.03rad

C. 支座摩擦系数为 0.02

D. 盆环有明显径向变形,但未开裂

46.【2021 助理多选】球型支座的检测项目有(　　)。

A. 竖向承载力　　B. 水平承载力　　C. 摩擦系数　　D. 转动试验

47.【2018 检师单选】桥梁球型支座在竖向承载力的作用下,支座的竖向压缩变形不应大

于支座总高度的(　　)。

A. 0.5%　　B. 1%　　C. 2%　　D. 3%

48.【2019 检师判断】桥梁球型支座竖向承载力试验,受试验设备能力限制时,可选用有代表性的小型支座进行试验。(　　)

49.【2023 检师单选】球型支座水平承载力试验中,试验荷载为支座水平承载力的(　　)倍。

A. 1　　B. 1.2　　C. 1.5　　D. 2

50.【2024 检师判断】根据《公路桥梁盆式支座》(JT/T 391—2019),在正常设计生产安装、运营养护条件下,盆式支座使用年限不应低于 50 年。(　　)

第三节　桥梁伸缩装置试验检测

51.【2019 助理多选】根据《公路桥梁伸缩装置通用技术条件》(JT/T 327—2016),伸缩装置按照伸缩结构的不同分为(　　)。

A. 模数式　　B. 单向式　　C. 梳齿板式　　D. 无缝式

52.【2021 检师判断】在正常设计、生产、安装、运营养护条件下,伸缩装置设计使用年限不应低于 15 年。(　　)

53.【2017 检师单选】桥梁异型钢单缝伸缩装置试验检测项目为(　　)试验。

A. 拉伸、压缩　　B. 垂直变形　　C. 水平摩阻力　　D. 橡胶密封带防水

54.【2017 检师多选】桥梁梳齿板式伸缩装置试验检测项目主要为(　　)。

A. 拉伸、压缩　　B. 垂直变形　　C. 水平摩阻力　　D. 变位均匀性

55.【2022 检师单选】模数式伸缩装置试验检测项目不包括(　　)。

A. 变形性能试验　　B. 防水性能试验

C. 材料性能试验　　D. 承载性能试验

56.【2023 检师单选】根据《公路桥梁伸缩装置通用技术条件》(JT/T 327—2016),公路桥梁伸缩装置变形性能试验标准温度为(　　)。

A. 20℃ ±2℃　　B. 23℃ ±2℃　　C. 23℃ ±5℃　　D. 25℃ ±5℃

57.【2019 检师单选】桥梁模数式伸缩装置拉伸、压缩时最大水平摩阻力的指标为(　　)kN/m。

A. $\leqslant 3 \times n$　　B. $\leqslant 4 \times n$　　C. $\leqslant 5 \times n$　　D. $\leqslant 6 \times n$

58.【2023 检师多选】模数式伸缩装置外观检查内容包括(　　)。

A. 外观表面　　B. 橡胶表面　　C. 焊缝　　D. 涂装表面

59.【2023 检师单选】根据《公路桥梁伸缩装置通用技术条件》(JT/T 327—2016),模数式伸缩装置橡胶密封带夹持性能试验需要将(　　)。

A. 一个试件连续加载 3 次　　B. 三个试件各加载 1 次

C. 三个试件各加载 3 次　　D. 一个试件加载 1 次

60.【2020 检师单选】下面有关伸缩装置防水性能试验说法正确的是(　　)。

A. 伸缩装置在初始安装缝宽状态下固定

B. 伸缩单元两端应严密截堵

C. 水面高度应与伸缩装置顶面齐平

D. 经过48h后检查有无渗水、漏水现象

61.【2018助理单选】橡胶伸缩装置渗漏水试验,要求进行(　　)小时。

A. 12　　B. 24　　C. 36　　D. 72

第四节　波纹管试验检测

62.【2021检师多选】预应力混凝土桥梁用塑料波纹管力学性能检测项目包括(　　)。

A. 环刚度　　B. 局部横向荷载　　C. 柔韧性　　D. 抗冲击性

63.【2021检师综合】下列属于金属波纹管力学性能要求的是(　　)。

A. 径向刚度　　B. 抗渗漏性能　　C. 柔韧性　　D. 抗冲击性

64.【2017检师多选】预应力混凝土桥梁用塑料波纹管按截面形状可分为(　　)。

A. 矩形　　B. 扁形　　C. 圆形　　D. 螺纹形

65.【2019检师单选】预应力混凝土桥梁用塑料波纹管的环刚度不应小于(　　)kN/m^2。

A. 3　　B. 4　　C. 5　　D. 6

66.【2018助理判断】长轴为65mm、短轴为20mm的增强型金属波纹管标记为:JBG-20×65Z。(　　)

67.【2021助理单选】预应力混凝土桥梁用塑料波纹管环刚度试验时,应选择的试样管材数量和试样截取长度分别为(　　)。

A. 3根,500mm±10mm　　B. 3根,300mm±10mm

C. 5根,500mm±10mm　　D. 5根,300mm±10mm

68.【2023检师综合】下列塑料波纹管环刚度检测试样长度符合要求的有(　　)。

A. 289mm　　B. 304mm　　C. 306mm　　D. 311mm

69.【2023检师综合】塑料波纹管环刚度检测时波纹管内径测量,在试样长度中部的横截面处,(　　),取算术平均值。

A. 每隔45°依次测量2处　　B. 每隔90°依次测量2处

C. 每隔45°依次测量4处　　D. 每隔90°依次测量4处

70.【2023检师综合】关于预应力塑料波纹管环刚度试验的概述,正确的有(　　)。

A. 放置试样时,应使试样的轴线平行于平板

B. 放置试样时,应使试样的轴线垂直于平板

C. 当试样垂直方向的内径变形量为原内径的3%时,记录此时试样所受的负载

D. 当试样垂直方向的内径变形量为原内径的5%时,记录此时试样所受的负载

71.【2023检师综合】经检测,5根塑料波纹管试样的环刚度分别为17.20kN/m^2、16.97kN/m^2、13.77kN/m^2、17.12kN/m^2、16.95kN/m^2,则该管材环刚度值为(　　)。

A. 17.01kN/m^2　　B. 16.40kN/m^2　　C. 17.06kN/m^2　　D. 13.77kN/m^2

72.【2023 检师综合】某预应力塑料波纹管环刚度试验结果为合格，下列结果可能正确的有(　　)。

A. $4kN/m^2$　　B. $8kN/m^2$　　C. $12kN/m^2$　　D. $16kN/m^2$

73.【2024 检师单选】根据《预应力混凝土桥梁用塑料波纹管》(JT/T 529—2016)，塑料波纹管进行局部横向荷载试验时，施加荷载规定值为(　　)。

A. $0kN/m^2$　　B. 6kN　　C. 800N　　D. 800kN

74.【2022 检师单选】关于预应力混凝土桥梁用金属波纹管抗局部横向荷载性能试验说法错误的是(　　)。

A. 采用万能试验机加载时，加载速度不应超过 20N/s

B. 采用砝码及辅助装置加载时，每次增加砝码不宜超过 20kg

C. 测量变形量时持荷时间不应短于 1min

D. 测量变形量时每根试件测试 1 次

75.【2018 检师判断】预应力混凝土桥梁用金属波纹管的弯曲后抗渗漏试验，可用清水灌满试样。(　　)

76.【2018 助理判断】金属螺旋管检测当检验结果有不合格项目时，应以 3 倍数量的试件对该不合格项目进行复验，复验仍不合格时，则该批产品为不合格。(　　)

第五节　隧道用防水卷材性能检测

77.【2018 检师判断】防水卷材用纤维单面复合的为 W 类氯化聚乙烯防水卷材。(　　)

78.【2017 检师单选】以下隧道用防水卷材不属于高分子卷材的是(　　)。

A. 聚乙烯　　B. 醋酸乙烯共聚物

C. 石油沥青油毡　　D. 醋酸乙烯与沥青共聚物

79.【2018 检师单选】合成高分子防水卷材验收批量为(　　)。

A. $1000m^2$　　B. $2000m^2$　　C. $5000m^2$　　D. $10000m^2$

80.【2019 检师判断】隧道用防水卷材性能检测时，可以同类同型的 $10000m^2$ 卷材为一批。在该批次产品中随机抽取 3 卷进行理化性能检验。(　　)

81.【2020 检师单选】以下不属于常用防水卷材技术指标的是(　　)。

A. 断裂拉伸强度　　B. 撕裂强度　　C. 低温弯折性　　D. 孔隙率

82.【2018 检师多选】《氯化聚乙烯防水卷材》(GB 12953—2003)规定，N 类无复合层的卷材热老化处理后的指标有(　　)。

A. 外观　　B. 断裂伸长率变化率

C. 拉力　　D. 低温弯折性

83.【2021 助理判断】进行防水卷材热处理尺寸变化率试验时，热处理尺寸变化率应为 3 块试样尺寸变化率的平均值。(　　)

84.【2021 助理判断】根据《氯化聚乙烯防水卷材》(GB 12953—2003)，高分子防水卷材试样截取前，应在温度 23℃ ±2℃、相对湿度 60% ±15% 的标准环境下进行状态调整，时间不少

于 24h。(　　)

85.【2023 检师单选】高分子防水卷材的拉伸强度分别取纵向和横向各 5 个试样测试值的(　　)。

A. 算术平均值　　B. 加权平均值　　C. 中值　　D. 最小值

第六节　隧道用止水带性能检测

略。

第七节　隧道用止水条性能检测

略。

第八节　隧道用土工布性能检测

86.【2020 检师单选】隧道用土工布检测的试样准备时,以下说法错误的是(　　)。

A. 每项试验的试样应从样品长度与宽度方向上随机抽取,但距样品边缘至少 100mm

B. 试样不应含有灰尘、折痕、损伤部分和可见疵点

C. 为同一试验剪取 2 个以上的试样时,应在同一纵向或横向位置上剪取,如不可避免时,应在试验报告中说明

D. 试样一般应置于温度为 20℃ ±2℃、相对湿度为 65% ±5% 和标准大气压的环境中调湿 24h

87.【2018 助理单选】土工布厚度试验中,土工布厚度一般是指在(　　)kPa 压力下的厚度测定值。

A. 2　　B. 3　　C. 2.5　　D. 4

88.【2019 检师综合】关于土工布单位面积质量、厚度等试验数据整理与计算,以下描述正确的是(　　)。

A. 需要计算标准差 σ

B. 需要计算变异系数 C_v

C. 按 k 倍标准差作为取舍标准,舍去在 $x \pm k\sigma$ 范围以外的测定值(k 与试件数量相关)

D. 按 k 倍标准差作为取舍标准,舍去在 $x \pm kC_v$ 范围以外的测定值(k 与试件数量相关)

89.【2021 检师单选】土工织物试样应在标准大气压下,(　　)的环境中调湿 24h。

A. 温度为 20℃ ±2℃、相对湿度为 65% ±5%

B. 温度为 23℃ ±2℃、相对湿度为 65% ±5%

C. 温度为 20℃ ±2℃、相对湿度为 60% ±5%

D. 温度为 23℃ ±2℃、相对湿度为 60% ±5%

90.【2019 检师综合】土工布宽条拉伸试验中,用夹具位移和伸长计测量时,名义夹持长度分别为(　　)。

A. 100mm、100mm　B. 60mm、60mm　C. 100mm、60mm　D. 60mm、100mm

91.【2019 检师综合】某土工布横向拉伸最大力试验数据分别为 6269N、6530N、6385N、6313N、6365N,已知试样宽为 200mm,标距为 100mm,$k=1.67(n=5)$。该试样的拉伸强度为(　　)。

A. 31.9kN/m　B. 63.7kN/m　C. 31.7kN/m　D. 63.3kN/m

92.【2019 检师综合】土工布各试验参数取样数量不正确的是(　　)。

A. 单位面积质量试验裁取 5 块试样

B. 撕破强力试验纵向、横向各取 5 块试样

C. CBR 顶破强力试验取圆形试样 5 块

D. 刺破强力试验取圆形试样 5 块

93.【2019 助理单选】土工布撕破强力试验与(　　)试验采用同样的仪器。

A. 宽条拉伸　B. CBR 顶破强力　C. 刺破强力　D. 厚度

【答案】

1	2	3	4	5	6	7	8	9	10
ABD	正确	ACD	C	C	BD	A	ACD	D	错误
11	12	13	14	15	16	17	18	19	20
正确	A	错误	正确	B	BCD	错误	ABCD	错误	B
21	22	23	24	25	26	27	28	29	30
AB	B	A	A	AC	ABC	A	BDE	ABC	AD
31	32	33	34	35	36	37	38	39	40
C	B	B	正确	BCDE	BCD	ABC	B	ABD	BD
41	42	43	44	45	46	47	48	49	50
BCD	ABCD	C	BD	BC	ABCD	B	错误	B	正确
51	52	53	54	55	56	57	58	59	60
ACD	正确	D	ACD	C	C	B	ABCD	B	D
61	62	63	64	65	66	67	68	69	70
B	ABCD	AB	BC	D	错误	D	BC	C	AC
71	72	73	74	75	76	77	78	79	80
B	BCD	C	B	正确	错误	错误	C	D	错误
81	82	83	84	85	86	87	88	89	90
D	ABD	正确	正确	A	C	A	ABC	A	C
91	92	93							
A	ABD	A							

第三章　构件材质状况无损检测

第一节　结构混凝土强度

1.【2017 检师判断】混凝土强度检测评定可分为结构或构件的强度检测评定与承重构件的主要受力部位的强度检测评定。(　　)

2.【2018 助理综合】下列关于回弹仪率定的表述正确的有(　　)。

A. 回弹仪在每次检测的前后,都要用钢砧进行率定

B. 在 HRC 为 60 ±2 的钢砧上,回弹仪的率定值应为 80 ±2

C. 钢砧为硬度恒定的标准物质,平时妥善保管,无须送检

D. 率定时,回弹仪的弹击方向应与待检混凝土测区的弹击方向一致

3.【2019 助理单选】中型回弹仪为标准状态时,仪器的冲击能量等于或接近于 2.207J,在 HRC 为 60 ±2 钢砧上的率定值为(　　)。

A. 72 ±2　　B. 76 ±2　　C. 78 ±2　　D. 80 ±2

4.【2018 助理综合】某在用预应力混凝土 T 梁桥,跨径组合为 3 ×30m,每跨设置 9 片 T 梁,经调查所有 T 梁的生产工艺、强度等级、原材料、配合比、养护工艺均相同,龄期相近。关于 T 梁的回弹抽检数量,下列叙述正确的有(　　)。

A. 根据工程情况,可采用批量检测的方式随机抽检

B. 应按照单个构件检测的方式,每跨选取 2 片受力最不利的 T 梁

C. 对该桥,抽检 T 梁数量应不少于 10 片

D. 因该桥 T 梁数量较多,抽检数量可适当减少,但不得少于 5 片

5.【2018 检师多选】回弹测区的选择应符合(　　)。

A. 测区数不少于 10 个　　B. 测区面积为 20cm ×20cm

C. 避开预埋铁件　　D. 避开空洞

6.【2018 检师单选】回弹值测定完毕后,应选择不少于构件(　　)的测区,在有代表性的位置上测量碳化深度测定值。

A. 30%　　B. 50%　　C. 80%　　D. 10%

7.【2018 助理判断】用回弹仪测定混凝土强度时,混凝土碳化会使其表面回弹值变小。(　　)

8.【2022 检师单选】对于碳化深度值测量的做法不正确的是(　　)。

A. 回弹值测量完毕后,应在有代表性的位置上测量碳化深度值

B. 碳化深度值测点数不应少于构件回弹测区数的 30%

C. 当碳化深度值极差大于 2.0mm 时,应在每一测区测量碳化深度值

D. 每测点测量 3 次,读数精确至 0.5mm,取其平均值作为检测结果

9.【2024 检师单选】根据《回弹法检测混凝土抗压强度技术规程》(JGJ/T 23—2011),某检测人员在回弹值测量完毕后,对 4 个构件的碳化深度值检测。构件号和碳化深度值极差依次为:1 号 1.5mm,2 号 2.0mm,3 号 2.5mm,4 号 1.0mm,需要对每一测区分别测量碳化深度值的构件是(　　)。

A. 1 号　　B. 2 号　　C. 3 号　　D. 4 号

10.【2024 检师判断】某混凝土空心板底回弹值测试完毕后,布置 3 个碳化深度测区,该构件的碳化深度为 3 个测区平均值。(　　)

11.【2021 助理判断】回弹法测混凝土强度时,操作要求仪器的轴线始终垂直于混凝土构件表面。(　　)

12.【2018 助理综合】1 号测区布置在 1 ~3 号 T 梁底面,回弹仪竖直向上弹击,得到 16 个回弹值分别为 30、36、33、36、37、38、34、36、38、37、37、38、37、39、35、40。1 号测区的平均回弹值为(　　)。

A. 36.1　　B. 36.3　　C. 36.5　　D. 36.7

13.【2018 助理综合】2 号测区布置在 3 ~6 号 T 梁底面,回弹仪竖直向上弹击,2 号测区平均回弹值为 37.0,关于角度修正的表述正确的是(　　)。

平均回弹值 R_m	检测角度(向上为正、向下为负)		平均回弹值 R_m	检测角度(向上为正、向下为负)	
	-90°	90°		-90°	90°
32.0	3.4	-4.8	35.0	3.3	-4.5
33.0	3.4	-4.7	36.0	3.2	-4.4
34.0	3.3	-4.6	37.0	3.2	-4.3

A. 针对角度的修正值为 -4.3　　B. 针对角度的修正值为 3.2

C. 角度修正后,测区平均回弹值为 32.7　　D. 角度修正后,测区平均回弹值为 40.2

14.【2018 助理综合】2 号测区布置在 3 ~6 号 T 梁底面,回弹仪竖直向上弹击,2 号测区关于浇筑面修正的表述正确的是(　　)。

平均回弹值 R_m	浇筑面		平均回弹值 R_m	浇筑面	
	表面	底面		表面	底面
32.0	1.3	-1.8	35.0	1.0	-1.5
33.0	1.2	-1.7	36.0	0.9	-1.4
34.0	1.1	-1.6	37.0	0.8	-1.3

A. 针对浇筑面的修正值为 -1.3　　B. 针对浇筑面的修正值为 0.8

C. 针对浇筑面的修正值为 -1.7　　D. 针对浇筑面的修正值为 1.2

15.【2017 检师单选】回弹法检测混凝土强度时,如果为非水平方向且测试面为非混凝土

的浇筑侧面时,(　　)。

A. 应先对回弹值进行角度修正,再对修正后的值进行浇筑面修正

B. 应先进行浇筑面修正,再对回弹值进行角度修正

C. 修正顺序不影响检测结果

D. 对回弹值进行角度修正即可

16.【2019 检师判断】地区测强曲线是对某省市区的特定条件而制定的基本曲线。(　　)

17.【2019 助理多选】建设方组织的现场质量抽查采用回弹法,发现预制混凝土 T 梁强度不满足设计要求,要求第三方检测单位复测,可采用(　　)。

A. 回弹法结合取芯修正法　　B. 回弹法结合预留试块修正

C. 超声法　　D. 钻芯法

18.【2018 助理多选】目前的回弹曲线不适用下列(　　)情况。

A. 特殊成型的混凝土　　B. 浸水混凝土

C. 薄壁混凝土构件　　D. 大体积混凝土

19.【2022 检师多选】采用回弹法检测混凝土强度时,可以使用全国统一测强曲线进行混凝土强度换算的情形有(　　)。

A. 采用普通成型工艺的混凝土

B. 采用特种成型工艺的混凝土

C. 蒸汽养护出池后经自然养护 7d 以上,混凝土表层湿润

D. 自然养护且龄期为 14 ~ 1000d

20.【2017 检师多选】超声-回弹法与超声法相比,超声回弹综合法具有(　　)优点。

A. 受混凝土含水率和龄期的影响小

B. 对测试面要求低

C. 能够较全面反映结构混凝土实际质量,测试精度高

D. 简便快捷

21.【2022 检师单选】关于混凝土超声波检测仪自校准说法不正确的是(　　)。

A. 取常用平面换能器一对,接于超声波仪器上,开机预热 10min

B. 两个换能器辐射面的轴线始终保持垂直

C. 换能器辐射面间距的测量误差不应超过 ±1%,且测量精度为 0.5mm

D. 换能器辐射面若置于地板或桌面上,应在换能器下面垫上吸声材料

22.【2019 助理判断】超声回弹综合法中,当构件材料与制定测强曲线的材料有较大差异时,必须用同条件的混凝土试块或者钻芯取样对测区混凝土强度进行修正。(　　)

23.【2019 检师单选】某涵洞遭受了火灾,为确定火灾后墙身混凝土的强度,可采用(　　)进行检测。

A. 回弹法　　B. 超声法　　C. 超声回弹综合法　　D. 钻芯法

24.【2023 检师多选】钻芯法检测结构混凝土强度时,在桥梁上钻取试件应选择(　　),并应采取措施保证结构安全。

A. 结构或构件受力较大的部位　　B. 结构或构件受力较小的部位

C. 混凝土强度具有代表性的部位　　D. 避开主筋、预埋件的位置

25.【2020 检师综合】钻芯取样时需要收集的资料至少应包括(　　)。

A. 设计混凝土强度　　B. 竣工时混凝土强度

C. 混凝土试块抗压强度　　D. 结构或构件受力情况描述

26.【2020 检师综合】某预应力混凝土 T 梁桥遭受火灾后,开展检测评定,现场混凝土强度检测除采用回弹法外,还需进行取芯检测,最后修正得到混凝土实际强度,确定取芯位置应注意(　　)问题。

A. 损伤或退化严重部位　　B. 非主要受力部位

C. 避开所有受力钢筋　　D. 与回弹区域重合

27.【2020 检师综合】钻取芯样后应对芯样做如下处理(　　)。

A. 宜在磨平机上磨平端面

B. 可用环氧胶泥或聚合物水泥浆补平

C. 芯样试件端面与轴线的不垂直度不得大于 1°

D. 芯样裂缝不得大于 0.1mm

28.【2020 检师综合】某预应力混凝土 T 梁桥遭受火灾后,开展检测评定,现场混凝土强度检测除采用回弹法外,还需进行取芯检测,最后修正得到混凝土实际强度,最小取芯样本量不宜少于(　　)个。

A. 3　　B. 6　　C. 12　　D. 15

29.【2020 检师综合】采用钻芯修正方法确定检测批的混凝土强度推定值时,最后结构或构件混凝土强度应采用检测批的(　　)。

A. 上限值　　B. 下限值　　C. 平均值　　D. 推定值

30.【2018 检师判断】钻芯法检测混凝土强度,芯样抗压试件的高度与直径之比应在 1 ~ 2 范围内。(　　)

31.【2017 检师单选】钻芯法中要求芯样公称直径不宜小于集料最大粒径的(　　);也可采用小直径芯样试件,但其公称直径不宜小于(　　)且不得小于集料最大粒径的(　　)。

A. 4 倍;80mm;3 倍　　B. 3 倍;70mm;2 倍

C. 3 倍;60mm;2 倍　　D. 3 倍;50mm;2 倍

32.【2017 检师多选】芯样试件内不宜含有钢筋,如不能满足此项要求,试件应符合下列要求(　　)。

A. 标准芯样试样,每个试样内直径小于 10mm 的钢筋不得多于 2 根

B. 公称直径小于 100mm 的芯样,每个试件内最多只允许有一根直径小于 10mm 的钢筋

C. 芯样内的钢筋应与芯样试件的轴线基本垂直并离开端面 10mm 以上

D. 芯样有裂缝或有其他较大缺陷

33.【2019 检师多选】芯样试件尺寸偏差及外观质量超过下列要求时,相应的测试数据无效(　　)。

A. 沿芯样试件高度的任一直径与平均直径相差大于 1mm

B. 抗压芯样试件断面的不平整度在 100mm 长度内大于 0.1mm

C. 芯样试件的实际高径比小于要求高径比的 95% 或大于 105%

D. 芯样试件断面与轴线的不垂直度大于 1°

34.【2019 助理判断】芯样试件抗压前,按自然干燥状态进行试验时,芯样应在室内自然干燥 40 ~48h;按潮湿状态进行试验时,芯样应在清水中浸泡 72h。(　　)

35.【2018 检师单选】采用钻芯法进行单个构件混凝土强度推定值确定时,有效芯样数量不应少于(　　)个,对于较少构件不应少于(　　)个,按有效芯样试件混凝土抗压强度值的(　　)确定。

A. 6;4;平均值　　B. 6;4;最小值

C. 3;2;平均值　　D. 3;2;最小值

第二节　钢筋锈蚀电位

36.【2017 检师多选】混凝土中碱性集料反应(　　)。

A. 属于化学反应　　B. 对钢筋有侵蚀作用

C. 可在钢筋表面生成致密氧化膜　　D. 可导致混凝土胀裂

37.【2017 检师判断】半电池电位法是通过测定钢筋/混凝土半电池电极与在混凝土表面的铜/硫酸铜参考电极之间电位差的大小,来评定混凝土中钢筋的锈蚀活化程度。(　　)

38.【2024 检师判断】钢筋表面钝化膜局部破坏,则钝化膜处就会形成阴极,而周围钝化膜完好的部位构成阳极,从而形成了若干个微电池。(　　)

39.【2024 检师多选】关于半电池电位法测定钢筋锈蚀状态的原理及适用条件表述正确的是(　　)。

A. 通过测定混凝土内部的铜/硫酸铜电极电位,来评定混凝土中钢筋的锈蚀活化程度

B. 已经干燥到绝缘状态的混凝土表面,不适用本方法

C. 已经发生脱空、层离的混凝土表面,不适用本方法

D. 对特殊环境,如海水浪溅区、处于盐雾中的混凝土结构等,不具有普遍适用性

40.【2018 助理单选】对混凝土桥梁主要构件或主要受力部位检测钢筋锈蚀点位时,一般使用(　　)作为参考电极。

A. 甘汞　　B. 硝酸银　　C. 硝酸铜　　D. 硫酸铜

41.【2020 检师单选】对混凝土桥梁主要构件或主要受力部位布设测区检测钢筋锈蚀电位,每一测区的测点数不宜少于(　　)个。

A. 5　　B. 10　　C. 15　　D. 20

42.【2021 助理综合】下列有关半电池电位法检测钢筋锈蚀的说法正确的有(　　)。

A. 半电池电极接仪器的负极　　B. 半电池电极接仪器的正极

C. 钢筋接仪器的负极　　D. 钢筋接仪器的正极

43.【2018 助理判断】采用半电池电位法进行钢筋锈蚀点位检测,当一个测区内相邻测点的读数超过 150mV 时,通常应减小测点的间距。(　　)

44.【2019 检师多选】使用半电池电位法检测桥梁结构钢筋锈蚀点位,当测点读数显示变

动不超过(　　)mV、重复测读的差异不超过(　　)mV 时,可视为稳定。

A. 2　　B. 10　　C. 20　　D. 5

45.【2018 助理多选】钢筋锈蚀电位现场检测时,测试成果准确度的影响因素包括(　　)。

A. 混凝土含水率　　B. 环境温度

C. 混凝土强度　　D. 混凝土保护层电阻

E. 粗集料粒径

46.【2018 检师单选】用半电池电位法检测钢筋锈蚀的方法以电位水平作为判断,无锈蚀活动性或锈蚀活动不确定对应的电位水平(　　)。

A. < -150mV　　B. ≥ -200mV

C. < -250mV　　D. ≥ -300mV

47.【2019 助理判断】钢筋锈蚀状况检测完成后,应根据钢筋尺寸和钢筋保护层厚度对测试成果进行修正,根据修正后的锈蚀电位水平进行锈蚀概率和活化程度的判断。(　　)

48.【2019 助理判断】评定混凝土桥梁钢筋发生锈蚀概率或锈蚀活动性时,应按照测区锈蚀电位水平最低值确定钢筋锈蚀电位评定标度。(　　)

第三节　结构混凝土中氯离子含量

49.【2020 检师多选】有害物质侵入混凝土将会影响结构的耐久性,以下关于有害物质描述正确的有(　　)。

A. 氯离子的侵入可引起并加速钢筋的锈蚀

B. 硫酸盐的侵入可使混凝土成为易碎松散状态、强度下降

C. 碱的侵入在集料具有碱活性时,引起碱-集料反应破坏

D. 碳的侵入可引起混凝土强度降低

50.【2022 检师单选】混凝土中氯离子的主要危害是(　　)。

A. 降低混凝土的强度　　B. 降低混凝土的弹性模量

C. 加速混凝土的碳化　　D. 诱发或加速钢筋的锈蚀

51.【2024 检师判断】氯化物浸入混凝土可引起钢筋锈蚀,其锈蚀危险性受混凝土质量、碳化深度等影响,应综合分析。(　　)

52.【2021 助理综合】间接评价钢筋锈蚀活动性可测量(　　)。

A. 氯离子含量　　B. 碳化深度　　C. 缺陷与损伤　　D. 电阻率

53.【2017 检师多选】混凝土桥梁钢筋锈蚀电位评定标度为(　　)时,应测量混凝土中氯离子含量及其分布。

A. 1　　B. 2　　C. 3　　D. 4

E. 5

54.【2021 检师判断】混凝土氯离子测定试验,同一测区不同取样孔相同深度的粉末可收集在一个袋中。(　　)

55.【2022检师判断】结构混凝土氯离子含量测试时,根据每一取样层氯离子含量的测定值,可以绘出氯离子含量的深度分布曲线,用来判断氯化物是混凝土生成时已有的,还是结构使用过程中由外界渗入及浸入的。(　　)

56.【2022检师多选】关于氯离子检测中混凝土取样的说法正确的有(　　)。

A. 取样部位处混凝土应有明显的钢筋锈胀

B. 每一测区取粉的钻孔数量不宜少于3个,取粉孔可与碳化深度测量孔合并使用

C. 同一测区不同孔相同深度的粉末可收集在一个塑料袋内,质量不少于25g

D. 采集粉末后,塑料袋应立即封口保存,注明测区、测孔编号及深度

57.【2023检师多选】关于混凝土结构中氯离子含量检测表述正确的有(　　)。

A. 测区选择宜参考钢筋锈蚀电位测量结果确定

B. 每一测区取粉的钻孔数不宜少于3个,不得与碳化深度测孔合并使用

C. 同一测区不同孔相同深度的粉末可收集在一个塑料袋内

D. 不同测区测孔相同深度的粉末不应混合在一起

58.【2018检师单选】混凝土中氯离子含量检测,混凝土氯离子含量(　　)时,可评定钢筋锈蚀的可能性不确定。

A. >2　　B. <0.15　　C. (0.15,0.40]　　D. (0.40,0.70]

第四节　混凝土中钢筋分布及保护层厚度

59.【2019助理多选】混凝土桥梁钢筋保护层厚度检测部位应包括(　　)。

A. 主要构件或主要受力部位

B. 钢筋锈蚀电位测试结果表明钢筋可能锈蚀活化的部位

C. 发生钢筋锈蚀膨胀的部位

D. 布置混凝土碳化测区的部位

60.【2021检师综合】钢筋位置及混凝土保护层厚度检测仪的工作原理是基于(　　)。

A. 超声波透射　　B. 电磁感应　　C. 电化学反应　　D. X射线透射

61.【2021检师综合】对某类构件钢筋分布及保护层厚度的检测,可采取抽样的方法,关于抽样数量要求正确的有(　　)。

A. 不少于同类构件数的10%　　B. 不少于同类构件数的30%

C. 不少于3件　　D. 不少于6件

62.【2021检师综合】钢筋分布及保护层厚度的检测时,测区应均匀分布,相邻两测区的间距和测点选择要求正确的有(　　)。

A. 测区间距不宜大于2m　　B. 测区间距不宜小于2m

C. 每一测区测点不少于10个　　D. 每一测区测点不少于20个

63.【2022检师多选】关于钢筋保护层检测说法正确的有(　　)。

A. 按单个构件检测时,测区应均匀布置,每个构件上的测区数不少于10个

B. 最大尺寸大于5m的构件,应适当增加测区数

C. 测区应均匀分布,相邻两测区的间距不宜小于 3m

D. 构件上每一测区不应少于 10 个测点

64.【2022 检师判断】钢筋保护层测试仪使用期间应定期使用专用的标定块标定校准,当标定达不到应有的准确度时,应送专业机构维修检验。(　　)

65.【2017 检师单选】当钢筋保护层厚度测试仪的探头(　　)时,其指示信号最强。

A. 位于钢筋正上方　　B. 与钢筋轴线垂直

C. 与钢筋轴线平行　　D. 与钢筋轴线平行且位于钢筋正上方

66.【2017 检师多选】钢筋混凝土梁钢筋保护层厚度检测时,应注意(　　)。

A. 应对全部底排纵向受力钢筋的保护层厚度进行检验

B. 对于每根钢筋,应在有代表性的部位测量

C. 应抽取不少于 6 根纵向受力钢筋的保护层厚度进行检验

D. 纵向受力钢筋的保护层厚度检验比例不宜小于 30%

67.【2019 检师判断】混凝土中钢筋分布及保护层检测是针对主要承重构件或承重构件中的主要受力部位的。(　　)

68.【2019 助理判断】当钢筋保护层厚度测试仪的探头与钢筋轴线平行且位于钢筋正上方时,其指示信号最强。(　　)

69.【2023 检师判断】钢筋保护层厚度测定仪可根据保护层厚度估测钢筋直径。(　　)

70.【2021 助理综合】钢筋保护层检测结果修正的方法有(　　)。

A. 仪器比对　　B. 声波探测

C. 用标准块综合修正　　D. 用小直径钻头打标准孔修正

71.【2024 检师综合】可用于保护层测量值修正的方法是(　　)。

A. 钢筋等效直径修正　　B. 标准垫块综合修正

C. 校准孔综合修正　　D. 经验修正

72.【2021 检师综合】影响钢筋保护层测量准确度的因素有(　　)。

A. 外加磁场　　B. 混凝土本身具有磁性

C. 钢筋品种　　D. 布筋状况、钢筋间距

73.【2021 检师综合】对某混凝土构件进行钢筋分布及保护层厚度的检测,已知知此构件保护层厚度设计值为 45mm,实测保护层厚度特征值为 39.4mm,则该混凝土构件钢筋保护层厚度评定结果为(　　)。

A. 对结构耐久性影响不显著,评定标度为 1

B. 对结构耐久性有轻度影响,评定标度为 2

C. 对结构耐久性有影响,评定标度为 3

D. 对结构耐久性有较大影响,评定标度为 4

74.【2024 检师综合】根据《公路桥梁承载能力检测评定规程》(JTG/T J21—2011),钢筋保护层测试结果评定采用实测保护层厚度特征值 D_{ne} 与其设计值 D_{nd} 的比值,当测试结果 D_{ne}/D_{nd} 处于(0.70,0.85]范围时,表示(　　)。

A. 对结构钢筋耐久性的影响不显著　　B. 对结构钢筋耐久性有轻度影响

C. 对结构钢筋耐久性有影响　　D. 钢筋易失去碱性保护,发生锈蚀

第五节　混凝土碳化深度

75.【2018 助理单选】碳化测区布设时,每测区应布置(　　)个测孔。

A. 1　　B. 2　　C. 3　　D. 4

76.【2021 助理判断】混凝土碳化状况可采用在混凝土新鲜断面观察酸碱指示剂反应厚度的方法判定。(　　)

77.【2023 检师单选】混凝土碳化深度平均值与实测保护层厚度平均值的比值用 K_c 表示,同等条件下 K_c 与钢筋锈蚀概率的关系是(　　)。

A. K_c 值越小,钢筋越易发生锈蚀　　B. K_c 值越大,钢筋越易发生锈蚀

C. K_c 值越小,钢筋锈蚀越严重　　D. K_c 值越大,钢筋锈蚀越严重

第六节　混凝土电阻率

78.【2017 检师判断】桥梁无损检测中,对于混凝土电阻率的测量,通常混凝土电阻率越大,说明钢筋锈蚀速度越快。(　　)

79.【2023 检师单选】根据《公路桥梁承载能力检测评定规程》(JTG/T J21—2011)对混凝土桥梁进行承载能力评定时,钢筋锈蚀电位评定标度达到(　　)的主要构件或主要受力部位,应进行混凝土电阻率检测。

A. 1　　B. 1、2　　C. 2、3、4　　D. 3、4、5

80.【2023 检师判断】混凝土的电阻率反映其导电性,电阻率大,锈蚀发展速度快,扩散能力强。(　　)

第七节　超声法检测混凝土结构内部缺陷与表层损伤

81.【2019 助理多选】超声波检测混凝土缺陷的主要内容包括(　　)。

A. 裂缝深度　　B. 不密实区

C. 新老混凝土结合质量　　D. 裂缝宽度

82.【2019 检师多选】超声法检测混凝土缺陷的主要内容包括(　　)。

A. 裂缝深度　　B. 不密实区　　C. 裂缝宽度　　D. 蜂窝麻面

83.【2018 检师多选】非金属超声波检测仪可用来测定混凝土的(　　)。

A. 均一性　　B. 弹性模量　　C. 裂缝　　D. 强度

E. 蜂窝

84.【2021 检师多选】下列选项中,可采用超声波方法检测的项目是(　　)。

A. 混凝土强度　　B. 裂缝深度　　C. 钢筋锈蚀电位　　D. 基桩完整性

85.【2018 检师多选】在进行混凝土缺陷检查时，可利用超声法进行（　　）工作。

A. 钢管混凝土内部缺陷的检测　　B. 阶段施工箱梁混凝土接缝质量的检测

C. 混凝土裂缝深度的检测　　D. 混凝土匀质性的检测

86.【2022 检师综合】超声法检测混凝土缺陷一般方式有（　　）。

A. 钻孔测试，一般采用厚度振动式换能器

B. 平面测试，一般采用径向振动式换能器

C. 钻孔测试，一般采用径向振动式换能器

D. 平面测试，一般采用厚度振动式换能器

87.【2019 检师多选】混凝土超声检测的换能器频率选择主要与（　　）有关。

A. 混凝土强度等级　　B. 混凝土测试断面尺寸

C. 混凝土探测距离　　D. 混凝土含水率

88.【2019 检师单选】超声波在混凝土中传播距离越远，则选用换能器的主频率应越低，因为信号频率越低，衰减越（　　）。

A. 小　　B. 大　　C. 强　　D. 快

89.【2022 检师综合】采用超声法检测混凝土内部缺陷，当出现（　　）时，可作为混凝土内部存在缺陷的判据。

A. 声速降低　　B. 接收首波衰减　　C. 接收频率降低　　D. 接收波形畸变

90.【2023 检师判断】结构混凝土的均匀性一般采用平面式换能器进行穿透对测法检测。（　　）

91.【2023 检师综合】超声法检测裂缝深度时，换能器应通过（　　）与混凝土测试表面保持紧密结合。

A. 胶黏剂　　B. 耦合剂　　C. 防腐剂　　D. 干燥剂

92.【2022 检师综合】某桥梁排查过程中怀疑存在混凝土内部有不密实或空洞、混凝土表面多条结构裂缝，为得到详细的病害数据，开展专项检测，本次专项检测宜开展的项目包括（　　）。

A. 钢筋分布及锈蚀情况　　B. 结构裂缝深度

C. 结构空洞分布情况　　D. 钻芯法检测

93.【2021 检师单选】用超声法进行不密实区、空洞或混凝土结合面质量检测时，测点间距不宜为（　　）。

A. 100mm　　B. 200mm　　C. 300mm　　D. 500mm

94.【2017 检师判断】当采用超声法检测混凝土浅裂缝时，最好在裂缝处灌入清水。（　　）

95.【2022 检师综合】对预估深度为 200mm 的裂缝深度进行超声波检测。先在完好混凝土区域测试超声波的声速为 4000m/s。之后将两换能器分别置于以裂缝为对称轴的两侧，当换能器间的水平间距为 200mm 时，扣除零声时后的声时值为 80μs，则在此测距计算的裂缝深度约为（　　）。

A. 100mm　　B. 125mm　　C. 150mm　　D. 200mm

96.【2022 检师综合】当裂缝预估深度为 600mm 时，使用超声波进行裂缝的深度检测，下

列表述正确的有(　　)。

A. 应采用平测法

B. 裂缝中不能有积水和泥浆

C. 应采用钻孔对测法

D. 当有钢筋穿过裂缝并与两换能器的连线平行时,两换能器的连线应与该钢筋相距 50mm 以上

97.【2023 检师综合】某在建高速公路桥梁采用重力式桥台、扩大基础,桥台底宽 1500cm、高 762cm,台身浇筑完成后按计划拆模,发现台身中部有两道竖向裂缝,预计深度小于 350mm,裂缝宽度 0.2mm。超声法检测该桥台裂缝深度时,关于换能器的表述正确的有(　　)。

A. 采用径向振动式换能器　　B. 采用平面振动式换能器

C. 测试时换能器跨缝布置　　D. 测试时换能器沿裂缝一侧布置

98.【2023 检师综合】超声波检测混凝土裂缝,测试过程中应密切关注波形图像,关于首波反相的表述正确的有(　　)。

A. 可以利用首波反相现象快速计算裂缝深度

B. 出现首波反相现象时,裂缝深度与换能器间距相等

C. 难以发现首波反相现象时,表明裂缝深度超出测量范围

D. 难以发现首波反相现象时,可增加测试间距计算出裂缝深度

99.【2023 检师综合】某在建高速公路桥梁采用重力式桥台、扩大基础,桥台底宽 1500cm、高 762cm,台身浇筑完成后按计划拆模,发现台身中部有两道竖向裂缝,预计深度小于 350mm,裂缝宽度 0.2mm。经测试,裂缝深度为 120mm,正常养生 20 天后裂缝宽度变窄,稳定为 0.15mm,下列对该裂缝判断正确的是(　　)。

A. 该裂缝为非受力裂缝,满足验收要求

B. 该裂缝为非受力裂缝,不满足验收要求

C. 该裂缝为受力裂缝,满足验收要求

D. 该裂缝为受力裂缝,不满足验收要求

100.【2018 助理单选】测量超声波穿过混凝土介质所需的时间一般以(　　)计。

A. s　　B. ms　　C. μs　　D. min

101.【2018 助理判断】在利用超声波进行缺陷检测时,尽量使混凝土处于自然干燥状态,缺陷中不应填充水分。(　　)

102.【2019 检师判断】超声单面平测法测试时,真正的测距应通过两换能器的测量值加上或者减去用时距回归计算的修正值得出。(　　)

第八节　钢结构试验检测

103.【2023 检师多选】钢结构构件焊接质量检验一般分为(　　)检验阶段。

A. 原材　　B. 焊前　　C. 焊接过程中　　D. 焊后成品

104.【2022 检师判断】根据《钢结构工程施工质量验收标准》(GB 50205—2020),设计要

求的一、二级焊缝应全数进行内部缺陷的无损检测。(　　)

105.【2018 检师多选】目前焊缝无损探伤常用方法包括(　　)。

A. 超声波　B. 射线　C. 磁粉检测　D. 渗透检测

E. 雷达检测

106.【2019 助理单选】在进行钢材焊缝内部缺陷无损探伤时,主要采用(　　)。

A. 超声探伤、磁粉探伤　B. 超声探伤、射线探伤

C. 超声探伤、渗透探伤　D. 磁粉探伤、渗透探伤

107.【2019 检师综合】探伤时采用较高的探测频率,可有利于(　　)。

A. 发现较小的缺陷　B. 区分相邻的缺陷

C. 改善声束指向性　D. 改善反射波形

108.【2019 检师综合】焊缝检测中,探头角度的选择与(　　)有关。

A. 钢板的厚度　B. 缺陷方向

C. 缺陷的部位　D. 钢材的强度

109.【2019 检师综合】为探出焊缝中不同角度的缺陷,应采取(　　)方法。

A. 提高检测频率　B. 修磨检测面

C. 用多种折射角度的探头　D. 增加采样时间

110.【2022 检师单选】关于横波脉冲反射法检测桥涵钢结构焊缝的说法正确的是(　　)。

A. 在桥梁钢结构外观检查合格前,应进行零、部(杆)件的焊缝无损检验

B. 焊缝表面及探伤表面经外观检查合格后方可进行探伤

C. 检测区域为焊缝两侧至少 10mm 宽母材和热影响区宽度中的较小值

D. 探伤移动区应将表面涂装层擦拭干净

111.【2024 检师多选】根据《钢结构工程施工质量验收标准》(GB 50205—2020),无疲劳验算要求的钢结构二级焊缝外观检验不允许出现的缺陷是(　　)。

A. 裂纹

B. 个别电弧擦伤

C. 缺口深度为 0.2mm,且≤$0.05t$ 的一处接头不良

D. 表面夹渣

112.【2024 检师多选】关于钢结构用超声波探伤表述正确的是(　　)。

A. 穿透能力大

B. 对平面型缺陷如裂纹、夹层等,探伤灵敏度较高,并可测定缺陷的深度和相对大小

C. 特别适用于形状复杂的构件

D. 要求确保充分耦合

113.【2024 检师多选】关于钢结构渗透检测表述正确的是(　　)。

A. 可以同时显示各个不同方向的各类缺陷

B. 渗透探伤可用于大型构件和不规则零件以及现场机件的检查

C. 渗透探伤可对埋藏于表皮层以下的缺陷直观显示

D. 液体渗透探伤分为荧光渗透探伤和着色渗透探伤

114.【2021检师判断】高强螺栓连接副预拉力复验时,每套连接副可进行多次试验。(　　)

115.【2024检师多选】关于高强度大六角头螺栓连接副扭矩系数的复验方法正确的是(　　)。

A.复验用的螺栓应在施工现场待安装的螺栓批中随机抽取

B.每批应抽取6套连接副进行复验

C.每套连接副只应做一次试验,不得重复使用

D.在紧固中垫圈发生转动时,试验无效

116.【2022检师判断】根据《钢结构工程施工质量验收标准》(GB 50205—2020),扭剪型高强度螺栓连接副应复验其扭矩系数,高强度大六角头螺栓连接副应复验其紧固轴力(预拉力)。(　　)

117.【2023检师判断】高强螺栓连接副抗滑移系数试验可采用双摩擦面的三栓拼接拉力试件。(　　)

118.【2023检师多选】在高强度螺栓连接副抗滑移系数试验中,当拉伸试验(　　)时,对应的荷载为测定的滑移荷载。

A.试验机发生回针现象

B.试件测面画出的标记线发生错位

C.记录仪上显示的力-位移曲线发生突变

D.试件突然发生"嘣"的响声

119.【2022检师单选】涂层附着力检测方法不包括(　　)。

A.划格法　　B.划叉法　　C.剥离法　　D.拉开法

120.【2023检师单选】下列涂层厚度只能采用划叉法检测的是(　　)。

A.50μm　　B.150μm　　C.250μm　　D.350μm

第九节　地质雷达法检测混凝土衬砌质量

121.【2018助理综合】雷达探测衬砌厚度的原理,是根据反射回来的电磁波的(　　)来求得天线距反射界面距离。

A.传播时间　　B.混凝土中传播速度

C.幅度　　D.波形资料

122.【2018检师单选】地质雷达天线频率越低,则(　　)。

A.波长越大,能量衰减快,预报距离越小

B.波长越大,能量衰减慢,预报距离越大

C.波长越小,能量衰减快,预报距离越小

D.波长越小,能量衰减慢,预报距离越大

123.【2020检师综合】做衬砌厚度检测时,宜采用地质雷达(　　)Hz的天线。

A.100M　　B.400M　　C.600M　　D.1500M

124.【2018 检师多选】对于探测大于 1.3m 的混凝土结构，宜采用(　　)Hz 的雷达天线探测。

A. 50M　　B. 100M　　C. 600M　　D. 1.5G

125.【2018 助理综合】雷达检测过程中需注意的事项有(　　)。

A. 纵向连续布线，根据需要在拱顶、左右拱腰、左右边墙，布置 5 ~ 7 条

B. 采用点测方式，测点间距 500mm

C. 保持天线与被测物表面密贴

D. 天线移动速度均匀，移动速度宜为 3 ~ 5km/h

126.【2020 检师综合】雷达检测时，可能对检测信号产生干扰的因素有(　　)。

A. 渗水　　B. 电缆　　C. 钢架　　D. 埋管件

127.【2018 助理综合】雷达介电常数标定方法有(　　)。

A. 钻孔实测

B. 在已知厚度部位测量

C. 已知厚度的并且材料与隧道相同的其他预制件上测量

D. 在洞口使用双天线直达波测量

128.【2019 检师综合】用收发一体天线在明洞端墙部位(厚度 60cm)标定电磁波速，测得电磁波时程为 10ns，则本隧道混凝土的电磁波传播速度约为(　　)m/s。

A. 1.2×10^8　　B. 2×10^8　　C. 0.6×10^8　　D. 2×10^7

129.【2024 检师单选】地质雷达法进行混凝土衬砌质量检测，在已知厚度为 55cm 的部位测得电磁波时程为 9.0ns，则待测混凝土的电磁波速为(　　)。

A. 1.22×10^8m/s　　B. 6.11×10^7m/s

C. 3.06×10^5m/s　　D. 6.11×10^2m/s

130.【2020 检师综合】用收发一体天线在明洞端墙部位(厚度 60cm)标定电磁波速，测得电磁波时程为 10ns，混凝土相对介电常数为(　　)。

A. 9.50　　B. 8.25　　C. 7.50　　D. 6.25

131.【2018 助理综合】地质雷达数据处理步骤包括(　　)。

A. 正确连接雷达　　B. 回波起始零点确定

C. 数据距离归一化处理　　D. 滤波处理

132.【2024 检师多选】关于地质雷达检测混凝土衬砌时遇到反射波图像不够清晰、有明显干扰时常用的有效数据处理方法，表述正确的是(　　)。

A. 降低增益可减少干扰信号或幅度过大对波形的影响

B. 数据距离归一化宜选在直达波正波中心位置

C. 水平光滑滤波目的是增强层位的连续性

D. 水平背景去除滤波可用于消除强反射条带

133.【2020 检师单选】采用地质雷达检测混凝土背后回填密实性，当混凝土反射信号弱，图像均一且反射界面不明显时，则通常判定为(　　)。

A. 空洞　　B. 不密实　　C. 密实　　D. 离析

134.【2020 检师综合】若衬砌有配筋和局部不密实，雷达数据有(　　)特征。

A. 反射信号弱,图像均匀且反射界面不明显
B. 反射信号强,信号同相轴呈绕射弧形,不连续且分散杂乱
C. 反射信号强,图像呈小双曲线形
D. 反射信号弱,图像不均匀

【答案】

1	2	3	4	5	6	7	8	9	10
正确	AB	D	AC	ABCD	A	错误	D	C	错误
11	12	13	14	15	16	17	18	19	20
正确	D	AC	C	A	正确	ABD	AB	AD	AC
21	22	23	24	25	26	27	28	29	30
B	正确	D	BCD	ACD	ABCD	ABC	B	D	错误
31	32	33	34	35	36	37	38	39	40
B	ABC	BCD	错误	D	AD	正确	错误	BCD	D
41	42	43	44	45	46	47	48	49	50
D	BC	正确	AB	ABD	B	错误	正确	ABC	D
51	52	53	54	55	56	57	58	59	60
正确	ABD	CDE	正确	正确	BCD	ACD	C	ABCD	B
61	62	63	64	65	66	67	68	69	70
BC	BC	BD	错误	D	AB	正确	正确	正确	CD
71	72	73	74	75	76	77	78	79	80
BC	ABCD	B	C	C	正确	B	错误	A	错误
81	82	83	84	85	86	87	88	89	90
ABC	AB	ACE	ABD	ABCD	CD	BC	A	ACD	正确
91	92	93	94	95	96	97	98	99	100
B	BC	D	错误	B	BC	BCD	AD	A	C
101	102	103	104	105	106	107	108	109	110
正确	错误	BCD	正确	ABCD	B	AB	ABC	C	B
111	112	113	114	115	116	117	118	119	120
ABD	ABD	ABD	错误	ACD	错误	错误	ABCD	C	D
121	122	123	124	125	126	127	128	129	130
ACD	B	BC	AB	ACD	ABCD	ABCD	A	A	D
131	132	133	134						
BCD	ACD	C	BC						

第四章　地基与基础试验检测

第一节　地基承载力检测

1.【2022 检师多选】属于公路桥涵工程勘察中原位测试方法的有(　　)。

A. 浅层平板载荷试验　　B. 深层平板载荷试验

C. 基桩荷载试验　　D. 圆锥动力触探试验

2.【2017 检师判断】一般地基土根据塑性指数、粒径、工程地质特性等分为六类。(　　)

3.【2023 检师判断】岩石的坚硬程度应根据岩块的天然单轴抗压强度标准值分级。(　　)

4.【2020 检师判断】根据《公路桥涵地基与基础设计规范》(JTG 3363—2019)，岩石的坚硬程度应按照饱和单轴抗压强度标准值分级。(　　)

5.【2024 检师判断】碎石土密实度可以根据重型动力触探锤击数 $N_{63.5}$ 确定,分为松散、中密、密实 3 级。(　　)

6.【2018 检师多选】现场确定地基承载力的方法有(　　)。

A. 荷载板试验　　B. 标贯试验

C. 静力触探试验　　D. 击实试验

7.【2019 检师多选】桥梁地基基础荷载试验时,最初为压密阶段,此阶段为(　　)。

A. 土中各点的剪应力小于土的抗剪强度　　B. 土体处于弹性平衡状态

C. 土体处于塑性平衡状态　　D. 局部范围土中应力达到土的抗剪强度

8.【2019 助理多选】桥梁基础浅层平板载荷试验承载板尺寸为(　　)。

A. 50cm×50cm 方板　　B. 70.7cm×70.7cm 方板

C. 直径 80cm 圆板　　D. 直径 30cm 圆板

9.【2023 检师单选】浅层平板载荷试验最大加载量不应小于设计要求的(　　)倍。

A. 0.618　　B. 1　　C. 2　　D. 3

10.【2023 检师判断】深层平板载荷试验每级加载后,第一个小时内应按 10min、10min、10min、15min、15min 测读沉降量,以后为每隔 0.5h 测读一次沉降量。当连续 2h 内每小时沉降量小于 0.1mm 时,可认为已趋稳定,可加载下一级荷载。(　　)

11.【2018 检师单选】地基现场荷载试验 *P-S* 曲线无法确定比例界限时,一般取相应于沉降 *S* 等于荷载板宽度(或直径)的(　　)时的荷载作用作为地基的承载能力特征值。

A. 1% ~1.5%　　B. 2% ~5%

C. 10% ~15%　　D. 20% ~50%

12.【2021 检师判断】重型、超重型圆锥动力触探试验均可对极软岩地基进行检测。(　　)

13.【2017 检师多选】桥梁基础新近沉积黏性土的地基承载力容许值,可按(　　)确定。

A. 液性指数　　B. 压缩模量　　C. 含水率　　D. 天然孔隙比

14.【2021 检师单选】碎石土地基承载力基本容许值可根据土的(　　)确定。

A. 类别和密实程度　　B. 类别和强度

C. 强度和密实程度　　D. 类别和天然孔隙比

第二节　基桩成孔质量检测

15.【2017 检师判断】桥梁钻孔灌注桩成孔质量检测时,对于钻孔桩倾斜度允许偏差为小于 2%。(　　)

16.【2018 检师判断】钻孔灌注桩孔底沉淀土厚度不会影响其承载能力。(　　)

17.【2019 检师单选】桥梁钻孔灌注桩采用正循环钻孔,一般地层的护壁泥浆含砂率一般要求为(　　)。

A. ≤9%　　B. 9% ~4%　　C. ≤6%　　D. ≤4%

18.【2021 助理判断】钻孔泥浆作为钻探的冲洗液,除起护壁作用外,还具有挟带岩土,冷却钻头、堵漏等功能。(　　)

19.【2021 助理判断】桥梁钻孔灌注桩护壁泥浆一般要求呈碱性。(　　)

20.【2019 检师单选】对于桥梁钻孔桩成孔中心位置允许偏差,《公路桥涵施工技术规范》(JTG/T 3650—2020)的要求为(　　)。

A. 群桩和单排桩:50mm　　B. 群桩和单排桩:100mm

C. 群桩:50mm,单排桩:100mm　　D. 群桩:100mm,单排桩:50mm

21.【2023 检师单选】根据《公路工程质量检验评定标准　第一册　土建工程》(JTG F80/1—2017),钻孔灌注桩的成孔质量检测中,桩长为 S,钻孔倾斜度允许偏差为(　　)。

A. ≤0.5%S,且≤250mm　　B. ≤1%S,且≤250mm

C. ≤0.5%S,且≤500mm　　D. ≤1%S,且≤500mm

22.【2021 检师多选】根据《公路桥涵施工技术规范》(JTG/T 3650—2020)规定,对于摩擦桩清孔后,沉淀厚度应符合设计要求。当无设计要求时,以下选项正确的是(　　)。

A. 对于直径小于或等于 1.5m 的桩,沉淀厚度≤200mm

B. 对于直径小于或等于 1.5m 的桩,沉淀厚度≤300mm

C. 对于桩径大于 1.5m 或桩长大于 40m 以及土质较差的桩,沉淀厚度≤200mm

D. 对于桩径大于 1.5m 或桩长大于 40m 以及土质较差的桩,沉淀厚度≤300mm

23.【2019 检师判断】超声波孔壁测量仪可以直接测定桥梁钻孔灌注桩孔底沉淀土厚度。(　　)

24.【2019 检师判断】不论采用何种清孔方法,桥梁钻孔灌注桩泥浆试件都应从孔底提出,进行性能指标检测。(　　)

25.【2019 检师判断】桥梁钻孔灌注桩护壁泥浆一般要求呈碱性。(　　)

第三节　桩身完整性检测

26.【2024 检师综合】根据《公路工程基桩检测技术规程》(JTG/T 3512—2020),可用于基桩完整性检测的方法是(　　)。

A. 低应变反射波法　　B. 超声波透射法

C. 高分辨直流电法　　D. 钻孔取芯法

27.【2019 检师判断】反射波法基本原理是在桥梁基桩柱顶进行竖向激振,弹性波沿着桩身向下传播,在桩身存在明显波阻抗界面或桩身截面积变化部分,将产生反射波。(　　)

28.【2017 检师综合】低应变反射波法检测现场准备工作包括(　　)。

A. 现场踏勘　　B. 资料收集

C. 桩头处理　　D. 传感器安装

29.【2017 检师综合】低应变反射波法检测结果分析包括(　　)。

A. 桩身波速平均值确定　　B. 桩身缺陷位置计算

C. 桩身完整性判断　　D. 混凝土强度计算

30.【2019 助理判断】利用反射波法,不仅能判断桥梁基桩柱身混凝土的完整性,估算混凝土强度等级,还能估算出单桩承载力。(　　)

31.【2018 检师判断】反射波法可测得基桩的缩径状况。(　　)

32.【2018 助理多选】反射波法测桩时,安装传感器可采用(　　)等耦合剂。

A. 石膏　　B. 环氧　　C. 黄油　　D. 橡皮泥

33.【2019 助理单选】为了保证振动测试信号处理时不产生混叠,信号采样频率至少为原信号最大频率的(　　)倍以上。

A. 1　　B. 2　　C. 3　　D. 4

34.【2017 检师综合】低应变反射波法检测仪器需要设置的参数包括(　　)。

A. 采样频率　　B. 采样点数

C. 适调放大器　　D. 脉冲宽度

35.【2017 检师综合】低应变反射波法检测关于信号采集要求,填入内容正确的是(　　)。

①对于混凝土灌注桩,激振点宜选择在(　　),传感器宜安装在距桩中心(　　)处。

②当桩径大于或等于 1000mm 时,应设置(　　)个测点,测点宜以桩心为中心对称布置。

③各测点记录的有效信号数不应少于(　　)次,且检测波形应具有良好的一致性。

A. 桩中心;2/3 半径;3 ~ 4;3　　B. 桩中心;1/3 直径;2 ~ 3;5

C. 桩周;1/2 半径;1 ~ 2;3　　D. 桩周;1/4 直径;4 ~ 5;5

36.【2020 检师多选】低应变反射液法检测桩身完整性时,锤击桩头的目的是要在桩顶输入一个符合检测要求的初始应力波脉冲,其基本技术特性为(　　)。

A. 波形　　B. 峰值　　C. 脉冲宽度　　D. 输入能量

37.【2022 检师单选】关于低应变反射波法的桩身完整性测试结果描述中,可以判定为Ⅳ类桩的是(　　)。

A. $2L/c$ 时刻前有明显缺陷反射波,有桩底反射波信号

B. $2L/c$ 时刻前有严重的缺陷反射波,有桩底反射波信号

C. $2L/c$ 时刻前有明显缺陷反射波,桩底反射信号不明显

D. $2L/c$ 时刻前有严重的缺陷反射波,无桩底反射波信号

38.【2021 助理单选】用声波透射法检测钻孔灌注桩时,所依据的基本物理量是接收信号的频率变化和波形畸变,此外还有(　　)。

A. 混凝土强度　　B. 声程值和缺陷大小

C. 声时值和波幅变化　　D. 混凝土强度等级及缺陷位置

39.【2020 检师综合】声波在混凝土传播过程中,当桩身混凝土介质存在阻抗差异时,将发生(　　),造成声波能量的吸收、衰减,通过声学参数或波形变化来检验桩身混凝土是否存在缺陷。

A. 反射波、绕射波、折射波　　B. 声时、波幅变化

C. 透射波、吸收波　　D. 接收波主频变化

40.【2018 助理判断】声波透射法中采用钢管比用塑料管声能透过率高。(　　)

41.【2019 检师判断】根据《公路工程基桩检测技术规程》(JTG/T 3512—2020),对 1500mm 直径的桥梁基桩,采用声波透射法检测基桩完整性,应预埋 4 根声测管。(　　)

42.【2023 检师综合】根据《公路工程基桩检测技术规程》(JTG/T 3512—2020),采用声波透射法检测时,被检桩混凝土(　　)。

A. 强度不得低于设计强度的 70%　　B. 强度不得低于 15MPa

C. 龄期不应少于 7d　　D. 龄期不应少于 14d

43.【2020 检师综合】根据《公路工程基桩检测技术规程》(JTG/T 3512—2020),下列关于超声波检测仪的技术性能描述正确的有(　　)。

A. 声波发射应采用阶跃脉冲或矩形脉冲,其电压宜为 250 ~ 1000V

B. 径向换能器沿水平面无指向性

C. 换能器谐振频率为 1 ~ 200kHz

D. 换能器在 1MPa 水压下能正常工作

44.【2020 检师综合】声测管埋设要求正确的是(　　)。

A. 声管内径应大于换能器外径

B. 声测管管口应高出桩顶 100 ~ 300mm,且各声测管管口高度应一致

C. 桩径小于 1000mm 时,应埋设 2 根管

D. 桩径大于 1600mm 且小于 2500mm 时,应埋设 4 根管

45.【2022 检师单选】根据《公路工程基桩检测技术规程》(JTG/T 3512—2020),对跨孔声波透射法检测说法正确的是(　　)。

A. 测点间距不应大于 250mm

B. 发射与接收换能器应以相同高程同步升降,其相对高差不应大于 50mm

C. 同一根桩的检测过程中,声波发射电压和仪器参数设置应随时校正

D. 声时值和波幅值有明显异常的部位,应调整参数重新检测

46.【2023 检师综合】采用声波透射法检测某钻孔灌注桩的桩身完整性,常用的测试方法有(　　)。

A. 对测(平测)　　B. 斜测

C. 单面平测　　D. 扇形测

47.【2023 检师综合】关于声波透射法检测某钻孔灌注桩的桩身完整性,表述正确的有(　　)。

A. 需要在施工中预埋声测管

B. 需要对桩头加固处理

C. 检测范围可覆盖全桩长各个检测剖面

D. 现场检测不受场地、桩长、长径比限制

48.【2020 检师综合】现场测试工作正确的是(　　)。

A. 发射和接收换能器分别置于两声测管的同一高度,自下而上,将收发换能器以相同步长(不大于200mm)向上提升,进行水平检测

B. 若平测后,存在桩身质量的可疑点,则进行加密平测,以确定异常部位的纵向范围

C. 斜测时,发、换能器中心线与水平夹角一般取30°~40°

D. 扇形测在桩顶、桩底斜测范围受限或减小换能器升降次数时采用

49.【2020 检师综合】下列结果分析中不正确的表述有(　　)。

A. 声速临界值采用混凝土声速平均值与2倍声速标准差之差

B. 波幅异常时的临界值采用波幅平均值减6dB

C. 当实测混凝土声速低于声速临界值时,可将其作为可疑缺陷区域

D. 当PSD值在某点附近变化明显时,可将其作为可疑缺陷区域

50.【2023 检师综合】根据实测信号对桩身缺陷进行判定时,可采用(　　)判据进行综合判定。

A. 声速　　B. 波幅　　C. 主频　　D. PSD

51.【2023 检师综合】采用声波透射法检测某钻孔灌注桩的桩身完整性,一般按(　　)顺序分析该基桩完整性。

①根据施工情况综合判定缺陷的种类和性质。

②进行细测和斜测,确定缺陷的范围与大小。

③以波速值进行概率统计法统计判断,得到低于临界值的异常点位置和深度。

A. ②③①　　B. ③②①　　C. ①③②　　D. ②①③

52.【2021 检师判断】钻探取芯应在混凝土浇灌28d后进行,或受检桩同条件养护时间强度达到设计强度要求。(　　)

53.【2021 助理单选】对混凝土强度等级低于(　　)的基桩,不宜采用钻芯法检测其完整性。

A. C10　　B. C25　　C. C15　　D. C20

54.【2018 助理单选】《公路工程基桩检测技术规程》(JTG/T 3512—2020)规定,超声波法基桩完整性检测如采用取芯孔时,取芯孔的垂直度误差不应大于(　　)。

A. 0.1%　　B. 0.2mm　　C. 0.5mm　　D. 0.5%

第四节　基桩承载力检测

55.【2018 助理综合】基桩竖向受荷载作用的极限承载大小取决于(　　)。

A. 桩身自身的混凝土强度和桩周地基土强度

B. 桩周土的侧摩阻力和端阻力

C. 桩身混凝土与桩周层位相对移量

D. 采用等贯入速率法、循环加卸载法、荷载维持法等不同的试验方法

56.【2019 检师多选】桥梁桩基静荷载试验包括(　　)。

A. 静拔试验　　B. 静压试验　　C. 高应变动测　　D. 静推试验

57.【2019 助理单选】确定桥梁基桩承载力最可靠的方法是(　　)。

A. 机械阻抗法　　B. 高应变法　　C. 小应变法　　D. 静载试验

58.【2018 助理综合】对试验桩的要求正确的是(　　)。

A. 试桩的成桩工艺和质量控制标准应与工程桩一致

B. 桩身混凝土达到 28d 强度

C. 试桩桩头混凝土可用 C30 砂浆抹平

D. 试桩顶部露出试坑地面的高度不宜小于 800mm

59.【2021 助理多选】混凝土灌注桩承载力检测,对于混凝土的要求正确的有(　　)。

A. 混凝土龄期应达到 28d 或强度达到设计要求

B. 混凝土龄期应达到 14d 或强度达到设计要求

C. 桩头混凝土强度不低于 C30

D. 桩头混凝土强度不低于 C15

60.【2018 助理综合】基桩静载试验反力装置能提供的反力相对于最大加载量应有一定的储备,一般为其(　　)倍。

A. 1.2 ~ 1.5　　B. 1.5 ~ 2.0　　C. 2.0　　D. 3.0

61.【2022 检师综合】关于单桩竖向抗压静载试验加载反力装置描述正确的有(　　)。

A. 加载反力装置的承载能力不应小于最大加载量的 1.5 倍

B. 可采用锚桩横梁反力装置、压重平台反力装置或锚桩压重联合反力装置

C. 采用压重平台反力装置时,试验过程中在确保均匀、稳固时可根据要求调整压重

D. 有条件时,可利用工程桩作为压重平台的堆载支点

62.【2017 检师单选】某桥梁钻孔灌注桩的桩长为 30m,桩径为 600mm,采用锚桩反力法进行承载力检测,基准桩与试桩的距离应(　　)。

A. ≥2m　　B. ≥2.4m　　C. ≥3m　　D. ≥3.6m

63.【2022 检师综合】关于单桩竖向抗压静载试验沉降测量仪器描述正确的有(　　)。

A. 沉降测量仪器可采用位移传感器,也可采用大量程百分表

B. 沉降测点应设置于桩顶位置

C. 基准梁应具备足够的刚度,为保持稳定,应两端均固定于基准桩上

D. 量测仪表应有遮挡设施,严禁日光直射基准梁,并保证被检区域不受冲击

64.【2022 检师综合】关于单桩竖向抗压静载试验,描述正确的有(　　)。

A. 试验桩检测时,最大加载量宜采用承载力容许值的 2.0 倍

B. 工程桩检测时,最大加载量根据设计要求选取

C. 工程桩检测时,检测数量不宜少于 3 根

D. 试验桩检测时,检测数量应进行全覆盖检测

65.【2019 检师单选】桥梁基桩竖向静载试验中,每(　　)内的桩顶沉降量小于 0.1mm,并且出现两次,即可视为稳定。

A. 10min　　B. 20min　　C. 30min　　D. 60min

66.【2019 检师判断】桥梁基桩静载试验加载方式采用慢速维持荷载法(逐级加载),每级荷载达到相对稳定后加载下一级直到试桩破坏,然后直接卸载到零。(　　)

67.【2018 助理综合】根据《公路桥涵施工技术规范》(JTG/T 3650—2020),对于采用慢速维持荷载法加载试验,下述要求正确的是(　　)。

A. 加荷分级不宜少于 8 级

B. 每级加载量为预估最大荷载的 1/15 ~ 1/10

C. 最大加载量不应小于设计荷载的 2.5 倍

D. 每级加载下沉量如不大于 0.01mm 时,即可认为稳定

68.【2018 助理综合】根据《公路工程基桩检测技术规程》(JTG/T 3512—2020),基桩竖向静载试验采用慢速维持荷载法加载试验,下述终止加载条件正确的是(　　)。

A. 总位移量大于或等于 40mm,本级荷载沉降量大于或等于前一级荷载下沉降量的 5 倍

B. 总位移量大于或等于 40mm,本级荷载加上后 12h 尚未达到相对稳定标准

C. 荷载-沉降曲线呈缓变形时,总下沉量等于 40mm

D. 试验加载达到了基桩设计荷载 2.5 倍

69.【2021 检师多选】《公路工程基桩检测技术规程》(JTG/T 3512—2020)规定,基桩竖向荷载试验,当出现下列哪些情况时,可终止加载(　　)。

A. 某级荷载作用下的沉降大于前一级荷载沉降量的 5 倍,基桩顶总沉降量大于 40mm

B. 某级荷载作用下的沉降大于前一级荷载沉降量的 5 倍,基桩顶总沉降量大于 50mm

C. 某级荷载作用下的沉降大于前一级荷载沉降量的 2 倍,且经 24h 尚未稳定,同时桩顶总沉降量大于 40mm

D. 某级荷载作用下的沉降大于前一级荷载沉降量的 2 倍,且经 24h 尚未稳定,同时桩顶总沉降量大于 50mm

70.【2022 检师综合】关于单桩竖向抗压静载试验终止加载条件描述正确的有(　　)。

A. 被检桩在某级荷载作用下的沉降量大于前一级荷载沉降量的 5 倍,且桩顶总沉降量大于 40mm

B. 被检桩在某级荷载作用下的沉降量大于前一级荷载沉降量的 2 倍,且经 24h 尚未稳定,同时桩顶总沉降量大于 40mm

C. 工程桩验收时,荷载已达到承载力容许值的 2.0 倍或设计要求的最大加载量,且沉

降达到稳定

D. 桩身出现明显破坏现象

71.【2019 检师单选】试验确定桥梁单桩竖向抗压极限承载力时,根据《建筑基桩检测技术规范》(JGJ 106—2014)要求,在某级荷载下桩顶沉降量大于前一级荷载沉降量 2 倍,且 24h 尚未达到相对稳定标准情况下,取(　　)作为其极限承载力。

A. 当前级荷载值　　B. 前一级荷载值

C. 当前级荷载值的 1/2　　D. 前一级荷载值的 1/2

72.【2018 检师综合】根据沉降随荷载变化的特征确定:对于陡降型 P-S 曲线,单桩竖向抗压极限承载力取(　　)。

A. 发生陡降的起始点对应的荷载值

B. 发生陡降的终点切线与 P 轴交点对应的荷载值

C. 发生陡降的起始点对应的荷载值的 1/2

D. 发生陡降的终点切线与 P 轴交点对应的荷载值的 1/2

73.【2018 检师综合】根据沉降随时间变化的特征确定:单桩竖向抗压极限承载力取 s-lg$t$ 曲线尾部出现明显向下弯曲的(　　)。

A. 当前级荷载值　　B. 前一级荷载值

C. 当前级荷载值的 1/2　　D. 前一级荷载值的 1/2

74.【2018 检师综合】对于缓变型 P-S 曲线,可根据沉降量确定,宜取 S = 40mm 对应的荷载值;当桩长大于 40m 时,宜考虑桩身弹性压缩量;对直径大于或等于 800mm 的桩,单桩竖向抗压极限承载力可取(　　)对应的荷载值。

A. S = 0.05D　　B. S = 0.5D　　C. S = 80mm　　D. S = 60mm

75.【2018 检师综合】当上述几款判定竖向承载力未达到极限时,单桩竖向抗压极限承载力取(　　)。

A. 最大加载值　　B. 最大加载值的前一级荷载值

C. 最大加载值的 1/2　　D. 最大加载值的前一级荷载值的 1/2

76.【2022 检师综合】某单桩竖向抗压静载试验,桩基类型为钻孔灌注桩,桩长 16m,测试荷载与沉降关系如下表所示。该桩的单桩竖向抗压极限承载力为(　　)。

荷载(kN)	0	300	450	600	750	900	1050	1200	1350	1500	1650	1800
沉降量(mm)	0	1.8	2.9	4.3	5.8	7.8	10.2	12.9	15.9	19.4	41.1	/

说明:表格中"/"表示加载至该级荷载前已停止加载。

A. 1500kN　　B. 1350kN　　C. 1650kN　　D. 750kN

77.【2018 检师判断】桩的水平荷载试验可采用连续加载或循环加载两种方式。(　　)

78.【2021 检师判断】单桩水平静载试验时,当达到设计要求的最大加载量时应停止加载。(　　)

79.【2021 助理单选】采用高应变法检测基桩承载力,激振锤重量不得小于预估单桩极限承载力的(　　)。

A. 1.5%　　B. 1.25%　　C. 1.2%　　D. 1.05%

80.【2019 检师多选】采用高应变法检测桥梁基桩，现场采集信号出现(　　)情况时，其信号不得作为分析计算依据。

A. 力的时程曲线最终未归零　　B. 严重偏心锤击，侧力信号呈现受拉

C. 传感器安装处混凝土开裂　　D. 桩底反射信号明显

81.【2022 检师多选】使用高应变动力试桩法检测时，高应变锤击信号不能作为承载力分析计算的情形有(　　)。

A. 传感器出现严重塑性变形，使力曲线最终未归零

B. 锤击发生偏心，两侧力信号幅值相差 50%

C. 受触变效应的影响，桩在多次锤击下承载力下降

D. 四通道测试数据不全

82.【2021 检师单选】根据《公路工程基桩检测技术规程》(JTG/T 3512—2020)，高应变动力试桩法测试基桩承载力时，重锤以自由落锤锤击设有桩垫的桩头，锤的最大落距不宜大于(　　)。

A. 1.0m　　B. 1.2m　　C. 2.0m　　D. 2.5m

83.【2021 检师多选】高应变动力试桩法检测，当出现下列哪些情况时，应按照工程地质和施工艺条件，采用实测曲线拟合法或其他检测方法综合判定桩身完整性(　　)。

A. 桩身等截面、均匀的混凝土灌注桩　　B. 桩身有扩径、截面渐变的混凝土灌注桩

C. 桩身存在多处缺陷　　D. 桩身浅部存在缺陷

【答案】

1	2	3	4	5	6	7	8	9	10
ABD	正确	错误	正确	错误	ABC	AB	AB	C	正确
11	12	13	14	15	16	17	18	19	20
A	正确	AD	A	错误	错误	B	正确	正确	D
21	22	23	24	25	26	27	28	29	30
D	AD	错误	错误	正确	ABD	正确	ABCD	ABC	错误
31	32	33	34	35	36	37	38	39	40
正确	ACD	B	ABC	A	ABCD	D	C	A	正确
41	42	43	44	45	46	47	48	49	50
错误	ABC	BD	ABCD	A	ABD	ACD	BCD	BD	ABD
51	52	53	54	55	56	57	58	59	60
B	正确	A	D	AB	ABD	D	AB	AC	A
61	62	63	64	65	66	67	68	69	70
BD	B	AD	BC	D	错误	B	A	AC	ABCD
71	72	73	74	75	76	77	78	79	80
B	A	B	A	A	A	错误	正确	C	ABC
81	82	83							
ACD	D	BCD							

第五章　桥梁技术状况评定

第一节　桥梁基本知识

1.【2018 检师判断】桥梁摆式支座除承受来自上部结构的竖向荷载外,还能承受水平变形。(　　)

2.【2018 助理判断】桥梁单跨跨径大于 100m,应被划分为特大桥。(　　)

3.【2020 检师单选】某梁式桥跨径组合为 10m + 10m + 10m、每跨横向由 15 片钢筋混凝土空心板梁组成,上部构件划分中,上部承重构件和上部一般构件的构件数应为(　　)。

A. 15、14　　B. 45、14　　C. 45、42　　D. 15、42

4.【2018 检师多选】斜拉桥技术状况评定中,上部结构包括(　　)等。

A. 主梁　　B. 拉索系统　　C. 索塔　　D. 支座

5.【2021 检师判断】对于梁式桥,计算跨径为设计洪水位上相邻两墩台间的水平净距。(　　)

6.【2022 检师单选】桥梁结构的分析计算以(　　)为基准。

A. 净跨径　　B. 计算跨径　　C. 标准跨径　　D. 组合跨径

7.【2021 检师多选】下列桥梁中属于特大桥的是(　　)。

A. 4 × 145m 拱桥

B. 30 × 40m 简支梁桥

C. 120m + 170m + 170m + 192m 连续刚构桥

D. 50 × 20m 简支梁桥

8.【2022 检师单选】某桥梁上部结构为 4 × 22m 钢筋混凝土 T 梁,桥梁全长 102m,该桥为(　　)。

A. 小桥　　B. 中桥　　C. 大桥　　D. 特大桥

9.【2019 检师判断】《公路桥涵设计通用规范》(JTG D60—2015)规定,桥梁吊索设计使用年限为 20 年。(　　)

10.【2024 检师单选】关于梁桥结构受力特征表述错误的是(　　)。

A. 简支梁桥支座处剪力最大,跨中为零

B. 悬臂梁桥的剪力最大值在固定支座处,自由端为零

C. 连续梁跨中截面弯矩为正,截面顶部受拉,截面底部受压

D. 悬臂梁桥支座反力取决于跨度设置和荷载分布

第二节　桥梁检查

11.【2023 检师综合】依据《公路桥涵养护规范》(JTG 5120—2021),公路桥梁养护检查等级包括(　　)级。

A. Ⅰ　　B. Ⅱ　　C. Ⅲ　　D. Ⅳ

12.【2021 助理多选】根据《公路桥涵养护规范》(JTG 5120—2021),桥梁检查分为(　　)。

A. 日常巡查　　B. 经常检查　　C. 定期检查　　D. 专项检查

13.【2023 检师综合】关于桥梁初始检查应包括的内容表述正确的有(　　)。

A. 定期检查需测定的所有项目

B. 测量桥梁主要承载构件尺寸,包括构件的长度与截面尺寸等

C. 量测缆索结构的拉索索力及吊杆索力,测试索夹螺栓紧固力

D. 检测钢管混凝土拱桥钢管内混凝土密实度

14.【2023 检师综合】关于桥梁永久性观测点设置要求正确的有(　　)。

A. 单孔跨径不少于 60m 的桥梁,应设立永久观测点,定期进行控制检测

B. 桥面高程测点应沿车道两边布设,应覆盖支点和 4 分点截面

C. 拱轴线测点应覆盖支点和 8 分点截面

D. 基准测点应与国家大地测量网联络

15.【2024 检师判断】根据《公路桥涵养护规范》(JTG 5120—2021),某单孔跨径 60m 箱梁桥应设立永久观测点,跨中、$L/4$、支点等控制截面应布设高程测点,测点数不少于 5 个。(　　)

16.【2024 检师判断】根据《公路桥涵养护规范》(JTG 5120—2021),有水中基础,养护检查等级为Ⅰ、Ⅱ级的桥梁初始检查应进行水下检测。(　　)

17.【2023 检师判断】新建或改建桥梁应进行初始检查,初始检查宜与交工验收同时进行,最迟不得超过交付使用后 3 年。(　　)

18.【2023 检师综合】关于桥梁日常检查表述正确的有(　　)。

A. 日常检查每天不得少于 1 次

B. 对有特殊照明需求的桥梁,应适当开展夜间检查

C. 遇地震、地质灾害时应增加检查频率

D. 遇极端天气时应增加检查频率

19.【2022 检师多选】关于桥梁定期检查周期说法正确的有(　　)。

A. 养护检查等级为Ⅰ级的桥梁,定期检查周期不得超过 1 年

B. 养护检查等级为Ⅱ级的桥梁,定期检查周期不得超过 2 年

C. 养护检查等级为Ⅱ级的桥梁,定期检查周期不得超过 3 年

D. 养护检查等级为Ⅲ级的桥梁,定期检查周期不得超过 3 年

20.【2019 助理多选】桥梁定期检查的主要工作有(　　)。

A. 现场校核桥梁基本数据

B. 记录各部件缺损状况并绘制主要病害分布图

C. 判断病害原因及影响范围

D. 进行技术状况评定,提出养护建议

21.【2020 检师多选】钢桥定期检查要注意(　　)。

A. 构件是否存在锈蚀、裂缝、变形和局部损伤

B. 铆钉和螺栓有无松动、脱落或断裂

C. 焊缝有无开裂或脱开

D. 索夹螺栓有无缺失、损伤、松动

22.【2020 检师判断】桥面系构件外观检查时,应检查顶板预应力体系。(　　)

23.【2020 检师多选】根据《公路桥涵养护规范》(JTG 5120—2021),哪些情况下应做特殊检查(　　)。

A. 定期检查中难以判明损坏原因及程度的桥梁

B. 需要判明水中基础技术状况的桥梁

C. 通过加固提高荷载等级的桥梁

D. 施工中发生过质量问题的桥梁

24.【2023 检师多选】根据《公路桥涵养护规范》(JTG 5120—2021),属于特殊检查内容的有(　　)。

A. 材料的物理、化学性能及其退化程度的测试鉴定

B. 结构或构件开裂状态的检测及评定

C. 结构的强度、刚度和稳定性的检算、试验和鉴定

D. 桥梁抵抗洪水、流冰、风、地震及其他灾害能力的检测鉴定

25.【2021 检师判断】基础冲刷及淘空检测时,水底树林和杂草丛生水域不宜使用测深仪。(　　)

26.【2021 检师多选】公路桥梁水下构件检测一般包括表观缺陷、基础冲刷及淘空、河床断面测量等内容。水下构件检测人员必需的资格有(　　)。

A. 桥梁工程试验检测的资格　　B. 水下工程检测要求的资格

C. 结构工程师资格　　D. 岩土工程师资格

27.【2022 检师单选】公路桥梁水下构件检测一般不包括(　　)。

A. 表观缺陷　　B. 基础冲刷及淘空

C. 河床断面测量　　D. 墩柱垂直度

28.【2024 检师单选】根据《公路桥涵养护规范》(JTG 5120—2021),(　　)与确定桥梁养护检查等级无关。

A. 公路等级　　B. 桥梁结构形式

C. 单孔跨径　　D. 桥梁技术状况等级

29.【2024 检师单选】根据《公路桥涵养护规范》(JTG 5120—2021),(　　)的目的是及时获知桥梁结构运营状况,在桥梁病害初期或突发情况下能及时开展养护或应急处置。

A. 初始检查　　B. 日常巡查

C. 经常检查　　D. 应急检查

第三节　桥梁技术状况评定

30.【2023 检师综合】桥梁评定包括技术状况评定和适应性评定，适应性评定方法表述正确的有(　　)。

A. 承载能力评定，可采用分析检查或荷载试验方法

B. 通行能力评定，可将设计通行能力与实际交通量或使用期预测交通量比较

C. 抗灾能力评定，应采用模拟试验方法

D. 耐久性评定，应采用剩余耐久年限评定方法

31.【2020 检师判断】桥梁评定分为一般评定和适应性评定，一般评定是依据桥梁定期检查资料，通过对桥梁各部件技术状况的综合评定，确定桥梁的技术状况等级。(　　)

32.【2017 检师单选】当单座桥梁存在不同结构形式时，可根据结构形式的分布情况划分评定单元，分别对各评定单元进行桥梁技术状况的等级评定，然后取(　　)作为全桥的技术状况等级。

A. 各单元技术状况等级平均值　　B. 各单元技术状况等级加权平均值

C. 最差的一个评定单元技术状况等级　　D. 最好的一个评定单元技术状况等级

33.【2020 检师单选】桥梁总体技术状况等级评定，主要构件有大的缺损，严重影响桥梁使用功能，或影响承载能力，不能保证正常使用，其技术状况评定等级应为(　　)。

A. 2 类　　B. 3 类　　C. 4 类　　D. 5 类

34.【2019 助理判断】总体技术状况中有中等缺陷，尚能维持正常使用功能的桥梁，可评定为 2 类桥。(　　)

35.【2017 检师判断】根据《公路桥梁技术状况评定标准》(JTG/T H21—2011)，桁架拱桥桥面板属于主要部件。(　　)

36.【2019 助理多选】系杆拱桥结构主要部件包括(　　)等。

A. 肋　　B. 横梁　　C. 系梁　　D. 吊杆

37.【2017 检师单选】桥梁主要部件材料有严重缺损，或出现中等功能性病害，且发展较快，结构变形小于或等于规范值，功能明显降低，其技术状况评定标度应为(　　)。

A. 2 类　　B. 3 类　　C. 4 类　　D. 5 类

38.【2021 检师判断】桥梁主要部件和次要部件技术状况评定标度均为 1 ~ 5 类。(　　)

39.【2023 检师判断】桥梁主要构件有大的缺陷，严重影响桥梁使用功能，或影响承载能力，不能保证正常使用，技术状况评定标度等级为 5 类。(　　)

40.【2018 检师单选】《公路桥梁技术状况评定标准》(JTG/T H21—2011)中，桥梁支座属于(　　)部件。

A. 桥面系　　B. 上部结构　　C. 下部结构　　D. 附属设施

41.【2019 检师综合】桥梁技术状况评定中，沥青混凝土桥面铺装评定指标包括(　　)。

A. 变形　　B. 错台　　C. 泛油　　D. 裂缝

42.【2019 检师综合】桥梁技术状况评定中，水泥混凝土桥面铺装评定指标包括(　　)。

A. 磨光、脱皮、露骨　　B. 坑洞
C. 混凝土强度　　D. 剥落

43.【2019 检师单选】某片空心板共有 2 种病害:混凝土剥落掉角,实际评定标度 2(最大评定标度 4);梁底横向裂缝,实际评定标度 2(最大评定标度 5)。该片空心板技术状况评分最接近于(　　)。

A. 75　　B. 70　　C. 65　　D. 55

44.【2020 检师单选】某桥未设人行道,桥面系技术状况计算中,人行道部分既有权重 0.10 应(　　)。

A. 按照桥面系其他各既有部件权重在全部既有部件权重中所占比例进行分配
B. 平均分配给桥面系其他部件
C. 按 100 分计算
D. 按各既有部件平均分计算

45.【2021 检师单选】某桥上部结构技术状况评分为 62,下部结构评分为 43,桥面系数评分为 65,则桥梁总体技术状况等级为(　　)。

A. 2 类　　B. 3 类　　C. 4 类　　D. 5 类

46.【2022 检师单选】对某桥梁进行定期检查后得出桥面系、上部结构、下部结构的得分依次为 54.8、82.7、90.0,根据《公路桥梁技术状况评定标准》(JTG/T H21—2011),该桥的技术状况评定结果为(　　)。

A. 80,二类　　B. 80,三类　　C. 78.6,二类　　D. 78.6,三类

47.【2021 检师综合】某 3 跨简支小箱梁桥,每跨由 4 片箱梁组成。关于桥梁构件、部件的划分,下列表述正确的是(　　)。

A. 1 片箱梁为 1 个构件　　B. 横隔板属于上部一般构件
C. 箱梁和横隔板均属于主要部件　　D. 支座属于上部结构且为主要部件

48.【2021 检师综合】某 3 跨简支小箱梁桥,每跨由 4 片箱梁组成,经检查发现,10 片梁出现少量裂缝(宽度未超限),评定标度为 2,其余完好。上部承重构件得分平均值为(　　)。

A. 65.00　　B. 70.83　　C. 75.00　　D. 68.12

49.【2021 检师综合】某 3 跨简支小箱梁桥,每跨由 4 片箱梁组成,经检查发现,2 道横隔板(全桥共 9 道)出现局部混凝土剥落,评定标度为 2,其余完好。横隔板部件得分为(　　)。

A. 75.00　　B. 89.17　　C. 91.43　　D. 94.44

50.【2021 检师综合】某 3 跨简支小箱梁桥,每跨由 4 片箱梁组成,经检查发现,10 片梁出现少量裂缝(宽度未超限),评定标度为 2,其余完好。上部一般构件(横隔板)得分 91.43,支座完好,则上部结构技术状况评分为(　　)。

A. 74.68　　B. 74.85　　C. 77.34　　D. 87.93

51.【2021 检师综合】如桥梁上部结构和下部结构技术状况等级为 3 类、桥面系技术状况等级为 4 类,该桥梁总体技术状况评分为 $40 \leqslant D_r < 60$ 时,桥梁总体技术状况等级为(　　)。

A. 1 类　　B. 2 类　　C. 3 类　　D. 4 类

52.【2019 助理判断】依据《公路桥梁技术状况评定标准》(JTG/T H21—2011),当上部结构和下部结构技术状况等级为 3 类,桥面系技术状况等级为 4 类,且桥梁总体技术状况评分在

[40,60)时,可评定为3类。(　　)

53.【2017检师判断】依据《公路桥梁技术状况评定标准》(JTG/T H21—2011),在全桥总体技术状况等级评定时,当主要部件评分达到4类或5类时,可按照桥梁主要部件最差的缺损状况评定。(　　)

54.【2022检师判断】普通桁架拱桥进行技术状况评定时,桁架拱片的每个拱片作为一个构件考虑,上弦杆、腹杆、下弦杆和节点按其不同病害参与计算;桥面板评定计算时,每跨两片拱肋间的桥面板作为一个构件考虑。(　　)

55.【2017检师多选】桥梁技术状况评价中,有下列情况之一时,整座桥应评为5类桥(　　)。

A. 上部结构有落梁,或有梁、板断裂现象

B. 梁式桥上部承重结构有明显裂缝,裂缝超限值

C. 梁式桥上部承重构件有严重的异常位移,存在失稳现象

D. 结构出现明显的永久变形,变形大于规范值

E. 斜拉桥拉索钢丝出现严重锈蚀、断丝,主梁出现严重变形

56.【2021检师多选】根据《公路桥梁技术状况评定标准》(JTG/T H21—2011),属于5类桥的情形有(　　)。

A. 梁式桥有梁、板断裂现象　　B. 拱式桥拱圈严重变形

C. 斜拉桥拉索钢丝出现严重锈蚀、断丝　　D. 扩大基础冲空面积达20%以上

57.【2017检师判断】某空心板梁桥有一片空心板梁因施工缺陷导致顶板较薄,且在车轮直接碾压下被压碎出现较大空洞,该桥在技术状况评定中,可直接评定为5类桥。(　　)

58.【2021助理判断】对于梁式桥上部承重构件有严重的异常位移,存在失稳现象时,在其技术状况评定中,可直接评定为5类桥。(　　)

59.【2018检师判断】某一空心板梁桥,铰缝遭破坏比较严重,致桥面出现多条纵向裂缝,该桥在技术状况评定中,直接评定为5类桥。(　　)

60.【2020检师判断】对于拱式桥拱脚严重错台、位移,造成拱顶挠度大于限值或拱圈严重变形,在其技术状况评定中,可直接评定为5类桥。(　　)

61.【2020检师判断】对于桥梁结构出现明显的永久变形时,在其技术状况评定中,可直接评定为5类桥。(　　)

62.【2023检师判断】根据《公路危旧桥梁排查和改造技术要求》,吊杆构件按照杆身、上锚头、下锚头分别评定,取最差值作为构件标度参与总评分。(　　)

【答案】

1	2	3	4	5	6	7	8	9	10
正确	错误	C	ABCD	错误	B	BC	B	正确	C
11	12	13	14	15	16	17	18	19	20
ABC	ABC	ABCD	AD	错误	正确	错误	BCD	ACD	ABCD

续上表

21	22	23	24	25	26	27	28	29	30
ABC	错误	ABC	ABCD	正确	AB	D	B	B	AB
31	32	33	34	35	36	37	38	39	40
正确	C	C	错误	正确	ABCD	C	错误	错误	B
41	42	43	44	45	46	47	48	49	50
ACD	ABD	D	A	C	A	ABD	B	C	B
51	52	53	54	55	56	57	58	59	60
C	正确	错误	正确	ACDE	ABCD	正确	正确	错误	正确
61	62								
错误	正确								

第六章　桥梁荷载试验

第一节　桥梁荷载试验仪器设备

1.【2018 检师判断】拟提高荷载等级的桥梁，必须进行荷载试验。(　　)

2.【2017 检师判断】因电子水准仪的分辨力为 0.01mm，故其测量精度亦为 0.01mm。(　　)

3.【2019 检师判断】静载试验中，免棱镜全站仪适合测量主跨大于或等于 100m 的连续箱梁的位移。(　　)

4.【2017 检师综合】试验荷载作用下，跨中挠度计算估计值 10mm，测试挠度可选用(　　)。

A. 普通连通管　　B. 电测位移计　　C. 全站仪　　D. 精密水准仪

5.【2021 助理判断】高精度全站仪可用来测量桥梁结构的动挠度。(　　)

6.【2017 检师单选】实桥上使用电阻应变计测量多点静应力时，最常用的桥路为(　　)。

A. 1/4 桥　　B. 半桥　　C. 3/4 桥　　D. 全桥

7.【2017 检师判断】电阻应变片技术不能检测桥梁振动。(　　)

8.【2017 检师判断】电阻钢筋应力计适合对桥梁结构进行长期监测。(　　)

9.【2017 检师判断】应变花可用来测试桥梁构件的平面应变，也可测试单向应变。(　　)

10.【2017 检师多选】应变测量桥路组合的主要作用有(　　)。

A. 机械量与电量之间的相互转换　　B. 提高输出灵敏度

C. 电压输出　　D. 应变花测量

E. 温度补偿

11.【2017 检师综合】测量 T 梁截面静应力，可采用(　　)。

A. 钢筋应力计　　B. 振弦应力计　　C. 电阻应变计　　D. 弓形应变计

12.【2017 检师综合】测量 T 梁截面动应力，可采用(　　)。

A. 钢筋应力计　　B. 振弦应力计　　C. 电阻应变计　　D. 弓形应变计

13.【2018 助理单选】混凝土上应变长期观测，应选用(　　)。

A. 大标距应变片　　B. 钢筋应力计　　C. 振弦式应力计　　D. 大标距应变花

14.【2021 助理单选】实桥试验测试钢筋的应变时，一般采用(　　)的应变片。

A. 2mm × 2mm　　B. 2mm × 6mm　　C. 6mm × 100mm　　D. 10mm × 100mm

15.【2018 助理单选】用电阻应变计测量构件主拉应力时，为正确测得主应力，贴片要求(　　)。

A. 顺主拉应力方向　　B. 垂直主拉应力方向

C. 采用应变花　　D. 采用多点方法

16.【2018 助理判断】测试实桥混凝土构件的平面应变可使用多片单向应变片。(　　)

17.【2018 助理多选】现代虚拟静态测量设备,可以直接或间接测量(　　)。

A. 电压　　B. 位移　　C. 温度　　D. 应变

18.【2019 检师单选】电阻应变片式测力传感器中的应变片桥路一般采用(　　)。

A. 1/4 桥　　B. 半桥　　C. 全桥　　D. 1/8 桥

19.【2021 检师判断】桥梁荷载试验中,半桥多用于静态应变测试,全桥多用于动态应变测试和应变传感器桥路组合。(　　)

20.【2021 助理综合】防止非受力应变,电阻应变计现场一般采用的补偿方法有(　　)。

A. 单点补偿多点　　B. 多点补偿单点　　C. 单点补偿单点　　D. 多点补偿多点

21.【2019 检师判断】现代动态应变数据采集系统一样需要电桥。(　　)

22.【2021 助理多选】测量实桥裂缝宽度可采用(　　)等仪器工具。

A. 引伸仪　　B. 电阻应变片　　C. 读数显微镜　　D. 裂缝尺

23.【2019 助理判断】位移计测量振动信号,被测物的频率必须小于位移计的自振频率。(　　)

24.【2019 助理判断】电阻应变片接驳现代虚拟仪器测试,已不需要温度补偿。(　　)

25.【2019 助理判断】现场采用计算机应变采集仪时,所有测量应变片测点可共用同一温度补偿片。(　　)

26.【2020 检师单选】弓形应变传感器是在一片弹性特别好的弓形钢质原件上粘贴(　　)应变计实现。

A. 1 片　　B. 2 片　　C. 3 片　　D. 4 片

27.【2019 助理判断】振弦式应力计适用于对桥梁结构进行长期监测。(　　)

28.【2018 检师判断】磁电式测振传感器是速度型位移计。(　　)

29.【2018 检师单选】压力式传感器的电输出与(　　)成正比。

A. 加速度　　B. 速度　　C. 位移　　D. 频率

30.【2020 检师单选】磁电式传感器的电输出与(　　)成正比。

A. 加速度　　B. 速度　　C. 位移　　D. 幅值

31.【2018 助理综合】预应力混凝土桥梁施工控制,交(竣)工荷载试验检测和运营监测等都要进行应力(或应变)测试,对于构件内部(短期)应力测试,可采用在构件内部(　　)的方法。

A. 钢筋上预先贴应变计　　B. 混凝土块上预先贴应变计

C. 预埋钢筋应力计　　D. 预埋振弦式应力计

32.【2018 助理综合】施工阶段构件表面和内部应力监测,可采用(　　)方法。

A. 在内部钢筋上预贴应变计　　B. 在混凝土表面贴应变计

C. 在混凝土表面安装弓形应力计　　D. 在混凝土表面安装振弦式应力计

33.【2018 助理综合】荷载试验检测应力,可采用(　　)方法。

A. 在混凝土表面贴光纤传感器　　B. 在混凝土表面贴应变计
C. 在混凝土表面安装弓形应力计　　D. 在混凝土表面安装振弦式应力计

34.【2018 助理综合】荷载试验时,对有裂缝部位应力测试,可采用(　　)方法。
A. 凿去混凝土在钢筋上贴应变计　　B. 在混凝土表面贴大标距应变计
C. 在混凝土表面安装弓形应力计　　D. 在混凝土表面安装振弦式应力计

35.【2018 助理综合】长期监测预应力混凝土桥梁的应力可采用(　　)方法。
A. 在钢筋上预贴光纤传感器　　B. 在混凝土表面预贴电阻应变计
C. 在混凝土表面安装弓形应力计　　D. 在混凝土表面安装振弦式应力计

36.【2019 检师综合】从原理上说,磁电式传感器频率响应,下限应(　　)其自振频率,上限应(　　)其自振频率。
A. 小于;大于　　B. 大于;小于
C. 大于;大于　　D. 小于;小于

37.【2019 检师综合】以现有技术,磁电式传感器的低频响应可测到(　　)。
A. 0Hz　　B. 0.1Hz　　C. 0.3Hz　　D. 0.5Hz

38.【2019 检师综合】以现有技术,压电式加速度传感器的频率响应下限可做到(　　)。
A. 0Hz　　B. 0.1Hz　　C. 0.5Hz　　D. 1Hz

39.【2019 检师综合】测一座 40m 跨径的简支梁桥,可采用(　　)。
A. 速度型位移传感器　　B. 伺服式加速度传感器
C. 磁电式传感器　　D. 大质量压电传感器

40.【2019 检师综合】测一座主跨 500m 的斜拉桥,可采用(　　)。
A. 速度型位移传感器　　B. 伺服式加速度传感器
C. 磁电式传感器　　D. 大质量压电传感器

第二节　荷载试验准备

41.【2018 助理单选】下列对测试仪器选择的表述,不正确的是(　　)。
A. 在同一次试验中仪器的种类越少越好
B. 仪器要有足够的量程
C. 选择仪器时,要注意环境条件
D. 仪器精度越高越好

42.【2018 助理单选】测试钢筋混凝土受拉构件应力应测试(　　)。
A. 受拉混凝土表面应变　　B. 受拉钢筋应变
C. 受压混凝土应变　　D. 受压钢筋应变

43.【2018 助理单选】检测拱桥拱脚最大压力,其应变片贴在拱脚截面(　　)。
A. 上缘　　B. 下缘　　C. 中和轴附近　　D. 侧面

44.【2018 助理判断】现场测量时,应变片粘贴完毕后应立即涂上防护层,以防止应变片受潮和机械损伤。(　　)

45.【2018 助理判断】荷载试验时主要测点的布设应能控制结构的最大应力和最大挠度。(　　)

46.【2019 助理判断】荷载试验时主要测点的布设应能测到结构支点的最大变形。(　　)

47.【2019 助理判断】检测简支梁的剪应力时,其应变片应粘贴在支点附近梁的中性轴处。(　　)

第三节　桥梁静载试验

48.【2017 检师单选】桥梁结构静载试验中,与控制截面内力值相等的试验荷载称(　　)。

A. 集中荷载　B. 均布荷载　C. 等效荷载　D. 分级荷载

49.【2021 检师综合】简支梁桥跨中截面静载试验,试验计算时须采用(　　)作为控制效应,并使荷载效率满足要求。

A. 剪力　B. 轴力　C. 弯矩　D. 压力

50.【2017 检师单选】《公路桥梁荷载试验规程》(JTG/T J21-01—2015)规定:新建桥梁静载试验效率宜取(　　)。

A. 0.85 ~ 1.05　B. 0.8 ~ 1.0　C. 0.85 ~ 1.0　D. 0.8 ~ 1.05

51.【2018 助理多选】根据《公路桥梁荷载试验规程》(JTG/T J21-01—2015)规定,对交(竣)工验收荷载试验而言,静载试验荷载效率取值适当的有(　　)。

A. 0.80　B. 0.90　C. 0.95　D. 1.05

52.【2020 检师单选】交(竣)工验收荷载试验时,应以(　　)作为控制荷载。

A. 设计荷载　B. 正常使用荷载

C. 试验目标荷载　D. 规范荷载

53.【2017 检师综合】预应力混凝土先简支后连续 T 梁旧桥,四跨一联(4 × 50m),横向 6 片主梁,行车道宽 12.5m,设计荷载汽车超—20 级、挂车—120 验算,现拟对该桥进行荷载试验,为试验进行的结构计算内容,包括(　　)。

A. 试验控制荷载　B. T 梁截面特性

C. 控制截面内力　D. 加载效率

54.【2018 检师判断】桥梁荷载试验时,为保证结构安全,不能选可能产生最大挠度的加载工况。(　　)

55.【2017 检师综合】预应力混凝土先简支后连续 T 梁旧桥,静载试验主要加载工况应选(　　)。

A. 内支点负弯矩最大　B. 边跨正弯矩最大

C. 边跨挠度最大　D. 中跨跨中正弯矩最大

56.【2018 助理判断】荷载试验检测拱桥的变位,必须包括四分点断面。(　　)

57.【2018 助理多选】悬臂梁桥静载试验,主要应变测试断面(　　)。

A. 悬臂端　B. 悬臂根部　C. 挂孔跨中　D. 牛腿部位

58.【2024检师多选】(　　)属于悬臂梁桥静载试验的主要工况。

A. 墩顶支点截面最大剪力工况　　B. 悬臂端最大挠度工况

C. 墩顶支点截面最大负弯矩工况　　D. 锚固孔跨中最大正弯矩工况

59.【2020检师多选】根据《公路桥梁承载能力检测评定规程》(JTG/T J21—2011),斜拉桥静力荷载试验的主要控制截面有(　　)。

A. 主梁最大挠度　　B. 主梁最大弯矩

C. 主梁最大纵向位移　　D. 索塔塔顶水平变位

60.【2019检师多选】斜拉桥静载试验时,加载工况主要有(　　)。

A. 主梁中跨跨中最大弯矩　　B. 主梁中跨跨中最大挠度

C. 加劲梁索塔附件轴力最大　　D. 索塔最大水平变位

61.【2022检师综合】某简支钢筋混凝土空心板桥建于1995年,经定期检查评定为3类,根据现场检测情况,建议对该桥开展静力荷载试验,主要加载测试内容应包括(　　)。

A. 跨中截面挠度和应变　　B. 支点最大负弯矩

C. 支点截面最大剪力　　D. 梁端最大水平位移

62.【2018助理单选】简支梁桥静载试验,测量支座压缩的主要目的在于(　　)。

A. 测量支座抗压弹性模量　　B. 测量支座摩阻系数

C. 修正实测的结构挠度值　　D. 测量支座抗剪弹性模量

63.【2018助理判断】桥梁荷载试验的荷载分级一般可分为4~5级。(　　)

64.【2018检师单选】某位移测点,加载前读数为2.1mm,加载达到稳定时读数为10.8mm,卸载后达到稳定时读数为3.2mm,则其残余位移为(　　)。

A. 1.1mm　　B. 3.2mm　　C. 5.5mm　　D. 2.1mm

65.【2019检师单选】结构校验系数是评定桥梁承载能力的一项重要指标,一般要求其值(　　)。

A. 不大于1.0　　B. 等于1.0　　C. 大于1.0　　D. 大于2.0

66.【2019检师单选】某应变测点弹性应变为90με,残余应变为10με,理论计算应变为150με,则相对残余应变为(　　)。

A. 11.1%　　B. 6.7%　　C. 10.0%　　D. 12.5%

67.【2019助理判断】跨越干沟的钢筋混凝土桥梁,桥墩允许最大裂缝宽度为0.4mm。(　　)

68.【2022检师判断】进行荷载试验时,主要控制截面最大内力(变形)加载试验分级加载的稳定时间不应少于15min,对尚未投入运营的新桥,首个工况的分级加载稳定时间不宜少于5min。(　　)

69.【2023检师多选】预应力混凝土连续刚构桥静载试验中,(　　)时应停止加载。

A. 控制测点应变值已达到或超过计算值

B. 控制测点变形(或挠度)值超过计算值

C. 结构裂缝的长度、宽度或数量明显增加

D. 桥体发出异常响声

70.【2018检师综合】某后张法预应力混凝土简支T梁,标准跨径25m,计算跨径24.6m,

设计跨中弯矩 $M=3200\text{kN}\cdot\text{m}$,跨中理论计算挠度 25.0mm。为检验其承载能力,实施单梁静载试验。静载试验采用砂袋沿梁宽和长度范围均布加载,荷载集度为 44.3kN/m。最大试验荷载下实测跨中挠度 22.5mm,残余挠度 2.65mm。(资料:该梁汽车荷载下的冲击系数 $\mu=0.268$,均布荷载作用下跨中弯矩计算公式 $M=ql^2/8$。)该梁试验跨中弯矩值为(　　)kN·m。

A. 3351　　B. 3461　　C. 272　　D. 277

71.【2018 检师综合】该梁静载试验荷载效率为(　　)。

A. 1.05　　B. 0.85　　C. 0.89　　D. 0.68

72.【2018 检师综合】该梁实测弹性挠度值为(　　)mm。

A. 19.85　　B. 22.35　　C. 25.15　　D. 27.65

73.【2018 检师综合】关于该梁相对残余变形,正确的说法是(　　)。

A. 相对残余变形为 11.8%

B. 相对残余变形为 13.4%

C. 相对残余变形小于 20%,梁体弹性状态良好

D. 相对残余变形大于 10%,梁体弹性状态不佳

74.【2018 检师综合】当试验过程中发生下列哪些情况时,应停止加载,查清原因,采取措施后再确定是否进行试验(　　)。

A. 控制测点挠度超过计算值　　B. 控制测点应变超过计算值

C. 实测变形分布规律异常　　D. 梁体发出异响

75.【2020 检师综合】在交(竣)工荷载试验中,静载试验荷载效率系数宜介于(　　)之间。

A. 0.80 ~ 1.00　　B. 0.85 ~ 1.05　　C. 0.90 ~ 1.00　　D. 0.95 ~ 1.05

76.【2020 检师综合】该桥静载试验测试内容包括(　　)。

A. 主跨支点最大负弯矩截面应力　　B. 主跨最大正弯矩截面应力及挠度

C. 边跨最大正弯矩截面应力及挠度　　D. 支点沉降

77.【2020 检师综合】该桥静载试验加载过程中,若出现(　　),应停止加载,寻找原因,研究是否继续加载。

A. 控制测点应变值与挠度同时达到或超过相应计算值

B. 结构裂缝的宽度达 0.30mm

C. 实测变形分布规律异常

D. 桥体发出异常响声或发生其他异常情况

78.【2020 检师综合】静载试验中,某应变测点实测初始值为 0με,加载后实测应变值为 40με,卸载后实测应变值为 2με,其中混凝土强度为 C50,弹性模量为 34500MPa,该测点相应加载工况下理论计算值为 46με,该测点的校验系数为(　　)。

A. 0.86　　B. 0.82　　C. 0.91　　D. 0.78

79.【2020 检师综合】该桥的相对残余应变为(　　)。

A. 0.00%　　B. 5.26%　　C. 5.00%　　D. 5.55%

80.【2021 检师综合】某简支梁桥为确定桥梁的承载能力,开展静载试验,加载后测得跨中

挠度 23m,支座一端沉降量 2mm,支点另端沉降量为 4mm。则跨中实际挠度为(　　)。

A. 17mm　　B. 19mm　　C. 20mm　　D. 21mm

81.【2021 检师综合】某简支梁桥为确定桥梁的承载能力,开展静载试验,跨中应变测点的初始值为 0με,试验控制荷载作用下的加载应变值为 50με,卸载后测值为 4με,计算应变值为 80με,则应变校验系数为(　　)。

A. 0.48　　B. 0.58　　C. 0.66　　D. 1.74

82.【2021 检师综合】某简支梁桥开展动载试验,动载作用下跨中挠度为 28mm,静荷载作用下跨中挠度为 23mm,则该桥冲击系数 μ 应为(　　)。

A. 28/(1 + 23)　　B. 23/(1 + 28)

C. (28/23) − 1　　D. (23/28) + 1

83.【2023 检师单选】公路桥梁荷载试验中,主要测点在控制荷载工况下的横向增大系数 ξ 值越小,说明(　　)。

A. 横向联系构造越薄弱　　B. 横向联系构造越可靠

C. 荷载横向分布越不均匀　　D. 横向联系构造越不可靠

84.【2024 检师单选】根据《公路桥梁荷载试验规程》(JTG/T J21-01—2015),关于桥梁静载试验荷载分级,下列表述正确的是(　　)。

A. 加载级数应根据结构稳定反应时间确定

B. 加载级数应根据控制截面最大变形确定

C. 桥梁技术资料不全时,应增加分级

D. 尚未投入运营的新桥,可减少分级

85.【2024 检师判断】新建桥梁静载试验时,试验荷载作用下裂缝宽度不应超过《公路钢筋混凝土及预应力混凝土桥涵设计规范》(JTG 3362—2018)规定的容许值,卸载后其扩展宽度应闭合到容许值的 1/2。(　　)

第四节　桥梁动载试验

86.【2017 检师判断】结构自振频率是桥梁重要的动力响应参数。(　　)

87.【2021 检师综合】(　　)属于结构动力特性参数。

A. 频率　　B. 振型　　C. 阻尼　　D. 加速度

88.【2020 检师判断】桥梁结构动力特性参数就是结构自振特性参数。(　　)

89.【2021 检师单选】自振频率和自振周期是桥梁动力特性参数中重要的概念,下列有关频率和周期的说法错误的是(　　)。

A. 自振频率指单位时间内完成振动的次数

B. 自振频率和质量呈正比关系

C. 自振周期指振动波形重复出现的最小时间

D. 自振频率和自振周期互呈倒数关系

90.【2024 检师判断】桥梁的固有结构动力特性主要包括频率、振型和阻尼比三个

参数。(　　)

91.【2024检师判断】桥梁结构出现损伤时,一般自振频率会增大,振型出现变异。(　　)

92.【2024检师单选】关于桥梁动力特性表述正确的是(　　)。

A.阻尼与结构的刚度和质量有关,与刚度成反比,与质量成正比

B.自振频率与结构的刚度和质量有关,与刚度的平方根成正比,与质量的平方根成反比

C.阻尼与材料的弹性模量和质量有关,与弹性模量成正比,与质量成反比

D.自振频率与材料的弹性模量和质量有关,与弹性模量成反比,与质量成正比

93.【2024检师判断】桥梁动载试验主要测试动荷载作用下结构的动态响应参数及其随时间的变化。(　　)

94.【2022检师判断】振型是结构上各点振幅值的连线,也就是结构的变形曲线。结构动力学认为对应每一个固有频率,结构都有且只有一个主振型。(　　)

95.【2020检师多选】根据《公路桥梁荷载试验规程》(JTG/T J21-01—2015),桥梁动力响应测试包括(　　)。

A.动挠度　　B.动应变

C.自振频率　　D.冲击系数

96.【2018助理单选】桥梁动力特性参数测量目前主要采用自由振动衰减法、强迫振动法和(　　)。

A.环境随机振动法　　B.行车法

C.人群荷载法　　D.激振法

97.【2023检师单选】对于大跨柔性桥梁固有频率测试,动载试验中采用(　　)的适用性更好。

A.环境随机激振法　　B.行车激振法

C.跳车激振法　　D.起振机激振法

98.【2021助理单选】为了保证振动测试信号处理时不产生混叠,信号采样频率至少为原信号最大频率的(　　)倍以上。

A.1　　B.2　　C.3　　D.4

99.【2023检师判断】冲击系数宜取同截面(或部位)一个测点多次均值,进行多次试验时可取该车速下的最大值。(　　)

100.【2023检师判断】在基于基频的索力计算中,实测前10阶自振频率中相邻阶的频率差值近似相等时,可用多个频率差值的均值替代基频。(　　)

101.【2018助理判断】振动法测定斜拉索的索力是利用索的张力与固有频率的关系计算的。(　　)

102.【2021助理多选】斜拉桥施工过程斜拉索索力测试可采用(　　)方法。

A.千斤顶油压表读数　　B.振动频率测定

C.电阻应变测量　　D.力传感器

【答案】

1	2	3	4	5	6	7	8	9	10
错误	错误	错误	BD	错误	B	正确	错误	正确	BCE
11	12	13	14	15	16	17	18	19	20
BCD	CD	C	B	C	正确	ACD	B	正确	AC
21	22	23	24	25	26	27	28	29	30
正确	ACD	错误	错误	错误	D	正确	正确	A	B
31	32	33	34	35	36	37	38	39	40
ACD	ABCD	ABCD	A	ACD	C	C	C	AC	BD
41	42	43	44	45	46	47	48	49	50
D	B	C	错误	正确	正确	正确	C	C	A
51	52	53	54	55	56	57	58	59	60
BCD	A	ABCD	错误	ABD	错误	BCD	CD	ABD	ABD
61	62	63	64	65	66	67	68	69	70
A	C	错误	A	A	C	正确	错误	ABCD	A
71	72	73	74	75	76	77	78	79	80
B	A	AC	ABCD	B	BCD	ACD	B	C	C
81	82	83	84	85	86	87	88	89	90
B	C	A	C	错误	错误	ABC	正确	B	正确
91	92	93	94	95	96	97	98	99	100
错误	B	正确	错误	ABD	A	A	B	错误	正确
101	102								
正确	AD								

第七章　桥梁承载力评定

第一节　概　　述

1.【2017 检师判断】拟提高荷载等级的桥梁,应进行承载能力检测评定。(　　)

2.【2017 检师多选】评定在用桥梁实际承载能力,可通过(　　)方法进行。

A. 试验检测　　B. 荷载试验

C. 动载试验　　D. 按设计规范重新计算

E. 检测基础上验算

3.【2018 检师多选】评定新建桥梁实际承载能力,可通过(　　)方法进行。

A. 外观检查　　B. 荷载试验

C. 按设计规范重新计算　　D. 检测基础上验算

4.【2019 检师判断】桥梁荷载试验是评定桥梁承载能力的唯一方法。(　　)

5.【2019 助理多选】评定改建加固桥梁的实际承载能力,可通过(　　)方法进行。

A. 按设计规范重新计算　　B. 外观检查

C. 荷载试验　　D. 承载能力检算

6.【2021 助理判断】根据《公路桥梁承载能力检测评定规程》(JTG/T J21—2011),对于多跨桥梁,应选择技术状况最好的桥跨进行承载能力检测评定。(　　)

7.【2022 检师多选】根据《公路桥梁承载能力检测评定规程》(JTG/T J21—2011),在用桥梁有下列情况之一时,应进行承载能力检测评定(　　)。

A. 技术状况等级为三、四、五类的桥梁

B. 拟提高荷载等级的桥梁

C. 需通过特殊重型车辆荷载的桥梁

D. 发生火灾后的桥梁

第二节　基于结构技术状况检查与检算的承载能力评定

8.【2020 检师判断】对在用桥梁,应从结构或构件的强度、刚度及稳定性三方面进行承载能力检测评定。(　　)

9.【2020 检师多选】在用桥梁结构或构件承载能力极限状态评定的内容包括(　　)。

A. 强度　　B. 刚度　　C. 抗裂性　　D. 稳定性

10.【2018 检师判断】当桥梁结构或构件的承载能力检算系数评定标度为 1 或 2 时，结构或构件的总体状况较好，可不进行正常使用极限状态评定检算。（　　）

11.【2019 检师多选】在用桥梁结构或构件正常使用极限状态评定的内容包括（　　）。

A. 强度　　B. 刚度　　C. 抗裂性　　D. 稳定性

12.【2021 检师判断】承载能力检算时，应检算结构或构件在持久状况下承载能力极限状态下的刚度、抗裂性。（　　）

13.【2020 检师多选】当桥梁结构或构件的承载能力检算系数评定标度 $D \geqslant 3$ 时，应进行（　　）评定检算和修正计算。

A. 正常使用极限状态　　B. 应力

C. 变形　　D. 裂缝宽度

14.【2022 检师单选】关于桥梁承载能力检测评定说法不正确的是（　　）。

A. 当桥梁结构或构件的承载能力检算系数评定标度为 1 ~ 2 时，结构或构件的总体状况较好，应进行正常使用极限状态评定检算

B. 当桥梁结构或构件的承载能力检算系数评定标度 $D \geqslant 3$ 时，应进行正常使用极限状态评定检算

C. 进行正常使用极限状况评定检算时，采用引入检算系数 Z 的方式对限制应力、裂缝宽度和结构变形进行修正计算

D. 桥梁结构检算应针对结构主要控制截面、薄弱部位和出现严重缺损部位

15.【2018 检师单选】基于试验检测的配筋混凝土桥梁正常使用极限状态验算，不包括计入活载影响修正系数的（　　）。

A. 截面应力　　B. 破坏应力　　C. 变形　　D. 裂缝

16.【2019 检师判断】在用桥梁结构检算宜遵循桥梁设计规范，其他虽经科研证实但尚未列入规范的即使是可靠的方法也不宜采用。（　　）

17.【2020 检师判断】圬工桥梁正常使用极限状态，宜按现行设计和养护规范进行计算评定，但需要修正。（　　）

18.【2020 检师判断】计算钢桥结构承载能力极限状态和正常使用极限状态的抗力效应的方式是一样的。（　　）

19.【2017 检师单选】桥梁承载能力检算系数的三个检测指标，表观缺损状况、材质强度和桥梁结构自振频率的权重分别为（　　）。

A. 0.4、0.35、0.35　　B. 0.4、0.3、0.3

C. 0.3、0.3、0.4　　D. 0.3、0.4、0.3

20.【2017 检师判断】桥梁的技术状况评定为 1、2、3、4 和 5，对应的缺损状况评定为 5、4、3、2 和 1。（　　）

21.【2019 检师判断】桥梁自振频率评定标度值随实测自振频率与理论计算频率的比值增加而增加。（　　）

22.【2022 检师综合】某简支钢筋混凝土空心板承载能力检算系数检测指标包括（　　）。

A. 缺损状况　　B. 混凝土电阻率　　C. 材质强度　　D. 自振频率

23.【2022 检师综合】钢筋混凝土桥梁结构或构件恶化状况评定标度的检测指标包括(　　)。

A. 缺损状况　　B. 混凝土电阻率　　C. 钢筋锈蚀电位　　D. 自振频率

24.【2019 检师综合】钢桁梁结构承载能力检算,应检算杆件截面的(　　)。

A. 疲劳　　B. 总稳定性　　C. 抗弯刚度　　D. 强度

25.【2019 检师综合】钢桁梁结构承载能力检算,应考虑杆件连接(　　)的影响。

A. 偏心　　B. 疲劳　　C. 损伤　　D. 锈蚀

26.【2022 检师综合】某简支钢筋混凝土空心板桥建于 1995 年,经定期检查评定为 3 类,随着交通量的增加,现拟对该桥进行承载能力评定,根据《公路桥梁承载能力检测评定规程》(JTG/T J21—2011),混凝土空心板梁桥检算要点包括(　　)。

A. 铰缝承载能力　　B. 主梁跨中正弯矩

C. 主梁支点附近最不利剪力　　D. 主梁 1/4 截面附近最不利弯剪组合效应

27.【2019 检师单选】某简支桥梁,标准跨径 16m,相邻墩台均匀总沉降差(不包括施工中的沉陷)容许限值为(　　)

A. 2cm　　B. 3cm　　C. 4cm　　D. 5cm

28.【2020 检师单选】20m 简支桥梁的墩台与基础均匀总沉降(不包括施工中的沉陷),超过(　　)cm 且通过观察仍在继续发展时,应采取相应措施进行加固处理。

A. $2.0\sqrt{L}$　　B. $1.5\sqrt{L}$　　C. $1.0\sqrt{L}$　　D. $0.5\sqrt{L}$

29.【2021 检师单选】根据《公路桥涵地基与基础设计规范》(JTG 3363—2019)规定,多年压实未遭破坏的非岩石旧桥,在墩台与基础无异常变位的情况下地基承载力抗力系数 γ_R 可适当提高,当修正后的地基承载力特征值 $f_a \geq 150$kPa 时,γ_R 的取值为(　　)。

A. 1.0　　B. 1.25　　C. 1.5　　D. 2.0

30.【2018 检师单选】测量桥跨结构纵向线形,按(　　)测量要求进行闭合水准测量。

A. 一等　　B. 二等　　C. 三等　　D. 四等

31.【2019 检师单选】测量桥跨结构纵向线性,宜沿纵向(　　)分断面布设测点。

A. 上下游边缘线　　B. 桥轴线

C. 桥轴线和上下游边缘线　　D. 轴中线和一侧边缘线

32.【2021 检师单选】桥梁索力测量的偏差率超过(　　)时应分析原因,确定其安全系数是否满足相关规范要求,并应在结构检算中加以考虑。

A. ±5%　　B. ±10%　　C. ±15%　　D. ±20%

33.【2018 检师综合】为获得承载能力检算所需的各分项检算系数,应进行以下哪些工作(　　)。

A. 桥梁缺损状况检查评定　　B. 钢筋锈蚀状况检测

C. 实际运营荷载状况调查　　D. 材质状况检测

34.【2018 检师综合】以下检测项目中,用于确定承载能力检算系数 Z_1 的是(　　)。

A. 钢筋锈蚀　　B. 混凝土强度

C. 结构自振频率　　D. 表观缺损状况

35.【2024 检师多选】活载影响修正系数公式为 $\xi_q = \sqrt[3]{\xi_{q1}\xi_{q2}\xi_{q3}}$,其中 ξ_{q1}、ξ_{q2}、ξ_{q3} 分别代表

(　　)。

A. 典型代表交通量影响修正系数　　B. 大吨位车辆混入影响修正系数

C. 小吨位车辆混入影响修正系数　　D. 轴荷分布影响修正系数

36.【2018 检师综合】根据检测结果,桥梁的承载能力检算系数评定标度 $D=2$,以下叙述正确的是(　　)。

A. $D=2$,按规范规定应进行正常使用极限状态检算

B. $D=2$,按规范规定无须进行正常使用极限状态检算

C. D 值越大,承载能力检算系数 Z_1 取值越小

D. D 值越大,承载能力检算系数 Z_2 取值越大

37.【2018 检师综合】受力最不利 T 梁跨中截面修正后的荷载效应为 2100kN · m,修正后抗力效应为 2300kN · m,以下结论正确的是(　　)。

A. 跨中截面承载能力满足要求

B. 跨中截面承载能力不满足要求

C. 跨中截面承载能力不明确,应进行正常使用极限状态验算

D. 跨中截面承载能力不明确,应进行荷载试验

第三节　基于荷载试验的承载能力评定方法

38.【2020 检师判断】静力荷载试验应针对检算存在疑问的构件或断面的主要控制截面进行。(　　)

39.【2017 检师综合】经验算,该桥作用效应与抗力效应的比值(　　)。

A. 等于 1　　B. 在 1 ~ 1.1 之间　　C. 在 1 ~ 1.2 之间　　D. 等于 1.2

40.【2022 检师判断】根据《公路桥梁承载能力检测评定规程》(JTG/T J21—2011)检算的荷载效应与抗力效应的比值相等时,判定桥梁承载能力不满足要求。(　　)

41.【2021 检师判断】根据《公路桥梁承载能力检测评定规程》(JTG/T J21—2011),当作用效应与抗力效应的比值为 1.05 时,应根据该规程的有关规定通过荷载试验评定承载能力。(　　)

42.【2018 检师单选】在对桥梁进行承载能力检算评定中,当作用效应与抗力效应的比值在(　　)之间时,应通过荷载试验评定承载能力。

A. 0.8 ~ 1.0　　B. 1.0 ~ 1.2　　C. 0.85 ~ 1.05　　D. 0.9 ~ 1.0

43.【2017 检师综合】《公路桥梁承载能力检测评定规程》规定,如该桥技术状况等级(　　)的在用桥梁,可通过荷载试验进行承载能力检测评定。

A. 低于三类　　B. 低于四类　　C. 为四类　　D. 为四、五类

44.【2022 检师综合】对于荷载试验结果,应判定桥梁承载能力不满足要求的情况包括(　　)。

A. 主要测点静力荷载试验校验系数不大于 1

B. 主要测点相对残余变位或相对残余应变超过 20%

C. 试验荷载作用下,桥墩出现不稳定沉降变位

D. 试验荷载作用下裂缝扩展宽度超过规范限值,卸载后裂缝闭合

45.【2023 检师多选】根据《公路桥梁承载能力检测评定规程》(JTG/T J21—2011),当(　　)时,应判定桥梁承载能力不满足要求。

A. 主要测点静力荷载试验校验系数小于 1

B. 主要测点相对残余变位或相对残余应变达到 30%

C. 裂缝扩展宽度超过限值,且卸载后裂缝闭合宽度小于扩展宽度的 2/3

D. 试验荷载作用下,桥梁基础发生不稳定沉降变位

46.【2020 检师判断】桥梁承载能力评定中,应取变位校验系数或应变校验系数中较大者确定检算系数 Z_2。(　　)

【答案】

1	2	3	4	5	6	7	8	9	10
正确	BE	BD	错误	CD	错误	BCD	错误	AD	正确
11	12	13	14	15	16	17	18	19	20
BC	错误	BCD	A	B	错误	正确	正确	B	错误
21	22	23	24	25	26	27	28	29	30
错误	ACD	ABC	BD	AC	BCD	D	A	C	B
31	32	33	34	35	36	37	38	39	40
C	B	ABCD	BCD	ABD	BC	A	正确	C	错误
41	42	43	44	45	46				
错误	B	D	BC	BCD	正确				

第八章　基础知识

1.【2017 检师单选】按照《公路隧道设计规范　第一册　土建工程》(JTG 3370.1—2018)的规定,长度为1000m 的隧道为(　　)。

A. 特长隧道　　B. 长隧道　　C. 中隧道　　D. 短隧道

2.【2017 检师单选】并行布置的两隧道的人工结构连接在一起的隧道,称为(　　)。

A. 分离式隧道　　B. 小径距隧道　　C. 连拱隧道　　D. 分叉隧道

3.【2021 检师单选】3 车道的隧道可划分为(　　)。

A. 特大跨度隧道　　B. 大跨度隧道

C. 中等跨度隧道　　D. 一般跨度隧道

4.【2018 检师多选】以下属于高速公路隧道内装饰层的有(　　)。

A. 防火涂料　　B. 路面　　C. 边墙瓷砖　　D. 二次衬砌

E. 仰拱

5.【2018 助理单选】以下不属于隧道结构组成的为(　　)。

A. 锚喷衬砌　　B. 防水层　　C. 轴流风机　　D. 路面结构

6.【2018 助理多选】按隧道修建方式可将隧道分为(　　)。

A. 明挖隧道　　B. 暗挖隧道　　C. 沉管隧道　　D. 盾构隧道

7.【2019 检师判断】依据《公路隧道设计规范　第一册　土建工程》(JTG 3370.1—2018)的规定,隧道长度小于500m 的隧道为短隧道。(　　)

8.【2019 助理判断】中等跨度公路隧道是指 3 车道隧道。(　　)

9.【2017 检师判断】公路隧道衬砌结构受力是不确定的。(　　)

10.【2019 检师判断】公路隧道与一般铁路隧道、水工隧道、矿山地下巷道相比,断面较大。(　　)

11.【2017 检师多选】公路隧道的特点有(　　)。

A. 断面大　　B. 形状扁平　　C. 防水要求高　　D. 围岩条件复杂

E. 结构受力不确定

12.【2021 助理判断】隧道内粉尘浓度较高、潮湿环境条件下,灯具内外积尘纳垢、电器老化是运营隧道照明亮度不足的主要原因。(　　)

13.【2022 检师单选】《公路隧道设计规范　第一册　土建工程》(JTG 3370.1—2018)中,对长度100m 以上的隧道内纵断面线形的一般要求是,最小纵坡不应小于(　　),最大纵坡不应大于(　　)。

A. 2.0%;0.2%　　B. 3.0%;0.3%　　C. 0.2%;2.0%　　D. 0.3%;3.0%

14.【2021 检师多选】《公路工程质量检验评定标准　第一册　土建工程》(JTG F80/1—2017)规定,隧道总体外观质量应符合的规定包括(　　)。

A. 洞顶无浮石　　B. 洞口边坡、仰坡无落石

C. 排水系统应不淤积、不堵塞　　D. 沟槽盖板无松动、破损

【答案】

1	2	3	4	5	6	7	8	9	10
C	C	C	AC	C	ABC	正确	正确	正确	正确
11	12	13	14						
ABCDE	正确	D	BC						

第九章　洞身开挖质量检测

1.【2017 检师单选】隧道开挖时，Ⅰ～Ⅲ级围岩两车道及以下跨度的隧道开挖时常用(　　)开挖。

A. 全断面法　　B. 弧形导坑留核心土法

C. 台阶法　　D. 双侧壁导坑法

2.【2018 检师综合】下列隧道开挖方法说法正确的是(　　)。

A. 全断面法可用于Ⅰ～Ⅲ级围岩两车道及以下跨度的隧道开挖

B. 台阶法可用于Ⅲ～Ⅳ级围岩两车道及以下跨度的隧道开挖

C. 弧形导坑留核心土法可用于Ⅱ～Ⅳ级围岩或一般土质隧道开挖

D. 双侧壁导坑法可用于Ⅴ级围岩隧道开挖

3.【2018 检师判断】中隔壁法和交叉中隔壁法可用于Ⅴ级围岩或深埋隧道的开挖。(　　)

4.【2021 助理单选】以下开挖方法中，适用地质条件差、浅埋、大跨且对地表下沉量要求严格的隧道开挖方法是(　　)。

A. 上下台阶法　　B. 三台阶法

C. 环形开挖预留核心土法　　D. 双侧壁导坑法

5.【2021 助理综合】选择隧道开挖方法应综合虑的因素有(　　)。

A. 断面大小　　B. 二衬类型　　C. 围岩级别　　D. 工期要求

6.【2018 检师综合】隧道开挖质量主要评定方式是(　　)。

A. 开挖方式控制　　B. 围岩变形控制

C. 超欠挖控制　　D. 爆破控制

7.【2020 检师判断】隧道开挖时应根据监测结果调整预留变形量。(　　)

8.【2019 检师多选】隧道开挖质量标准基本要求有(　　)。

A. 开挖断面尺寸要满足设计要求　　B. 应严格控制欠挖

C. 应严禁超挖　　D. 应尽量减少超挖

9.【2020 检师单选】隧道开挖时应严格控制欠挖，下列基本要求表述正确的是(　　)。

A. 拱脚、墙角以上 1.5m 范围内严禁欠挖

B. 当围岩石质坚硬完整，并确认不影响衬砌结构稳定和强度时，允许岩石个别凸出部分侵入断面

C. 仰拱超挖最大值为 100mm

D. 应尽量减少欠挖，边墙每侧允许超挖值为 100mm

10.【2024 检师单选】关于隧道洞身开挖质量检测表述正确的是(　　)。

A. 拱脚、拱墙以上 1m 范围内控制欠挖　B. 拱脚、拱墙以上 1m 范围内严禁欠挖

C. 超挖测量以设计开挖轮廓为基准　D. 超挖测量以设计净空断面为基准

11.【2018 检师单选】隧道开挖时应严格控制欠挖，当石质坚硬完整且岩石抗压强度大于 30MPa，并确认不影响衬砌结构稳定和强度时，允许岩石个别凸出部分侵入断面，衬砌时欠挖值不得大于(　　)。

A. 5mm　B. 20mm　C. 10mm　D. 50mm

12.【2023 检师判断】当岩层完整且岩石抗压强度大于 30MPa，并确认不影响衬砌结构稳定和强度时，每 $1m^2$ 内欠挖面积不宜大于 $0.1m^2$，欠挖隆起量可大于 50mm。(　　)

13.【2018 助理单选】隧道仰拱、隧底最大允许超挖值为(　　)。

A. 100mm　B. 150mm　C. 200mm　D. 250mm

14.【2021 助理综合】隧道开挖对于拱部超挖，符合检查频率要求的是(　　)。

A. 每 10m 检查 1 个断面　B. 每 20m 检查 1 个断面

C. 每 10m 检查 3 个点　D. 每 20m 检查 3 个点

15.【2019 检师单选】隧道施工中炮眼深度不大于 3m 时，两茬炮接茬处的台阶形误差值要求是(　　)。

A. ≤100mm　B. ≤120mm　C. ≤150mm　D. ≤180mm

16.【2018 检师综合】采用钻爆法开挖，其爆破效果应满足(　　)。

A. 开挖轮廓圆顺

B. 开挖面平整

C. 对于硬岩，周边眼炮痕保存率应不低于 80%

D. 两茬炮衔接时，台阶形误差不得大于 150mm

17.【2018 检师综合】激光断面仪检测隧道开挖断面，属于(　　)。

A. 极坐标法　B. 非接触测量法

C. 参照物法　D. 直接测量法

18.【2018 检师多选】隧道开挖断面检测法中属于直接量测的方法有(　　)。

A. 内模参照钢尺测量法　B. 激光束测量

C. 激光断面仪测量　D. 极坐标法

E. 投影机测量

19.【2019 检师单选】激光断面仪进行隧道断面检测，其基本原理是(　　)。

A. 小角度法　B. 直角坐标法

C. 极坐标法　D. 后方交会法

20.【2017 检师判断】由于采用激光断面仪进行隧道断面检测，多采用等角自动检测，为了使测点之间距离大致相等，应尽量在隧道中点附近设置测点。(　　)

21.【2018 检师综合】《公路工程质量检验评定标准　第一册　土建工程》(JTG F80/1—2017)规定，激光断面仪检测隧道开挖断面(　　)为一个断面，或目测疑似超欠挖断面。

A. 10m　B. 20m　C. 50m　D. 100m

22.【2018 助理判断】采用激光断面仪检测隧道内净空时，仪器可架设在隧道该断面路面

上的任意位置。(　　)

23.【2021 检师判断】采用激光断面仪测量隧道开挖轮廓线，激光断面仪不必布置在隧道轴线上，但检测断面应与隧道线垂直。(　　)

24.【2021 助理单选】采用激光断面法进行隧道净空断面检测时，激光断面仪(　　)。

A. 必须在隧道设计高程点上　　B. 必须在隧道中心线上

C. 必须在隧道行车中心线上　　D. 可以在隧道任意位置

25.【2018 助理多选】目前隧道施工中，激光断面仪可以用于(　　)。

A. 开挖断面检测　　B. 初期支护断面轮廓检测

C. 二次衬砌轮廓检测　　D. 钢筋检测

E. 锚杆检测

26.【2023 检师单选】关于激光断面仪检测表述正确的是(　　)。

A. 测量原理为极坐标法　　B. 需要设置反射棱镜

C. 断面仪应安装在隧道中线　　D. 不适用于开挖断面检测

27.【2021 检师单选】激光断面仪隧道开挖断面测量原理为(　　)，一般情况下，每(　　)布设一个开挖检查断面。

A. 非接触测量;10m　　B. 非接触测量;20m

C. 极坐标法;10m　　D. 极坐标法;20m

28.【2021 检师判断】台阶法施工，下台阶应在上台阶喷射混凝土强度达到设计强度的80%后开挖。(　　)

29.【2021 助理单选】《公路隧道施工技术规范》(JTG/T 3660—2020)规定，黄土隧道不得采用的开挖方法为(　　)。

A. 中隔壁法　　B. 双侧壁导坑法

C. 长台阶法　　D. 环形开挖留核心土法

30.【2021 助理判断】隧道开挖时洞身浮石应及时初喷支护，防止松动掉落。(　　)

31.【2021 助理综合】符合隧道开挖爆破作业对上一个循环喷射混凝土终凝时间要求的有(　　)。

A. 4h　　B. 3h　　C. 2h　　D. 1h

32.【2021 助理综合】依据《公路隧道施工技术规范》(JTG/T 3660—2020)，仰拱开挖长度要求包括(　　)。

A. 土和软岩不应大于 3m　　B. 土和软岩不应大于 5m

C. 硬岩不应大于 3m　　D. 硬岩不应大于 5m

33.【2022 检师多选】隧道开挖轮廓应按设计要求预留变形量，对于两车道隧道，依据《公路隧道设计规范　第一册　土建工程》(JTG 3370.1—2018)，下列预留变形量符合要求的有(　　)。

A. Ⅱ级围岩预留变形量 10mm ~ 50mm　　B. Ⅲ级围岩预留变形量 20mm ~ 50mm

C. Ⅳ级围岩预留变形量 50mm ~ 80mm　　D. Ⅴ级围岩预留变形量 80mm ~ 120mm

34.【2022 检师单选】《公路隧道施工技术规范》(JTG/T 3660—2020)对长度 3000m 的隧道整个贯通区间的横向贯通误差要求为(　　)。

A. ≤70mm　　B. ≤50mm　　C. ≤100mm　　D. ≤300mm

35.【2020检师判断】连拱隧道爆破开挖时,可以利用中导洞作为临空面。(　　)

【答案】

1	2	3	4	5	6	7	8	9	10
A	ABD	错误	D	ACD	C	正确	ABD	D	BC
11	12	13	14	15	16	17	18	19	20
D	错误	D	B	C	ABCD	AB	ABE	C	正确
21	22	23	24	25	26	27	28	29	30
B	正确	正确	D	ABC	A	D	错误	C	错误
31	32	33	34	35					
AB	AD	BCD	C	错误					

第十章　喷锚衬砌施工质量检测

1.【2019 检师单选】在隧道复合式衬砌中,第一层衬砌采用喷锚衬砌,通常称为(　　)。

A. 初期支护　　B. 临时支护　　C. 二次支护　　D. 二次衬砌

2.【2022 检师综合】锚杆的锚固作用包括(　　)。

A. 悬吊作用　　B. 成层作用　　C. 组合拱作用　　D. 挤压作用

3.【2023 检师综合】对锚杆支护表述正确的有(　　)。

A. 利用了锚杆的悬吊作用、组合拱作用、挤压作用

B. 填补缝隙,起到改善围岩力学性能的作用

C. 将围岩中被节理、裂隙切割的岩块串为一体

D. 起到加固围岩、维护围岩稳定的作用

4.【2022 检师综合】系统锚杆设计应符合的规定有(　　)。

A. 锚杆间距不宜大于锚杆长度的 1/2 且不宜大于 1.5m

B. 锚杆间距不宜大于锚杆长度的 1/2 且不宜大于 2.0m

C. 锚杆直径宜采用 25 ~ 32mm

D. 锚杆直径宜采用 20 ~ 28mm

5.【2021 助理判断】锚杆沿设计轮廓线法线方向钻孔,垂直偏差不宜大于 20°。(　　)

6.【2022 检师判断】锚杆锚固砂浆应密实饱满,浆体强度等级不应低于 C20。(　　)

7.【2022 检师综合】关于锚杆杆材应符合的规定有(　　)。

A. 杆体材料为钢材的锚杆,其断后伸长率 A 不应小于 18%

B. 杆体材料为钢材的锚杆,其断后伸长率 A 不应小于 16%

C. 杆体直径和壁厚允许偏差≤4%

D. 杆体直径和壁厚允许偏差≤5%

8.【2022 检师综合】锚杆安装需符合的要求为(　　)。

A. 锚杆钻孔深度应符合设计要求,与设计锚杆长度允许偏差为 ±50mm

B. 锚杆钻孔深度应符合设计要求,与设计锚杆长度允许偏差为 ±150mm

C. 锚杆长度不应小于设计长度,抽检频率为 15%

D. 锚杆长度不应小于设计长度,抽检频率为 10%

9.【2023 检师单选】在公路隧道喷锚衬砌锚杆质量检查中,锚杆孔钻孔深度允许偏差为(　　)。

A. ±50mm　　B. ±100mm　　C. ±150mm　　D. ±200mm

10.【2017 检师单选】隧道锚杆杆体长度偏差不得小于设计长度的(　　)。

A. 60%　　B. 85%　　C. 90%　　D. 95%

11.【2019 检师判断】隧道锚杆要求材质具有一定的延展性,对于杆件材料为钢材的锚杆,其断后伸长率不应小于 6%。(　　)

12.【2020 检师多选】锚杆安装质量检查内容包括(　　)。

A. 锚杆长度　　B. 锚杆锚固砂浆强度

C. 锚杆抗拔力　　D. 锚杆锚固密实度

13.【2024 检师单选】根据《公路工程质量检验评定标准　第一册　土建工程》(JTG F80/1—2017),隧道锚杆抗拔力检测频率应为(　　)。

A. 抽查 1%,且不少于 3 根　　B. 抽查 1%,且不少于 6 根

C. 抽查 3 根,且不少于 2%　　D. 抽查 6 根,且不少于 2%

14.【2020 检师单选】下列哪个参数尚无有效的无损检测手段(　　)。

A. 锚杆锚固长度　　B. 锚杆锚固密实度　　C. 锚杆抗拔力　　D. 钢支撑数量

15.【2020 检师单选】锚杆的锚固密实度检测主要采用声波反射法原理进行,根据杆端反射声波的(　　)。

A. 频率响应　　B. 振幅大小　　C. 实测波速　　D. 波形畸变

16.【2023 检师综合】锚杆锚固密实度不好的危害有(　　)。

A. 增加锚杆的有效锚固长度　　B. 减少锚杆的有效锚固长度

C. 容易造成锚杆锈蚀　　D. 影响锚杆的长期使用寿命

17.【2023 检师综合】关于锚杆质量无损检测仪原理表述正确的有(　　)。

A. 采用声波反射法原理进行

B. 采用电磁波反射法原理进行

C. 根据杆体外端的反射波振幅大小判定锚杆锚固密实度

D. 根据杆体外端的反射波时差判定锚杆长度

18.【2023 检师综合】如果握裹钢筋的砂浆密实,砂浆又与周围岩体黏结紧实,则(　　)。

A. 波在传播过程中从钢筋通过水泥砂浆向岩体扩散能量损失很大

B. 波在传播过程中从钢筋通过水泥砂浆向岩体扩散能量损失很小

C. 在杆体外端测得的反射波幅度很大

D. 在杆体外端测得的反射波幅度很小

19.【2023 检师综合】无损检测仪检测锚杆密实度的评判依据包括(　　)。

A. 波形特征　　B. 时域信号特征　　C. 幅频信号特征　　D. 黏结度

20.【2022 检师综合】采用声波反射法检测锚杆锚固密实度时,如果测得反射信号振幅很小,能量损失很大,则可初步判断握裹砂浆(　　)。

A. 饱满　　B. 不饱满　　C. 局部欠饱满　　D. 不确定

21.【2022 检师多选】喷射混凝土作业应按初喷混凝土和复喷混凝土分别进行,符合作业规定的有(　　)。

A. 初喷厚度宜控制在 15 ~ 20mm　　B. 初喷厚度宜控制在 20 ~ 50mm

C. 复喷厚度不宜小于 150mm　　D. 复喷厚度不宜小于 50mm

22.【2022 检师单选】喷射混凝土冬季施工,强度未达到(　　)前不得受冻。

A. 5MPa　　B. 6MPa　　C. 8MPa　　D. 10MPa

23.【2018 检师判断】喷射混凝土强度评为不合格时相应的分项工程评为不合格。(　　)

24.【2018 检师多选】喷射混凝土的厚度合格标准为全部检查点厚度需同时满足(　　)。

A. 检查点平均厚度≥设计厚度

B. 检测点厚度 90% ≥设计厚度

C. 检测点厚度 95% ≥设计厚度

D. 检查点最小厚度≥设计厚度的 60%,且≥50mm

E. 检查点最小厚度≥设计厚度的 50%,且≥50mm

25.【2018 助理多选】喷射混凝土抗压强度试验试件制作方法有(　　)。

A. 喷大板法　　B. 凿方切割法　　C. 喷模法　　D. 射钉法

E. 钻芯法

26.【2020 检师单选】喷射混凝土强度包括抗压强度、抗拉强度、抗剪强度、疲劳强度、黏结强度等指标。在一般试验检测中,可通过检测喷射混凝土的(　　),并由此推断混凝土的其他强度。

A. 抗拉强度　　B. 抗压强度　　C. 强度系数　　D. 黏结强度

27.【2021 检师单选】喷射混凝土与围岩黏结强度合格标准为(　　)

A. Ⅰ、Ⅱ级围岩不应低于 0.6MPa　　B. Ⅰ、Ⅱ级围岩不应低于 0.8MPa

C. Ⅲ级围岩不低于 0.8MPa　　D. Ⅲ级围岩不低于 0.6MPa

28.【2018 检师单选】钢架安装应垂直于隧道中线,竖向不倾斜,平面不错位,不扭曲,上下左右允许偏差 ±50mm,钢架在隧道纵面上的倾斜度应小于(　　)。

A. 10°　　B. 5°　　C. 2°　　D. 1°

29.【2021 检师单选】隧道钢架应垂直于隧道中线,竖向不倾斜、平面不错位、扭曲,上、下、左、右允许偏差(　　),钢架倾斜度允许偏差为(　　)。

A. ±50mm, ±2°　　B. ±100mm, ±2°　　C. ±50mm, ±1°　　D. ±100m, ±1°

30.【2018 助理判断】《公路工程质量检验评定标准　第一册　土建工程》(JTG F80/1—2017)规定,钢支撑安装间距允许偏差为 50mm,且要求钢支撑总榀数不少于设计值。(　　)

31.【2019 检师综合】某山区公路在建隧道,全隧道初期支护设有工字钢(设计安装间距均为 1000mm),现采用地质雷达检测该隧道衬砌质量。测得工字钢安装间距数据中,满足《公路工程质量检验评定标准　第一册　土建工程》(JTG F80/1—2017)要求的有(　　)。

A. 900mm　　B. 980mm　　C. 1020mm　　D. 1060mm

【答案】

1	2	3	4	5	6	7	8	9	10
A	ACD	ABCD	AD	正确	错误	BC	AD	A	D
11	12	13	14	15	16	17	18	19	20
错误	BCD	A	C	B	BCD	AC	AD	ABC	A
21	22	23	24	25	26	27	28	29	30
BD	B	正确	AD	ABCE	B	B	C	A	错误
31									
BC									

第十一章　混凝土衬砌施工质量检测

1.【2021 检师综合】有一在建隧道施工模板，设计起拱线高程 5100mm，设计拱顶高程 7500mm，对该模板起拱线高程进行检测，得到如下测试值，满足施工规范要求的有(　　)。

A. 5082mm　　B. 5092mm　　C. 5112mn　　D. 5118mm

2.【2021 检师综合】有一在建隧道施工模板，设计起拱线高程 5100mm，设计拱顶高程 7500mm，对该模板拱顶高程进行检测，得到如下测试值，满足施工规范要求的有(　　)。

A. 7486mm　　B. 7496mm　　C. 7506mm　　D. 7512mm

3.【2024 检师多选】根据《公路隧道施工技术规范》(JTG/T 3660—2020)，隧道衬砌模板安装允许偏差及检验频率正确的是(　　)。

A. 平面位置及高程 ±15mm，每 5 延米两侧边墙及拱部选 3 处，每处测 3 点

B. 起拱线高程 ±15mm，全部检验

C. 拱顶高程(+10，0)mm，全部检验

D. 模板平整度 5mm，每 5 延米两侧边墙及拱部选 3 处，每处测 3 点

4.【2018 检师单选】衬砌钢筋实测项目中主筋间距允许偏差为(　　)mm。

A. ±5　　B. ±10　　C. ±20　　D. −10，+5

5.【2018 助理单选】混凝土衬砌相邻主筋搭接位置应错开，错开距离应不小于(　　)。

A. 1m　　B. 2m　　C. 10cm　　D. 20cm

6.【2021 检师单选】混凝土衬砌施工质量检查中，衬砌钢筋相邻主筋搭接位置应错开，距离应(　　)。

A. 不小于 200mm　　B. 不小于 1000mm　　C. 不小于 1200mm　　D. 不小于 1500mm

7.【2019 检师综合】山区公路在建隧道，部分二次衬砌内设有双层钢筋(设计主筋间距为 200mm，设计钢筋保护层厚度均为 80mm)，满足《公路工程质量检验评定标准　第一册　土建工程》(JTG F80/1—2017)要求的有(　　)。

A. 186mm　　B. 196mm　　C. 206mm　　D. 216mm

8.【2019 检师综合】仰拱钢筋保护层设计厚度为 55mm，测得仰拱钢筋保护层厚度数据中，满足《公路工程质量检验评定标准　第一册　土建工程》(JTG F80/1—2017)要求的有(　　)。

A. 40mm　　B. 50mm　　C. 60mm　　D. 70mm

9.【2019 检师综合】二次衬砌设计钢筋保护层厚度均为 80mm，测得二次衬砌内钢筋保护层厚度数据中，满足《公路工程质量检验评定标准　第一册　土建工程》(JTG F80/1—2017)要求的有(　　)。

A. 72mm　　B. 76mm　　C. 91mm　　D. 96mm

10.【2017 检师多选】隧道混凝土衬砌质量检测包括(　　)。

A. 衬砌模板　　B. 混凝土强度和厚度

C. 衬砌背后空洞　　D. 外观

E. 整体几何尺寸

11.【2020 检师判断】明洞两侧回填高差不应大于 500mm。(　　)

12.【2018 检师判断】仰拱混凝土应整幅一次浇筑,不得左右半幅分次隔壁法浇筑。(　　)

13.【2022 检师判断】仰拱填充混凝土不得左右半幅分次浇筑。(　　)

14.【2021 助理判断】仰拱填充混凝土强度达到设计强度的 85% 后方可允许运渣车辆通行。(　　)

15.【2021 检师判断】衬砌墙面平整度采用 3m 尺检测,每 20m 连续检查 5 尺,每尺测最大间隙。(　　)

16.【2017 检师单选】以下检测方法不属于隧道内混凝土衬砌厚度检测方法的是(　　)。

A. 凿芯法　　B. 回弹法　　C. 地质雷达法　　D. 激光断面仪法

17.【2018 助理判断】《公路工程质量检验评定标准　第一册　土建工程》(JTG F80/1—2017)规定,二次衬砌混凝土强度检测合格率必须高于 95%。(　　)

18.【2022 检师单选】《公路工程质量检验评定标准　第一册　土建工程》(JTG F80/1—2017)规定,隧道衬砌混凝土结构裂缝宽度不得超过(　　)。

A. 0.1mm　　B. 0.2mm　　C. 0.3mm　　D. 0.4mm

19.【2021 检师多选】混凝土衬砌外观质量中,对蜂窝麻面和气泡的要求包括(　　)。

A. 面积不超过总面积的 0.5%　　B. 面积不超过总面积的 0.1%

C. 深度不超过 5mm　　D. 深度不超过 10mm

20.【2020 检师多选】下列隧道工程质量问题中,导致该检验项目不合格的内容包括(　　)。

A. 二衬混凝土强度达不到设计要求

B. 隧道路面存在隆起,路面板明显错台、断裂

C. 隧道路面存在松散、严重泛油、明显离析和裂缝累计长度超过 50m

D. 因施工质量差异导致隧道二衬、仰拱等实施过加固

21.【2024 检师单选】根据《公路工程质量检验评定标准　第一册　土建工程》(JTG F80/1—2017),总体实测项目中隧道偏位允许偏差为(　　)。

A. ±15mm　　B. ±10mm　　C. 20mm　　D. 5mm

【答案】

1	2	3	4	5	6	7	8	9	10
B	C	CD	B	A	B	BC	BC	B	ABCDE
11	12	13	14	15	16	17	18	19	20
正确	正确	错误	错误	错误	B	错误	D	AD	ABC
21									
C									

第十二章　隧道防排水检测

1.【2022 检师判断】隧道内纵向排水沟坡度设置应与路线纵坡一致。(　　)

2.【2022 检师单选】《公路隧道设计规范　第一册　土建工程》(JTG 3370.1—2018)对隧道衬砌背后横向导水管排水坡度的要求为(　　)。

A. 不宜小于 2.0%　　B. 不宜小于 1.5%

C. 不宜小于 1.0%　　D. 不宜小于 0.5%

3.【2023 检师综合】高速公路、一级公路和二级公路隧道防排水应满足的要求有(　　)。

A. 拱部、边墙、路面、设备箱洞不渗水

B. 有冻害地段隧道衬砌背后不积水

C. 有冻害地段隧道排水沟不冻结

D. 车行横通道、人行横通道等服务通道拱部不滴水,边墙不淌水

4.【2023 检师综合】关于复合式衬砌防水系统表述正确的有(　　)。

A. 复合式衬砌结构在初期支护与二次衬砌之间铺设有防水层

B. 防水层包括无纺布和防水板

C. 无纺布通常铺设在二次衬砌与防水板之间,起缓冲、滤水和导水作用

D. 防水板通常采用高分子防水卷材,起防止结构与卷材间水窜流作用

5.【2022 检师单选】复合式衬砌中防水施工应在(　　)后,二次衬砌施工前进行。

A. 初期支护变形完全稳定　　B. 初期支护变形基本稳定

C. 围岩变形完全稳定　　D. 初期支护完成

6.【2021 检师单选】以下关于隧道防水层施工描述正确的是(　　)。

A. 防水层铺设应在超前二次衬砌 3 ~4 个循环距离衬砌段

B. 防水层铺设应在超前二次衬砌 2 ~3 个循环距离衬砌段

C. 防水板铺挂时适当松弛,松弛系数一般取 1.1 ~1.2

D. 防水板铺挂时适当松弛,松弛系数一般取 1.5 ~1.6

7.【2021 检师多选】下列关于防水板焊缝强度检查表述正确的有(　　)。

A. 焊缝拉伸强度不得小于防水板强度的 85%

B. 焊缝拉伸强度不得小于防水板强度的 70%

C. 焊缝抗剥离强度不小于 70N/cm

D. 焊缝抗剥离强度不小于 85N/cm

8.【2023 检师单选】公路隧道复合式衬砌防水卷材搭接宽度不得小于(　　)。

A. 50mm　　B. 100mm　　C. 150mm　　D. 200mm

9.【2017 检师多选】对某隧道防水层搭接宽度进行检测,以下测试结果可判为合格的有(　　)。

A. 131mm　　B. 102mm　　C. 52mm　　D. 48mm

10.【2018 检师单选】双焊缝充气检查,压力 0.25MPa,充气后 15min 内,压力下降超过(　　),证明焊缝有假焊、漏焊。

A. 5%　　B. 10%　　C. 15%　　D. 20%

11.【2018 助理判断】隧道防水层焊缝拉伸强度不得小于防水板强度的 90%。(　　)

12.【2019 助理判断】根据《公路工程质量检验评定标准　第一册　土建工程》(JTG F80/1—2017),隧道施工在铺设防水板时,搭接长度规定值不少于 100mm。(　　)

13.【2023 检师判断】防水卷材出现破损、烤焦、焊穿及固定点外露等须立即修补,修补片尺寸要求小于破坏边缘 70mm。(　　)

14.【2020 检师多选】隧道施工常用止水带按材质可分为(　　)等。

A. 碳纤维止水带　　B. 橡胶止水带　　C. 沥麻止水带　　D. 金属止水带

15.【2018 检师判断】隧道中普遍使用中埋式止水带,特别适合与防水板一起使用。(　　)

16.【2017 检师多选】隧道止水带按照设置的位置可分为(　　)。

A. 中埋式止水带　　B. 背贴式止水带　　C. 可排水止水带　　D. 可注浆止水带

E. 橡胶止水带

17.【2022 检师多选】隧道中埋式止水带施工应符合的要求包括(　　)。

A. 止水带偏离衬砌厚度中线不超过 30mm

B. 止水带搭接长度一般不小于 100mm

C. 止水带偏离衬砌厚度中线不超过 50mm

D. 止水带搭接长度一般不小于 50mm

18.【2023 检师多选】关于中埋式止水带施工表述正确的有(　　)。

A. 在衬砌转角位置的止水带应采用连续圆弧过渡

B. 橡胶止水带转角半径不应小于 200mm

C. 钢边止水带转角半径不应小于 300mm

D. 止水带每隔 3 ~ 5m 预埋钢筋卡固定

19.【2023 检师综合】关于隧道防水层铺设表述正确的是(　　)。

A. 在防水卷材铺设前,应对喷射混凝土基面进行检测

B. 铺设基面不得有锚杆头和钢筋头外露

C. 在防水施工前,如拱墙有渗流、涌水,应采用不渗水薄膜隔离、铺排水管,将水隔离并引至边墙角

D. 明洞衬砌拱背混凝土应平整,不得有钢筋头外露

20.【2018 检师多选】隧道排水系统包括(　　)。

A. 排水盲管　　B. 横向导水管

C. 路侧边沟和深埋水沟　　D. 防寒泄水洞

21.【2018 助理单选】隧道排水系统的管道不需要打孔的是(　　)。

A. 纵向排水直管　　B. 圆形中心水沟

C. 横向导水管　　　　　　　　　　D. 环向排水盲管

22.【2023检师综合】关于复合式衬砌排水系统表述正确的有(　　)。

A. 围岩体内渗水通过防水层及环向排水管汇入二次衬砌拱脚处的纵向排水管

B. 纵向排水管连通横向导水管,导入路面下方的中央水沟排出洞外

C. 路基下渗出的地下水通过渗水盲管汇入中央水沟或路侧边沟排出洞外

D. 隧道内路面污水由路侧边沟排出洞外

23.【2023检师综合】纵向排水盲管设置于隧道模筑混凝土衬砌两侧墙角背后的目的有(　　)。

A. 收集路侧边沟至边墙脚的水

B. 收集环向排水盲管至边墙脚的水

C. 收集被防水卷材阻挡经无纺布导流或自重淌流至边墙脚的水

D. 收集横向导水管至边墙脚的水

24.【2020检师判断】隧道内深埋水沟检查井井底高程偏差应在±20mm以内。(　　)

25.【2019助理判断】隧道圆形深埋水沟管底高程应为±10mm。(　　)

26.【2023检师单选】根据《公路工程质量检验评定标准　第一册　土建工程》(JTG F80/1—2017),隧道排水沟沟底高程允许偏差为(　　)。

A. ±10mm　　B. ±20mm　　C. ±50mm　　D. +20mm,-30mm

27.【2023检师单选】根据《公路隧道施工技术规范》(JTG/T 3660—2020),深埋水沟检查井检测频率为(　　)检查。

A. 每个　　　　　　　　　　B. 每2个随机抽取1个

C. 每4个随机抽取1个　　　　D. 每6个随机抽取1个

28.【2023检师单选】纵向排水管平面位置检查时,发现盲管平面侵占模筑混凝土衬砌空间,造成衬砌结构厚度不足,此时必须(　　)。

A. 先浇筑混凝土再铺设　　　　B. 用无纺布包裹盲管

C. 先欠挖处理再铺设　　　　　D. 给盲管管壁钻透水孔

【答案】

1	2	3	4	5	6	7	8	9	10
正确	C	ABCD	ABCD	B	C	BC	B	AB	B
11	12	13	14	15	16	17	18	19	20
错误	正确	错误	BD	正确	AB	AB	ABC	ABCD	ABCD
21	22	23	24	25	26	27	28		
C	ABCD	BC	正确	错误	B	A	C		

第十三章　辅助工程施工质量检查

1.【2021 检师单选】《公路隧道设计规范　第一册　土建工程》(JTG 3370.1—2018)规定,隧道超前管棚钢管环向间距宜为(　　)

A. 100 ~ 200mm　　B. 200 ~ 350mm　　C. 350 ~ 500m　　D. 450 ~ 500m

2.【2021 助理判断】超前管棚适用于围岩及掌子面自稳能力较强、开挖后拱部易出现塌方的地段。(　　)

3.【2023 检师单选】超前管棚施作时,钢管沿开挖轮廓线外环向布设,并注满强度不小于(　　)的水泥砂浆。

A. M15　　B. M20　　C. M25　　D. M30

4.【2023 检师判断】超前管棚钢管内需要插有钢筋笼或钢筋束,并注满强度等级不小于 M15 的水泥砂浆。(　　)

5.【2019 检师判断】隧道超前锚杆与钢架支撑配合使用时,应从钢架腹部穿过,尾端与钢架焊接。(　　)

6.【2020 检师判断】围岩径向注浆适用于隧道开挖后围岩稳定时间短、变形较大的地段。(　　)

7.【2023 检师判断】地表砂浆锚杆锚固时,锚固砂浆在达到设计强度的 70% 以上才能进行下方隧道开挖。(　　)

8.【2022 检师多选】隧道超前注浆加固的要求正确的有(　　)。

A. 注浆钢管直径不宜小于 50mm

B. 注浆钢管直径不宜小于 70mm

C. 采用多循环方式注浆加固的,每循环注浆长度宜为 5 ~ 20m

D. 采用多循环方式注浆加固的,每循环注浆长度宜为 3 ~ 5m

9.【2018 助理多选】隧道辅助工程中涌水处理措施包括(　　)。

A. 超前围岩预注浆堵水　　B. 开挖后径向注浆堵水

C. 超前钻孔排水　　D. 坑道排水

10.【2020 检师综合】隧道施工时涌水处理可采用的注浆方式有(　　)。

A. 超前周边预注浆　　B. 径向注浆

C. 超前帷幕预注浆　　D. 劈裂注浆

11.【2023 检师多选】关于超前围岩预注浆堵水工程表述正确的有(　　)。

A. 注浆圈厚度一般为 3 ~ 6m　　B. 注浆圈厚度一般为 6 ~ 9m

C. 注浆段长度一般为 10 ~ 30m　　D. 注浆段长度一般为 30 ~ 50m

12.【2018检师多选】以下注浆材料属于水泥浆的有(　　)。

A. 普通水泥浆液　　B. 超细水泥浆液

C. 水泥-水玻璃双浆液　　D. 水玻璃类

E. 水溶性聚氨酯浆液

13.【2020检师多选】隧道注浆材料应符合的要求表述正确的有(　　)。

A. 浆液应无毒无臭,对人体无害,不污染环境

B. 浆液黏度高、流动性好、可注性强,凝结时间可按要求控制

C. 浆液固化体稳定性好,能满足注浆工程的使用寿命要求

D. 浆液应对注浆设备、管路及混凝土结构腐蚀性低,易于清洗

14.【2020检师单选】注浆材料的渗透系数是指浆液固化后结石体(　　)的高低,或表示结石体抗渗性的强弱。

A. 相对密度　　B. 透水性　　C. 固化强度　　D. 渗透能力

15.【2020检师综合】按浆液的分散体系划分,以颗粒直径(　　)为界,大的为悬浊液,如水泥浆;小的为溶液,如化学浆。

A. 0.01μm　　B. 0.1μm　　C. 1μm　　D. 2μm

16.【2022检师判断】以加固围岩为目的的注浆宜采用强度高、耐久性好的双浆液。(　　)

17.【2020检师综合】黏度表示波流动时,因分子间互相作用而产生的阻碍运动的摩擦力,黏度大小影响(　　)等参数的确定。

A. 浆液扩散半径　　B. 注浆凝胶时间

C. 流量　　D. 注浆压力

18.【2020检师综合】砂性土孔隙直径必须大于浆液颗粒直径的(　　),浆液才能注入。

A. 2倍以上　　B. 3倍以上　　C. 1.5倍以上　　D. 2.5倍以上

19.【2020检师综合】关于注浆材料说法正确的有(　　)。

A. 以加固为目的的注浆宜采用强度高、耐久性好的单液浆;以堵水为目的的注浆宜采用凝固时间短、强度较高的双液浆

B. 以加固为目的的注浆宜采用强度高、耐久性好的双液浆;以堵水为目的的注浆宜采用凝固时间短、强度较高的单液浆

C. 对于溶液,渗透能力取决于颗粒大小;对于悬浊液,渗透能力取决于黏度

D. 对于悬浊液,渗透能力取决于颗粒大小;对于溶液,渗透能力取决于黏度

20.【2021助理单选】注浆材料的渗透能力即渗透性,对于悬浊液取决于(　　)。

A. 颗粒大小　　B. 黏度　　C. 胶凝时间　　D. 抗压强度

21.【2021检师多选】隧道注浆工程中,对于粉砂土地层,宜选用的注浆材料有(　　)。

A. 丙烯盐酸浆液　　B. 水泥浆液　　C. 水玻璃浆液　　D. 水溶性聚氨酯浆液

22.【2024检师判断】测定一般注浆材料浆液凝胶时间时,通常采用手持玻璃棒搅拌浆液,以感觉不再流动或拉不出丝为止,从而测定凝胶时间。(　　)

23.【2017检师多选】隧道超前锚杆实测项目包括(　　)。

A. 密实度　　B. 长度　　C. 孔位　　D. 钻孔深度

E. 孔径

24.【2018 助理多选】同时属于超前锚杆及超前小导管的实测项目有(　　)。

A. 长度　　B. 孔位　　C. 钻孔深度　　D. 注浆饱满度

25.【2019 助理判断】隧道施工注浆效果检查可采用地质雷达、声波探测仪等物探仪器进行无损检测,以判定注浆效果。(　　)

26.【2021 助理多选】在注浆结束后应及时对注浆效果进行检查,检查方法通常有(　　)。

A. 分析法　　B. 检查孔法　　C. 声波检测法　　D. 红外成像法

27.【2020 检师单选】不属于隧道辅助工程施工质量检查内容的是(　　)。

A. 浆液注浆量　　B. 管棚搭接长度

C. 纵向排水盲管平面位置　　D. 超前锚杆砂浆灌注饱满度

【答案】

1	2	3	4	5	6	7	8	9	10
C	错误	B	错误	正确	错误	正确	BC	ABCD	ABC
11	12	13	14	15	16	17	18	19	20
AC	ABC	ACD	B	B	错误	ACD	B	AD	A
21	22	23	24	25	26	27			
ACD	正确	BCDE	ABC	正确	ABC	C			

第十四章　施工监控量测

1.【2021 检师多选】隧道监控量测必测项目要求包括(　　)。

A. 地表下沉监测应在隧道开挖前开始,到二次衬砌施工完毕为止

B. 洞外观察与地表沉降观测采用相同频率

C. 洞内必测项目应在每次开挖后 12h 内取得初读数

D. 洞内必测项目测点不应焊接在钢架上

2.【2017 检师综合】隧道施工监控量测洞内外观察内容包括(　　)。

A. 掌子面观察　　B. 支护状态观察　　C. 施工状态观察　　D. 洞外观察

3.【2024 检师综合】根据《隧道施工技术规范》(JTG/T 3660—2020),关于隧道洞内外观察频率表述正确的是(　　)。

A. 洞内掌子面观察:每开挖循环做一次

B. 初期支护:每天巡查一次

C. 洞内掌子面观察:每天巡查一次

D. 初期支护:观察遇天气变化应实时观察

4.【2021 助理判断】爆破振动量测属于隧道监控量测的必测项目。(　　)

5.【2021 助理多选】以下哪些是隧道施工监控量测选测项目(　　)。

A. 钢架内力　　B. 锚杆轴力　　C. 洞内外观察　　D. 洞内围岩内部位移

6.【2024 检师综合】隧道监控量测项目通常分为必测项目和选测项目两类,(　　)属于必测项目。

A. 周边收敛　　B. 爆破振动　　C. 拱顶下沉　　D. 围岩弹性波速

7.【2021 检师单选】根据《公路桥涵地基与基础设计规范》(JTG 3363—2019),岩石完整性系数为(　　)之比的平方。

A. 岩体纵波波速与岩块纵波波速

B. 岩体纵波波速与岩体横波波速

C. 岩块纵波波速与岩体纵波波速

D. 岩块纵波波速与岩块横波波速

8.【2022 检师多选】下列围岩基本质量指标 BQ 值中,可划分为Ⅱ级围岩的有(　　)。

A. BQ 值 550　　B. BQ 值 500　　C. BQ 值 450　　D. BQ 值 400

9.【2023 检师多选】围岩级别定量划分依据包括(　　)。

A. 岩石坚硬程度　　B. 岩体完整程度　　C. 修正因素　　D. 围岩孔隙率

10.【2017 检师判断】周边收敛是指隧道两侧壁面测点之间连线的相对位移。(　　)

11.【2017 检师综合】隧道周边收敛测量采用的仪器有(　　)。

A. 地质罗盘　　B. 收敛计　　C. 水准仪　　D. 全站仪

12.【2024 检师综合】适用于周边位移测量的设备是(　　)。

A. 弹簧式收敛计　　B. 重锤式收敛计　　C. 单点位移计　　D. 多点位移计

13.【2024 检师综合】关于周边位移量测操作表述正确的是(　　)。

A. 宜将量测断面布置在与拱顶下沉量测相同的断面上

B. 在靠近掌子面位置将测桩焊在钢拱架上

C. 某一量测断面每次量测都使用同一收敛仪

D. 待固定测桩的锚固剂强度达到 60% 以后即可测取初始读数

14.【2018 助理判断】监控量测测点,不管是必测项目还是选测项目都要及时埋设,要求在下一循环开挖前,最迟不得超过 24h 读取初始读数。(　　)

15.【2022 检师综合】某隧道洞内周边收敛采用数显收敛计测量,第一观测收敛计三次测值分别为 10388.26mm、10388.30mm、10388.28mm;第二次观测收敛计三次测值分别为 10387.99mm、10388.12mm、10388.07mm。若不考虑温度影响,该隧道净空变化(周边收敛)的位移量为(　　)。

A. +0.22mm　　B. +0.11mm　　C. −0.22mm　　D. −0.11mm

16.【2017 检师综合】拱顶沉降测量,基点设置于稳定的衬砌边墙,前一次后视点读数 1114mm,前视点读数 126mm;当次后视点读数 1116mm,前视点读数 1125mm,则拱顶位移值为(　　)。

A. 3mm　　B. −3mm　　C. 1mm　　D. −1mm

17.【2022 检师综合】某隧道洞内拱顶下沉采用精密水准仪测量,前视铟钢尺挂在拱顶测点,后视铟钢尺放置在稳定基点。第一次观测前视读数 4120.55mm、后视读数 1079.45mm;第二次观测前视读数 4118.56mm,后视读数 1081.11mm。则该隧道拱顶测点的沉降量为(　　)。

A. −0.33mm　　B. +0.33mm　　C. −3.65mm　　D. +3.65mm

18.【2018 检师单选】监测隧道净空收敛和拱顶下沉,当位移速度超过 5mm/d 时,量测频率应为(　　)。

A. 2 ~ 3 次/d　　B. 1 次/d　　C. 1 次/2d ~ 3d　　D. 3 次/3d

19.【2022 检师综合】某隧道洞内拱顶下沉采用精密水准仪测量,根据第一次和第二次量测结果,拱顶测点的沉降量为 −0.33mm。隧道周边收敛采用数显收敛计测量,根据第一次和第二次量测结果,周边收敛的位移量为 −0.22mm。如果第一次和第二次量测间隔 2 天,根据位移速率,该隧道后续量测频率可调整为(　　)。

A. 1 次/1d　　B. 1 次/2d ~ 3d　　C. 1 次/3d　　D. 1 次/3d ~ 7d

20.【2022 检师综合】根据《公路隧道施工技术规范》(JTG/T 3660—2020),关于隧道拱顶下沉、周边收敛量测的描述正确的有(　　)。

A. 拱顶下沉测试精度应优于 0.5mm

B. 拱顶下沉测试精度应优于 1mm

C. Ⅱ级围岩测试断面纵向布设间距为 20 ~ 50m

D. Ⅴ级围岩测试断面纵向布设间距为 10～20m

21.【2017 检师综合】地表沉降量测断面应尽可能与隧道轴线垂直,根据地表纵向坡度确定量测断面数量,一般不少于(　　)个。

A. 1　　B. 3　　C. 5　　D. 7

22.【2019 检师单选】单洞隧道地表沉降断面布设时,每个断面的测点不得少于(　　)个。

A. 2　　B. 3　　C. 5　　D. 7

23.【2021 助理单选】隧道监控中地表下沉量测在(　　)时可结束。

A. 量测断面隧道仰拱封闭　　B. 量测断面隧道仰拱封闭,下沉基本稳定

C. 量测断面隧道衬砌封闭　　D. 量测断面隧道衬砌封闭,下沉基本稳定

24.【2018 检师综合】以下监测项目属于选测项目的有(　　)。

A. 拱顶沉降　　B. 洞内围岩位移　　C. 地面沉降　　D. 钢架内力

25.【2018 检师综合】多点位移计埋设时,一般采用(　　)进行锚固。

A. 药包锚固剂　　B. 螺栓　　C. 焊接　　D. 灌注水泥浆

26.【2024 检师判断】钢丝式单点位移计安装好后,需要待锚固砂浆强度达到 70% 时方可量测。(　　)

27.【2017 检师判断】隧道施工监测,钢弦式测力锚杆与机械式量测锚杆相比,不便于远距离测量,对施工扰动大。(　　)

28.【2018 检师综合】锚杆轴力安装方法为(　　)。

A. 钢筋计　　B. 表面应力计　　C. 锚杆测力计　　D. 压力盒

29.【2019 助理判断】锚杆轴力量测仪器,按其量测原理可分为钢弦式和机械式两类,它们是通过量测不同深度锚杆的变形,了解锚杆轴力及分布。(　　)

30.【2022 检师判断】围岩弹性波速测试可以测定围岩松动圈大小。(　　)

31.【2023 检师判断】围岩声波测试时,通常岩体的波速越低,表明岩体越坚硬,弹性性能越强,结构越完整,所含较弱的结构面减少。(　　)

32.【2018 检师综合】围岩声波测试可用于(　　)。

A. 划分岩层,了解岩层破损情况和风化情况

B. 岩石力学参数

C. 围岩稳定性分析

D. 判定围岩的分级

33.【2018 助理多选】围岩声波测试,是对岩体(岩石)施加动荷载,激发弹性波在介质中的传播来研究岩体(岩石)的物理力学性质及其构造特征,一般采用波速、波幅、频谱等参数进行表征。关于围岩声波测试,以下说法正确的是(　　)。

A. 岩体风化、破碎、结构面发育,则波速高、衰减快,频谱复杂

B. 岩体风化、破碎、结构面发育,则波速低、衰减快,频谱复杂

C. 岩体充水或应力增加,则波速降低,衰减加快,频谱简化

D. 岩体不均匀性和各向异性波速与频谱的变化也相应地表现不均一性和各向异性

34.【2020 检师多选】围岩声波测试,一般用波速、波幅、频谱等参数进行表征。关于围岩

声波测试,以下说法正确的是(　　)。

A. 岩体风化、破碎、结构面发育,则波速高衰减快,频谱复杂

B. 岩体风化、破碎、结构面发育,则波速低衰减慢,频谱简单

C. 岩体充水或应力增加,则波速增高,衰减减小,频谱简化

D. 岩体充水或应力增加,则波速降低,衰减加快,频谱简化

35.【2018 检师综合】布设在初期支护和二衬之间的压力盒应在(　　)测取初始读数。

A. 喷射混凝土作业完成后　　B. 防水层布设后

C. 二次衬砌灌注前　　D. 二次衬砌终凝后

36.【2019 检师多选】压力盒可用于隧道(　　)监测。

A. 围岩与初支间接触压力　　B. 初支与二衬间接触压力

C. 锚杆轴力　　D. 二衬内应力

37.【2021 检师单选】根据监控量测结果,隧道初支压力实测值与允许值之比(　　)时,隧道围岩处于稳定状态。

A. ≤0.9　　B. <0.9　　C. ≤0.8　　D. <0.8

38.【2021 助理多选】下列关于隧道钢架应力监测的描述正确的有(　　)。

A. 常采用钢筋计进行量测

B. 每断面不宜少于 5 个测点,连拱隧道不宜少于 7 个

C. 型钢钢架测点应布置在型钢翼缘两侧

D. 钢架内力量测应分别在钢架安装前后测试仪器读数

39.【2022 检师判断】隧道爆破振动监测指标为监测对象的振动频率。(　　)

40.【2022 检师单选】各项监控量测作业应持续到量测断面开挖支护全部结束,临时支护拆除完成,且变形基本稳定后(　　)。

A. 30 ~90d　　B. 16 ~30d　　C. 15 ~20d　　D. 1 ~15d

41.【2022 检师综合】如果第一次和第二次量测间隔 2 天,根据位移速率,该隧道围岩稳定性可判断(　　)。

A. 急剧变形　　B. 缓慢变形　　C. 基本稳定　　D. 稳定

42.【2017 检师综合】量测数据结果判定有误的是(　　)。

A. 当位移速率大于 2mm 时,围岩处于急速变形阶段,应密切关注围岩动态

B. 围岩处于基本稳定状态

C. 当位移速率 $d^2u/d^2t<0$ 时,围岩处于不稳定状态,应停止掘进

D. 当位移速率 $d^2u/d^2t>0$ 时,围岩处于稳定状态

43.【2024 检师综合】下列是隧道施工监控测量数据得到的围岩位移随时间变化,可正常施工的是(　　)。

A. 围岩位移速率 <0.2mm/d

B. 围岩实测位移小于设计极限位移的 1/3

C. 围岩位移速率不变,即 $d^2u/d^2t=0$ 时态曲线始终上升

D. 围岩位移速率增大,即 $d^2u/d^2t>0$ 时态曲线出现反弯点

44.【2018 助理单选】根据位移值进行隧道施工管理,当实测位移值为(　　)时,表明围

岩变形偏大,应当密切注意围岩动向,可采取一定的加强措施。u 为实测位移值,u_0 为预留变形量。

A. $u > u_0/3$　　B. $u_0/3 \leqslant u \leqslant 2u_0/3$

C. $u > u_0$　　D. $2u_0/3 < u \leqslant u_0$

45.【2018 助理多选】回归分析是目前量测数据处理的主要方法,常用的回归曲线方程包括(　　)。

A. 对数函数　　B. 指数函数　　C. 三角函数　　D. 双曲函数

E. 常数函数

【答案】

1	2	3	4	5	6	7	8	9	10
BD	ABCD	AB	错误	ABD	AC	A	AB	ABC	正确
11	12	13	14	15	16	17	18	19	20
B	AB	AC	错误	C	C	A	A	D	A
21	22	23	24	25	26	27	28	29	30
B	C	D	BD	D	错误	错误	AC	错误	正确
31	32	33	34	35	36	37	38	39	40
错误	ABCD	BD	AC	D	AB	D	ABCD	错误	C
41	42	43	44	45					
C	ABCD	AB	B	ABD					

第十五章　超前地质预报

1.【2019 检师多选】隧道超前地质预报的内容包括(　　)。

A. 地层岩性　　B. 地质构造　　C. 不良地质　　D. 地下水

2.【2020 检师多选】超前地质预报工作的内容包括(　　)。

A. 围岩级别变化的判断　　B. 地层岩性预报

C. 不良地质条件预报　　D. 围岩变形稳定性预报

3.【2024 检师多选】关于隧道地质调查法进行超前地质预报的表述正确的是(　　)。

A. 隧道地表补充地质调查应与洞内超前地质预报同时进行

B. 地质素描图应采用现场绘制草图,室内及时誊清的方式完成,实时记录现场实际揭露情况

C. 隧道地表补充地质调查和洞内地质素描资料应及时补充绘制在隧道工程地质平面图和纵断面图上

D. 地质素描原始记录、图、表、采集的标本应及时整理

4.【2017 检师多选】隧道超前地质预报中物探法主要包括(　　)。

A. 弹性波法　　B. 电磁波法　　C. 瞬变电磁法　　D. 高分辨直流电法

E. 红外探测法

5.【2018 助理综合】对某隧道进行超前地质预报,该隧道开挖掌子面岩性以灰色微风化砂石为主,围岩自稳能力一般,掌子面没有明显渗水,采用台阶法开挖,可采用的长距离物探预报方法有(　　)。

A. 红外探测法　　B. 地质雷达法　　C. 地震波反射法　　D. 瞬变电磁法

6.【2018 助理综合】如果地质雷达超前预报及超前钻孔预报在掌子面前方 30m 范围内均未发现地下水。但实际开挖至掌子面前方 15m 处,在右拱腰上方位置出现突泥涌水现象,这可说明(　　)。

A. 地质雷达预报不准

B. 超前钻探预报不准

C. 不良地质发育位置在隧道开挖轮廓线外

D. 开挖爆破用药量过大

7.【2022 检师判断】超前钻探时,冲击钻由于钻进速度快,通常与回转取芯钻交替使用。(　　)

8.【2022 检师单选】超前钻探法地质预报加深炮孔应较爆破循环进尺深(　　)以上。

A. 1m　　B. 2m　　C. 3m　　D. 5m

9.【2018 助理综合】若本隧道二次衬砌距掌子面距离 30m,上台阶掌子面附近有工作台车,那么本隧道适合选择以下(　　)超前地质预报物探法。

A. 地质雷达法　B. 地震波反射法　C. 超前导坑法　D. 超前钻孔法

10.【2023 检师多选】隧道超前地质预报方法中,物探法主要包括(　　)。

A. 地震波反射法　B. 电磁波反射法　C. 瞬变电磁法　D. 红外探测法

11.【2018 助理综合】关于超前地质预报说法正确的有(　　)。

A. 地震波反射法预报距离宜控制在 100m 以内,前后两次宜重叠 10m 以上

B. 电磁波法预报距离宜控制在 30m 以内,前后两次宜重叠 5m 以上

C. 瞬变电磁法预报距离宜控制在 100m 以内,前后两次宜重叠 30m 以上

D. 地红外探测法预报距离宜控制在 30m 以内,前后两次宜重叠 5m 以上

12.【2023 检师判断】地震波反射法连续预报时,前后两次预报距离重叠 5 ~ 8m 为合理距离。(　　)

13.【2019 助理单选】隧道工程检测中,瞬变电磁法超前地质探测对下列异常体中的(　　)响应较敏感。

A. 含水体　B. 溶洞　C. 裂隙带　D. 断层

14.【2024 检师单选】瞬变电磁法进行超前地质预报时,每次有效预报距离约为(　　),连续探测时宜重叠(　　)以上。

A. 100m;30m　B. 100m;10m　C. 30m;10m　D. 30m;5m

15.【2021 助理多选】下列哪些方法可对地下水进行预报(　　)。

A. 高分辨直流电法　B. 瞬变电磁法

C. 红外探测法　D. TGP/TSP

16.【2021 检师综合】关于地质雷达法超前地质预报的相关特性描述,正确的包括(　　)。

A. 利用电磁波传播及反射特性,依据传播速度、反射走时及波形特征进行超前地质预报

B. 属于物探法的电磁波反射法

C. 具有快速、无损、连续检测、实时显示等特点

D. 可进行长距离探测预报

17.【2021 检师综合】地质雷达法适用于(　　)的探测和超前预报。

A. 煤层瓦斯　B. 前方地下水体　C. 岩溶　D. 浅部地层

18.【2021 检师综合】地质雷达法的预报距离取决于(　　)。

A. 发射器信噪比　B. 接收器的灵敏度

C. 介质的衰减系数　D. 目标的反射系数

19.【2020 检师单选】关于煤层瓦斯预报说法错误的是(　　)。

A. 接近煤层前在距煤层 15 ~ 20m(测距)处开挖掌子面上钻 1 个超前钻孔,初探煤层位置

B. 距初探煤层位置 10m(垂距)处开挖掌子面上钻 3 个超前钻孔,分别探测开挖掌子面上方及左右位煤层位置

C. 穿越煤层前在煤层垂距小于安全距离处的开挖掌子面进行瓦斯突出危险性预测

D. 穿越煤层前瓦斯突出危险性预测方法有瓦斯压力法、综合指标法、钻屑指标法、钻孔瓦斯涌出初速度法、“R”指标法等,选出两种方法相互验证

20.【2021 助理单选】根据《公路隧道施工技术规范》(JTG/T3660—2020),关于煤层瓦斯预报说法正确的是(   )。

A. 以地质调查法为主,结合物探方法综合预报

B. 开挖掌子面距离煤层 10m 之前,应开始实施超前地质钻探

C. 以地质雷达法为主,结合地质调查法综合预报

D. 开挖掌子面距离煤层 15 ~ 20m,应开始实施超前地质钻探

21.【2023 检师多选】开挖工作面瓦斯突出危险性预测应采用(   )作为主要预测方法,并选取其他方法验证。

A. 瓦斯压力法   B. 瓦斯含量法   C. 钻屑指标法   D. 综合指标法

22.【2023 检师多选】不良地质体预报时,构造断层出现前兆的标志有(   )。

A. 节理组数急剧增加

B. 岩层牵引褶皱出现

C. 岩石强度明显降低

D. 临近富水断层的隔水岩层出现淋水现象

【答案】

1	2	3	4	5	6	7	8	9	10
ABCD	ABCD	BCD	ABCDE	CD	C	正确	C	A	ABCD
11	12	13	14	15	16	17	18	19	20
CD	错误	A	A	ABC	ABC	CD	BCD	C	D
21	22								
AB	ABCD								

第十六章　隧道施工环境检测

1.【2021 助理多选】公路隧道在施工中应加强施工环境检测，降低施工过程给环境和人员带来的不利影响。隧道施工环境检测的主要任务是监测施工过程中隧道内的(　　)。

A. 粉尘　　B. 有害气体

C. 烟雾浓度　　D. 核辐射

2.【2023 检师综合】属于隧道施工环境检测内容的有(　　)。

A. 粉尘浓度　　B. 一氧化碳浓度

C. 硫化氢浓度　　D. 洞内温度

3.【2022 检师判断】总粉尘浓度指采用直径 37mm 或 40mm 滤膜，按标准粉尘测定方法采集所得的粉尘浓度。(　　)

4.【2021 助理单选】我国常采用(　　)测定粉尘的浓度。

A. 体积法　　B. 质量法　　C. 长度法　　D. 比重法

5.【2023 检师综合】关于粉尘浓度滤膜称重表述正确的有(　　)。

A. 滤膜安装时，滤膜毛面应朝进气方向，滤膜放置应平整，不能有裂隙或褶皱

B. 采样前后，滤膜称量应使用同一台分析天平

C. 测尘滤膜通常带有静电，影响称量的准确性，因此每次称量前应除去静电

D. 呼吸性粉尘称量应使用感量为 0.1mg 的分析天平

6.【2020 检师判断】隧道内施工作业环境温度不宜高于 29℃。(　　)

7.【2018 检师单选】瓦斯隧道装炸药爆破时，爆破地点 20m 内的风流中瓦斯浓度必须小于(　　)。

A. 0.5%　　B. 1%　　C. 2%　　D. 5%

8.【2019 检师单选】隧道人工检测瓦斯时，每个隧道断面均采用五点法检测，取(　　)作为该断面瓦斯浓度。

A. 最大值　　B. 平均值　　C. 最小值　　D. 中位数

9.【2024 检师多选】关于光干涉瓦斯检定器的检测原理表述正确的是(　　)。

A. 含瓦斯气体与空气的折射率不同，通过反射、折射后两束光波产生光程差

B. 两束具有光程差的相干波(同一光源发出的光波)相遇，发生光的干涉现象

C. 光程差使白色光源产生黑白相间的条纹

D. 根据干涉条纹移动的位移测得瓦斯引起的折射率变化

10.【2024 检师多选】关于催化型瓦斯测量仪检测原理表述正确的是(　　)。

A. 在催化剂的作用下瓦斯与氧气发生强烈氧化(无焰)

B. 金属催化剂的吸附能力取决于温度

C. 反应热被敏感元件吸收引起温度升高、电阻减小

D. 电桥测量电阻变化与瓦斯浓度成正比

11.【2021 检师多选】非高原地带施工隧道，一氧化碳短时间接触允许浓度符合规定的有(　　)。

A. 25mg/m^3　　B. 15mg/m^3　　C. 35mg/m^3　　D. 10mg/m^3

12.【2023 检师判断】某地区海拔高度大于 3000m，经检测该地区隧道环境中 CO 浓度为 20mg/m^3，符合工作场所有毒物质的容许浓度。(　　)

13.【2018 检师多选】一氧化碳传感器有(　　)。

A. 电化学传感器　　B. 催化可燃气体传感器

C. 振弦式传感器　　D. 固体传感器

E. 红外传感器

14.【2020 检师多选】隧道中关于一氧化碳检测说法正确的是(　　)。

A. 比色式检知管检测精度低，无法检知一氧化碳浓度

B. 每支检知管只能使用一次

C. 红外线吸收式一氧化碳检测原理在于气体浓度与吸收红外光能量相关

D. 电化学气体传感器检测原理是在检测电极表面发生氧化还原反应

15.【2018 助理单选】在放射性异常隧道施工环境中，放射性元素主要通过外照射和内照射对人体产生伤害，其中内照射一般是指核素镭产生的(　　)及子体放射出的粒子对人体的伤害。

A. 氨　　B. 氡　　C. 钾　　D. 氢

16.【2023 检师综合】属于氡气检测方法的有(　　)。

A. 双滤膜法　　B. 电离室法　　C. 气球法　　D. 比色法

17.【2024 检师单选】根据《公共地下建筑及地热水应用中氡的放射防护要求》(WS/T 668—2019)，隧道施工可参照的地下建筑氡浓度安全水平为(　　)。

A. 所有检测点的氡浓度算术平均值 <300Bq/m^3

B. 每个检测点的氡浓度均 <300Bq/m^3

C. 所有检测点的氡浓度算术平均值 <400Bq/m^3

D. 每个检测点的氡浓度均 <400Bq/m^3

18.【2022 检师单选】《公路隧道施工技术规范》(JTG/T 3660—2020)对隧道施工中人员接触噪声 40h 等效声级要求是(　　)。

A. 不大于 75dB(A 声级)　　B. 不大于 80dB(A 声级)

C. 不大于 85dB(A 声级)　　D. 不大于 90dB(A 声级)

19.【2022 检师多选】根据《公路隧道施工技术规范》(JTG/T 3660—2020)，关于职业健康要求正确的有(　　)。

A. 氧气含量始终保持在 19.5% 以上

B. 氧气含量始终保持在 17.5% 以上

C. 二氧化碳时间加权平均容许浓度不超过 18000mg/m^3

D. 二氧化碳时间加权平均容许浓度不超过 9000mg/m^3

【答案】

1	2	3	4	5	6	7	8	9	10
ABD	ABCD	错误	B	ABC	错误	B	A	AB	AD
11	12	13	14	15	16	17	18	19	
ABD	错误	ABDE	BCD	B	ABC	D	C	AD	

第十七章　隧道运营环境检测

1.【2021 检师判断】运营隧道通风是为了稀释隧道内的 CO、烟雾和异味。(　　)

2.【2021 检师综合】公路隧道通风设计的卫生标准设计指标包括(　　)。

A. CO_2浓度　　B. CO 浓度　　C. NO_2浓度　　D. SO_2浓度

3.【2021 检师综合】隧道通风换气要求表述正确的有(　　)。

A. 隧道空间最小换气频率不应低于每小时 3 次

B. 隧道空间最小换气频率不应低于每小时 5 次

C. 采用纵向通风的隧道,换气风速不应低于 2.5m/s

D. 采用纵向通风的隧道,换气风速不应低于 1.5m/s

4.【2023 检师综合】关于隧道通风表述正确的有(　　)。

A. 隧道运营通风通过洞外新鲜空气置换洞内空气

B. 对于射流纵向通风,风速过小,不足以稀释排出隧道内的车辆废气

C. 对于射流纵向通风,风速过大,会使隧道内粉尘含量过高

D. 公路隧道都采用射流风机纵向通风

5.【2023 检师多选】隧道机械通风的基本方式主要有(　　)。

A. 纵向通风　　B. 半横向通风

C. 全横向通风　　D. 组合通风

6.【2021 检师单选】根据《公路隧道照明设计细则》(JTG/T D70/2-01—2014),关于隧道照明表述正确的是(　　)。

A. 长度大于 30m 的隧道应设置照明

B. 入口段照明由基本照明和加强照明两部分组成

C. 双向交通隧道,应设置出口段照明;单向交通隧道,可不设出口段照明

D. 隧道照明不包括洞外引道照明

7.【2024 检师判断】长度 $L \leq 300$m 的隧道,可不设置过渡段加强照明。(　　)

8.【2017 检师单选】人车混合同行的隧道中,中间段亮度不得低于(　　)。

A. 1.0cd/m^2　　B. 1.5cd/m^2　　C. 2.0cd/m^2　　D. 3.5cd/m^2

9.【2023 检师判断】行人与车辆混合通行的隧道,中间段亮度不应大于 2.0cd/m^2。(　　)

10.【2018 检师单选】隧道内进行养护维修时,洞内的 CO 设计浓度不应大于(　　)cm^3/m^3。

A. 30　　B. 70　　C. 100　　D. 150

11.【2019 助理单选】隧道一氧化碳检测纵向的测点布置与隧道的通风方式有关,靠近进

出口的测点应布置在距洞口 10m,检测各通风段的风速值,每通风段宜检测(　　)个以上的断面,断面间距不宜大于 500m。

A. 1　　B. 2　　C. 3　　D. 4

12.【2022 检师判断】空气动压因空气运动而产生,其值与风速成正比,且恒定为正。(　　)

13.【2017 检师综合】空盒气压计测量时,应将盒面(　　)放置在被测地点,停留 10 ~ 20min 待指针稳定后再读数。

A. 倒置　　B. 竖立　　C. 水平　　D. 与边墙平行

14.【2021 检师综合】空盒气压计测量时,将盒面水平放置在被测地点,停留(　　)针稳定后再读数。

A. 10 ~ 20s　　B. 10 ~ 20min　　C. 1 ~ 2s　　D. 1 ~ 2min

15.【2020 检师综合】空气的相对静压可采用(　　)测定。

A. 空盒气压计　　B. 单管倾斜压差计

C. U 形压差管　　D. 水银气压计

16.【2021 检师综合】单管倾斜压差计用来测定(　　)。

A. 空气动压　　B. 绝对静压　　C. 相对静压　　D. 风流全压

17.【2023 检师综合】隧道空气压力测定中,可以用(　　)与皮托管配合测定相对静压。

A. 空盒气压计　　B. U 形压差计

C. 单管倾斜压差计　　D. 补偿式微压计

18.【2017 检师综合】公路隧道单向交通隧道风速不宜大于(　　),双向交通隧道风速不应大于(　　),人车混用风速不应大于(　　)。

A. 10m/s;8m/s;7m/s　　B. 12m/s;10m/s;8m/s

C. 12m/s;8m/s;7m/s　　D. 12m/s;10m/s;7m/s

19.【2021 检师多选】隧道通风应符合的要求有(　　)。

A. 单向交通隧道设计风速不宜大于 10m/s

B. 双向交通隧道设计风速不应大于 8m/s

C. 人车混合通行隧道设计风速不应大于 7m/s

D. 特殊情况下隧道设计风速可取 15m/s

20.【2021 检师综合】采用迎面法检测隧道风速时,测试结果为 12m/s,则实际风速为(　　)m/s。

A. 12.48　　B. 13.2　　C. 13.68　　D. 14.4

21.【2020 检师综合】关于隧道风速检测说法有误的是(　　)。

A. 杯式风表和翼式风表的区别在于,杯式风表用于检测 0.5 ~ 10m/s 的中等风速,翼式风表用于大于 10m/s 的高风速

B. 背面法测风速时,测试人员应背向隧道壁测定

C. 皮托管和压差计不可用于通风机风筒内高风速的测定

D. 公路隧道中一般采用射流风机纵向通风

22.【2021 助理判断】使用侧面法进行风速检测时,流经风表的流速增加,实际风速比测得风速小。(　　)

23.【2018 助理多选】隧道运营通风检测的主要内容包括(　　)。

A. 一氧化碳检测　　B. 瓦斯检测

C. 隧道内风压检测　　D. 隧道内风速检测

E. 烟雾浓度检测

24.【2018 助理单选】用于反映光源光通量在空间各个方向上的分布特性是指(　　)。

A. 光强　　B. 光通量　　C. 照度　　D. 亮度

25.【2024 检师综合】根据隧道行车的视觉特点,隧道运营照明的基本方式可根据隧道照明区段分为(　　)。

A. 入口段　　B. 过渡段　　C. 中间段　　D. 出口段

26.【2019 助理判断】纵向照度曲线测试的第一个测点可设在距洞口 10m 处,之后向内部每米设一测点,测点深入过渡段 10m。(　　)

27.【2020 检师判断】路面平均照度检测时,横排测点由中央向两边对称布置,分别取路中心、行车道中线、路缘点、侧墙 0.5m 处位置。(　　)

28.【2022 检师多选】关于隧道中间段路面平均照度检测表述正确的有(　　)。

A. 视隧道长度的不同,测区总长度为隧道长度的 5% ~10%

B. 纵向测点取灯具间距长度,沿隧道长度均匀布设 5 个测点

C. 横排测点由中间向两边对称布置,分别取路中心、行车道中线、路缘点、侧墙 2m 处

D. 测区照度为测点照度中位值

29.【2018 检师判断】纵向均匀度是指沿中线局部亮度的最小亮度和平均亮度之比。(　　)

30.【2024 检师综合】隧道照明现场检测主要对灯群照明下的(　　)进行检测。

A. 路面照度　　B. 路面亮度　　C. 眩光　　D. 光通量

31.【2018 助理综合】隧道路面亮度均匀度包括(　　)。

A. 平均均匀度　　B. 总均匀度　　C. 横向均匀度　　D. 纵向均匀度

32.【2018 助理综合】现场照度检测使用的仪器是(　　)。

A. 亮度计　　B. 照度计

C. 卧式分布光度计　　D. 球形积分光度计

33.【2018 助理综合】隧道路面总均匀度的计算与(　　)直接相关。

A. 平均亮度　　B. 最大亮度　　C. 最小亮度　　D. 亮度方差

34.【2024 检师综合】关于照度的表述正确的是(　　)。

A. 照度用来表示被照面上光的强弱

B. 照度用来表示发光体表面光的强弱

C. 照度以被照场所光通量的面积密度来表示

D. 照度以被照场所光通量的空间角密度来表示

35.【2024 检师综合】关于路面亮度的表述正确的是(　　)。

A. 亮度可通过测量照度换算　　B. 亮度可通过亮度成像测量法测量

C. 路面亮度与路面材料有关　　D. 路面亮度与路面材料无关

36.【2018 助理综合】隧道照明眩光检测时,主观上对不舒适感觉评价为“满意”,则相应眩光等级为(　　)。

A. $G=9$　　B. $G=7$　　C. $G=5$　　D. $G=3$

37.【2019 检师判断】隧道照明的眩光可以分为失能眩光和不舒适眩光，其中不舒适眩光是心理上的过程。(　　)

38.【2022 检师单选】隧道紧急停车带照明宜采用显色指数高的光源，其亮度不应低于(　　)。

A. 2.0cd/m^2　　B. 2.5cd/m^2　　C. 4.0cd/m^2　　D. 5.0cd/m^2

【答案】

1	2	3	4	5	6	7	8	9	10
正确	BC	AD	ABC	ABCD	B	正确	C	正确	A
11	12	13	14	15	16	17	18	19	20
C	正确	C	B	BC	ACD	BCD	A	ABC	C
21	22	23	24	25	26	27	28	29	30
ABC	正确	ACDE	A	ABCD	错误	错误	AC	错误	ABC
31	32	33	34	35	36	37	38		
BD	B	AC	AC	ABC	B	正确	C		

第十八章　运营隧道结构检查

1.【2022 检师综合】作为指导运营隧道结构检查的行业标准,《公路隧道养护技术规范》(JTG H12—2015)适用的隧道工程为(　　)。

A. 暗挖法城市隧道　　B. 盾构法土质隧道

C. 钻爆法山岭隧道　　D. 掘进机法岩石隧道

2.【2022 检师综合】在进行隧道养护作业前,应做的检测工作包括(　　)。

A. 一氧化碳浓度　　B. 烟雾浓度　　C. 能见度　　D. 噪声

3.【2019 检师多选】根据《公路隧道养护技术规范》(JTG H12—2015),属于高速公路隧道一级养护等级的有(　　)。

A. 1000m≥L>500m,单车道年平均日交通量≥10001pcu/(d·ln)

B. 1000m≥L>500m,单车道年平均日交通量≤5000pcu/(d·ln)

C. L>3000m,10000pcu/(d·ln)≥单车道年平均日交通量>5000pcu/(d·ln)

D. L>3000m,单车道年平均日交通量≤5000pcu/(d·ln)

4.【2024 检师综合】《公路隧道养护技术规范》(JTG H12—2015)提出了公路隧道分级养护的理念,公路隧道养护根据(　　)可分为三个等级。

A. 公路等级　　B. 交通量大小　　C. 隧道长度　　D. 断面宽度

5.【2018 检师综合】以下属于隧道经常检查的内容有(　　)。

A. 洞口边仰坡稳定性　　B. 洞口结构破损情况

C. 混凝土碳化深度情况　　D. 路面是否存在散落物

6.【2017 检师判断】公路隧道经常性检查结果一般分为五个等级,分别为 0、1、2、3、4。(　　)

7.【2024 检师综合】隧道经常检查对各个检查项目的判定结果包括(　　)

A. 完好　　B. 情况正常　　C. 一般异常　　D. 严重异常

8.【2021 助理单选】当隧道经常检查中发现重要结构分项技术状况评定状况值为(　　)时,应立即开展一次定期检查。

A. 1　　B. 2 或 3　　C. 3 或 4　　D. 2

9.【2021 助理判断】检修道、内装饰、交通标志标线的技术状况评定最大值为 3。(　　)

10.【2022 检师判断】当经常检查中发现隧道存在一般异常情况时,应进行监视、观测或做进一步检查。(　　)

11.【2017 检师单选】某隧道进行定期检查时,在一段落超车道中部发现较大面积的坑洞,行车道左侧部存在严重积水,该病害已经影响行车安全,那么此隧道路面分项的状况值应评为

(　　)类。

A. 1　　B. 2　　C. 3　　D. 4

12.【2021 检师单选】运营隧道技术状况定期检查频率,以下说法错误的是(　　)。

A. 检查频率应根据隧道技术状况确定,宜每年检查 1 次,检查周期最长不得超过 3 年

B. 新建隧道交付使用两年后进行第一次定期检查

C. 当经常检查中发现重要结构分项技术状况评定状况值为 3 或 4 时,应立即开展一次定期检查

D. 定期检查宜安排在春季或秋季进行

13.【2024 检师综合】关于隧道定期检查表述正确的是(　　)。

A. 定期检查是按规定周期对土建结构的技术状况进行的全面检查

B. 定期检查是按规定周期对机电设施的技术状况进行的专门检查

C. 主要目的在于发现异常情况和原有异常情况的发展变化

D. 为制定养护工作计划提供依据

14.【2019 助理判断】新建隧道应在交付使用 1 年后进行首次定期检查。(　　)

15.【2022 检师综合】根据《公路隧道养护技术规范》(JTG H12—2015),关于应急检查表述正确的是(　　)。

A. 根据受影响的结构决定采取的检查方法

B. 检查的内容和方法原则上应与定期检查相同

C. 应针对受影响的结构或结构部位做重点检查

D. 当难以判明缺损的原因、程度等情况时,应做专项检查

16.【2019 检师判断】评定隧道洞口技术状况时,山体及岩体裂缝发育,存在滑坡、崩塌的初步迹象,坡面树木或电线杆轻微倾斜,挡土墙、护坡等产生开裂,变形,土石零星掉落,排水设施存在一定裂损、阻塞时,该隧道洞口技术状况值为 3。(　　)

17.【2020 检师多选】《公路隧道养护技术规范》(JTG H12—2015)采用的技术状况评定方法是(　　)。

A. 分层综合评定　　B. 单项控制指标　　C. 分项加权评定　　D. 分类综合评定

18.【2022 检师单选】高速公路隧道总体技术状况评分中,隧道土建结构技术状况评分的权重为(　　)。

A. 55　　B. 60　　C. 65　　D. 70

19.【2018 检师多选】土建结构评价时,当(　　)的技术状况值达到 3 或 4 时,应对该隧道土建结构技术状况直接评定为 4 类或 5 类。

A. 洞口和洞门　　B. 衬砌和路面

C. 检修道和排水沟　　D. 吊顶及各种预埋件

E. 标志、标线、轮廓标

20.【2018 检师综合】隧道总体技术状况评定等级应采用(　　)中的最差技术状况类别作为总体技术状况类别。

A. 土建结构和机电设施　　B. 土建结构、机电设施和其他工程设施

C. 洞口、洞门、衬砌和路面　　D. 衬砌结构、机电设施和其他工程设施

21.【2020 检师判断】隧道路面发生严重隆起，路面板严重错台、断裂，严重影响行车安全，则隧道土建结构技术状况评定应直接评为 4 类或 5 类。(　　)

22.【2018 助理多选】在公路隧道技术状况评定中，当有下列(　　)情况时，隧道土建结构技术状况评定为 5 类隧道。

A. 隧道路面发生严重隆起，路面板严重错台、断裂，严重影响行车安全

B. 隧道衬砌结构发生明显的永久变形，且有危及结构安全和行车安全的趋势

C. 隧道洞门墙身结构严重开裂、错台，钢筋外露，受到锈蚀，墙身有明显倾斜、沉陷趋势，壁面严重渗水，将会妨害交通

D. 隧道洞口边仰坡不稳定，出现严重的边坡滑动、落石等现象

23.【2021 检师判断】当重要分项以外的其他分项评定状况值为 3 或 4 时，运营隧道应进行交通管制。(　　)

24.【2019 检师多选】对各类隧道土建结构，应分别采取不同的养护措施，正确的有(　　)。

A. 2 类隧道或存在评定状况值为 2 的分项时，应按需进行保养维修

B. 3 类隧道，应对局部实施病害处治

C. 4 类隧道应及时关闭，然后实施病害处治

D. 重要分项以外的其他分项评定状况值为 3 或 4 时，应尽快实施病害处治

25.【2019 检师综合】隧道出现较严重的不均匀沉降，最有可能产生(　　)。

A. 环向裂缝　　B. 纵向裂缝　　C. 网状裂缝　　D. 温缩裂缝

26.【2021 助理综合】隧道衬砌裂缝长度发展性观测可采用(　　)。

A. 尖端标记法　　B. 标点量测法　　C. 砂浆涂抹法　　D. 裂缝测量计

27.【2019 检师综合】隧道存在一条长度为 4m、宽度为 2mm，发展缓慢的裂缝，其评定状况值为(　　)。

A. 0　　B. 1　　C. 2　　D. 3

28.【2019 检师综合】渗漏水的简易检测主要包括(　　)。

A. 位置　　B. 范围　　C. 浑浊程度　　D. 温度检测/水质检测

29.【2024 检师综合】隧道渗漏水影响衬砌结构的安全性和耐久性，下列表述正确的是(　　)。

A. 当漏水显示出强酸性时，混凝土有严重劣化的危险

B. 当漏水显示出强碱性时，混凝土有严重劣化的危险

C. 出现漏水浑浊或有泥沙析出时，需进行隧道衬砌材质检测

D. 漏水冻结，可能造成衬砌受损时，需进行隧道衬砌材质检测

30.【2018 检师综合】专项检查中漏水检查包括(　　)。

A. 漏水调查　　B. 漏水检测　　C. 防排水系统　　D. 钢筋锈蚀

31.【2022 检师综合】根据《公路隧道养护技术规范》(JTG H12—2015)，专项检查中漏水检查的内容包括(　　)。

A. 水温　　B. pH 值　　C. 电导度检测　　D. 水质化学分析

32.【2019 检师综合】隧道侧墙存在一处喷射漏水，已影响到行车安全，其评定状况值为(　　)。

A. 1　　B. 2　　C. 3　　D. 4

33.【2018 检师判断】衬砌变形速率每年超过 5mm 时,其评定状况值为 4。(　　)

【答案】

1	2	3	4	5	6	7	8	9	10
C	ABC	ACD	ABC	ABD	错误	BCD	C	正确	正确
11	12	13	14	15	16	17	18	19	20
C	B	ABD	正确	ABCD	错误	AB	B	ABD	A
21	22	23	24	25	26	27	28	29	30
错误	ABD	错误	BD	A	AC	C	ABC	AD	ABC
31	32	33							
ABCD	C	错误							

第十九章　盾构隧道施工质量检测与监测

1.【2019 检师单选】盾构隧道管片钢筋保护层厚度检测，当全部钢筋保护层厚度检测的合格点率为(　　)及以上时，钢筋保护层厚度的检测结果应判为合格。

A. 80%　　B. 85%　　C. 90%　　D. 95%

2.【2019 助理单选】盾构隧道混凝土管片除应符合设计要求外，强度等级不应小于(　　)。

A. C30　　B. C40　　C. C50　　D. C60

3.【2023 检师单选】根据《盾构隧道管片质量检测技术标准》(CJJ/T 164—2011)，盾构管片抗弯性能试验反力架所能提供的反力不得小于最大试验荷载的(　　)倍。

A. 1.15　　B. 1.20　　C. 1.50　　D. 2.00

4.【2023 检师多选】根据《盾构隧道管片质量检测技术标准》(CJJ/T 164—2011)，关于混凝土管片质量检测数量表述正确的是(　　)。

A. 尺寸：每 400 环抽检 1 次，不足 400 环时按 400 环计

B. 混凝土强度：抽检数量不少于同一检测批管片总数的 5%

C. 渗漏：每 2000 环抽检 1 次，不足 2000 环时按 2000 环计

D. 水平拼装：每 1000 环抽检 1 次，不足 1000 环时按 1000 环计

5.【2024 检师单选】根据《盾构隧道管片质量检测技术标准》(CJJ/T 164—2011)，盾构隧道管片质量抽样检测频率正确的是(　　)。

A. 混凝土强度抽检数量不少于同一检测批管片总数的 5%

B. 混凝土强度抽检数量不少于同一检测批管片总数的 10%

C. 混凝土强度每 1000 环抽检 1%，不足 1000 环时按 1000 环计

D. 混凝土强度每 200 环抽检 1%，不足 200 环时按 200 环计

6.【2024 检师判断】盾构隧道管片抗弯性能检测和抗拔性能检测都需做破坏试验。(　　)

7.【2019 检师判断】成型盾构隧道验收主控项目包括衬砌环椭圆度、衬砌环内错台和衬砌环间错台。(　　)

8.【2019 助理判断】隧道施工壁后注浆的检测内容主要包括盾构管片壁后注浆层厚度、密实情况、缺陷及管片壁后病害。(　　)

9.【2023 检师判断】盾构隧道施工，当实测变形值大于允许变形的 2/3 时，应进行报警。(　　)

【答案】

1	2	3	4	5	6	7	8	9
C	C	B	BD	A	错误	错误	正确	正确